本书获得西北农林科技大学马克思主义学院著作出版资助

# 认知与改良

## 中国高校的农村调查活动研究
（1912—1949）

杨鹏　韩敏◎著

海峡出版发行集团｜福建教育出版社

图书在版编目（CIP）数据

认知与改良：中国高校的农村调查活动研究：1912—1949/杨鹏，韩敏著. —福州：福建教育出版社，2024.7
ISBN 978-7-5334-9752-1

Ⅰ.①认… Ⅱ.①杨… ②韩… Ⅲ.①高等学校—社会实践—案例—中国—1912—1949②农村—社会主义建设—案例—中国—1912—1949 Ⅳ.①G642.45②F320.3

中国国家版本馆 CIP 数据核字（2023）第 180137 号

**认知与改良：中国高校的农村调查活动研究（1912—1949）**

杨鹏　韩敏　著

| 出版发行 | 福建教育出版社 |
|---|---|
| | （福州市梦山路 27 号　邮编：350025　网址：www.fep.com.cn |
| | 编辑部电话：0591-83727542　83726908 |
| | 发行部电话：0591-83721876　87115073　010-62024258） |
| 出 版 人 | 江金辉 |
| 印　　刷 | 福州万达印刷有限公司 |
| | （福州市闽侯县荆溪镇徐家村 166-1 号厂房第三层　邮编：350101） |
| 开　　本 | 710 毫米×1000 毫米　1/16 |
| 印　　张 | 19.25 |
| 字　　数 | 295 千字 |
| 插　　页 | 1 |
| 版　　次 | 2024 年 7 月第 1 版　2024 年 7 月第 1 次印刷 |
| 书　　号 | ISBN 978-7-5334-9752-1 |
| 定　　价 | 58.00 元 |

如发现本书印装质量问题，请向本社出版科（电话：0591-83726019）调换。

# 序

民国时期，国内许多高校师生兴起了到农村基层从事社会调查研究之风，他们深入农村社会，开展了形式多样的农村调查活动，取得了丰富的研究成果。然而，直至今日，国内外学术界对于这一时期的农村调查活动缺乏全面和系统的深入研究。因此，从理论和史实的结合上，对民国时期高校的农村调查活动进行开拓性的整体研究，尚有广阔的前景和空间。

笔者从宏观整体入手进行研究，运用现代历史学、社会学及人类学研究的理论和方法，系统探讨民国时期由高校师生主导参与的农村调查活动的目的、背景、实践过程及特点、理论方法、调查内容、重大意义和历史局限，力求对其进行全方位的客观审视与评价，进而能够深入了解民国乡村社会及其存在的诸多问题，并不断深化和丰富中国社会调查史研究，为近代农村社会史研究提供一个新视角。

本书共分为七部分：开篇为绪论；第一章为民国时期高校从事农村调查的背景和目的；第二章为民国时期高校农村调查的实践过程；第三章为民国时期高校农村调查的理论基础和方法体系；第四章为民国时期高校农村调查的主要内容；第五章为民国时期高校农村调查的意义与局限；最后为结论及附录等内容。

总结起来，笔者对民国时期各高校开展的农村调查的内容、成效、意义、当代启示及不足进行了论述，尽管在一些方面学界已经进行了相关探讨，但笔者通过分析认为民国时期的高校农村调查使得"唯实求真，不尚空谈"的理念深入人心，也间接地推动了我国社会学科的发展壮大，并鼓舞了一大批青年才俊加入到农村调查中来，这对于深入了解我国农村的社会问题有极大的推动作用，即便对当今的农业农村现代化建设仍能提供历史借鉴。

此外，我还想到，美国著名历史学家巴巴拉·塔奇曼对历史的一些看法，能给我们很多启发。她认为历史有三个层次：第一个层次是求知、求真；第二个层次是见识和教训，即通过研究和学习历史，吸取历史的经验和教训，上升为历史智慧，解决现实问题；而历史的第三个层次则是洞察人性，悲悯人心。所以塔奇曼说，历史是印刷出来的人性。而英国历史学家爱德华·吉本的皇皇巨著《罗马帝国衰亡史》之所以影响深远，有人分析认为，除了史家的洞见，恐怕更因为书中对人性的深刻启迪。可看看我们的很多历史研究，能把第一、二个层次搞透就很不错了，遑论第三个层次？但是我们不能缺少这份明白和追求，即历史研究，不应只停留于第一、第二个层次，还应该从历史事件和人物活动中，探讨其永恒不变的人性，从而洞察人性、悲悯人心。由此，我们通过对民国时期高校的农村调查活动的研究，又何以洞察民国时期高校学者的情感心性？又何以悲悯时人的世态和人心？以上所感，愿与诸君共勉。

  在撰写本书的过程中，笔者也吸收了部分专家、学者的某些研究成果和著述内容，在此表示衷心的感谢。然而，由于民国时期各高校所从事的农村调查仍存在一定的缺陷，简而言之，由于受当时条件、环境、技术等因素的限制，农村调查不可能在全国范围内发起，我们也就很难把握和了解民国时期中国农村社会的整体状况。加之时间短促，水平有限，缺点和错误在所难免，恳切希望广大读者、专家、学者批评指教。

# 目　录

绪　论 ……………………………………………………………… 1
　一、选题依据 …………………………………………………… 2
　二、研究内容 …………………………………………………… 5
　三、思路方法 …………………………………………………… 7
　四、创新之处 …………………………………………………… 8

第一章　民国时期高校从事农村调查的背景和目的 …………… 10
　第一节　中国农村社会危机的出现与日益加深 ……………… 11
　第二节　"复兴农村"社会思潮的兴起 ……………………… 18
　第三节　社会学的引入与社会调查的兴起 …………………… 29
　第四节　民国时期前所未有的农村调查热潮 ………………… 35
　第五节　高校从事农村调查活动的目的 ……………………… 43
　小结 …………………………………………………………… 49

第二章　民国时期高校农村调查的实践过程 …………………… 51
　第一节　高校农村调查的兴起与萌芽（1912—1927）……… 51
　第二节　高校农村调查的发展和繁荣（1927—1937）……… 55
　第三节　高校农村调查的成熟与深入推进（1937—1949）… 72
　小结 …………………………………………………………… 85

第三章　民国时期高校农村调查的理论基础和方法体系 ……… 87
　第一节　高校农村调查的理论指导 …………………………… 87

第二节　高校农村调查的方法体系 ………………………………… 94
　　小结 ……………………………………………………………… 112

**第四章　民国时期高校农村调查的主要内容** …………………………… 113
　　第一节　农工商业调查 …………………………………………… 113
　　第二节　土地问题调查 …………………………………………… 121
　　第三节　人口家庭调查 …………………………………………… 129
　　第四节　社会组织及其权力运行调查 …………………………… 139
　　第五节　文化教育调查 …………………………………………… 146
　　第六节　卫生健康调查 …………………………………………… 154
　　第七节　宗教风俗调查 …………………………………………… 160
　　小结 ……………………………………………………………… 170

**第五章　民国时期高校农村调查的意义与局限** ………………………… 171
　　第一节　民国时期高校农村调查的意义 ………………………… 171
　　第二节　民国时期高校农村调查的局限 ………………………… 182
　　小结 ……………………………………………………………… 185

**结　论** ……………………………………………………………………… 186

**附　录**
　　附录一　农村调查报告书 ………………………………………… 191
　　附录二　调查研究问格、表格、问卷 …………………………… 215

**参考文献** …………………………………………………………………… 289

**后　记** ……………………………………………………………………… 300

# 绪　论

　　调查研究是探求客观事物真相、认识社会和改造社会的途径和基础。毛泽东同志就曾提出过"没有调查就没有发言权"的著名论断。众所周知，以农业为主的第一产业是国民经济的基础产业，而自古以来，传统中国社会一直强调以农立国，农业生产长期受到统治者的重视，故而对农村的调查研究在古代社会较为常见，早在宋、明、清时期，史籍中就保留有诸如土地、田赋、租税等农村调查数据的丰富的文献记载。然而，真正运用社会学、人类学一般原理和方法进行农村社会调查并掀起热潮则是在民国时期。

　　清末民初，现代意义的社会调查活动在中国兴起。至20世纪二三十年代，农村社会调查活动频率增高，调查活动逐步正规化、科学化。总体来看，这一时期参与农村社会调查的主体较为广泛，既有私人调查，也有社会团体的调查。社会团体包括国民政府、高等院校、共产党，甚至也有外国的机构。这些机构和人员深入中国农村社会，开展了形式多样的农村调查活动。其中，高校的农村调查开展时间最早，调查所涉及的地域广阔、内容也相对全面，其所得出的调查成果所产生的意义与影响重大而深远。

　　时至今日，民国时期各高校所做的农村调查已成为研究中国近代史的珍贵文献，包括社会人类学、经济学的许多论著都进行了参考和引用，极大地推动了人文社会科学的发展。将这些调查资料用于学术研究固然重要，但对调查本身进行整理和总结也有不可忽视的意义。譬如调查的基本过程如何，为什么要进行调查，调查区域如何选择，调查哪些内容，如何开展调查，调查提出了哪些问题等，资料使用者对此大多模糊不清，甚至出现严重的误读现象。缘此，本课题主要对这一时期各重点高校进行的农村调查做细致梳理与研究。

## 一、选题依据

### (一) 国内外相关研究的学术史梳理及研究动态

对于民国时期高校的农村调查,国内外学术界已进行了一些有意义的探索,为本课题研究奠定了较好的基础。大略来看,以往的研究主要侧重三方面内容。

1. 对少数具体学者的农村调查活动及成果的分析。钱俊瑞的《评卜凯教授所著〈中国农场经济〉》(1934)、梁方仲的《评卜凯〈中国土地利用〉》(1947) 两文主要围绕卜凯主持的中国农家和中国土地利用调查进行评价。盛邦跃的《卜凯视野中的中国近代农业》(2006) 一文通过对卜凯主持的农村调查及其成果的深入研究,探讨了中国近代农村经济发展的概况,并最终揭示其本质特征和客观规律。美国学者兰德尔·E. 斯特罗斯(Randalle E. Stross)撰写的《倔强的土地:中国大地上的美国农学家(1898—1937)》(*The Stubborn Earth: American Agriculturalists on Chinese Soil, 1898—1937*, 1986) 一文对卜凯的农村调查成果进行了论述。马若孟的《中国农民经济——河北和山东的农业发展,1890—1949》(1970) 一书采用卜凯的调查资料,对近代中国农村社会的嬗变进行了考察。经过认真分析后,他认为"近代中国农业经济的问题是广义上的技术落后,它没有其他大毛病"。这在一定程度上肯定了卜凯的调查结论。李金铮、邓红的《另一种视野:民国时期外国学者与中国农村调查》(2009) 一书对卜凯、白克令、戴乐仁等国外学者从事的农村调查活动做了清晰的勾勒。另外,郑杭生的《李景汉与〈北平郊外之乡村家庭〉》(1998) 一书详细介绍了1926—1927年间李景汉指导学生进行的家庭生活水平调查。丁元竹的《费孝通三十年代农村调查的理论与方法述评》(1992) 一书概括和分析了费孝通在20世纪30年代主持的"花蓝瑶社会组织"和"江村经济"两项调研活动。韩国学者金京秀的《费孝通人类学研究方法探讨——精读〈江村经济〉》(2013) 一书则细致解读了费孝通田野调查的重要成果《江村经济》,同时也对费孝通的人类学研究方法进行了探讨。

2. 对个别高校社会调查（包括农村调查）的分散研究。朱浒、赵丽的《燕大社会调查与中国早期社会学本土化实践》（2006）一书首次较为全面地介绍了民国时期以燕京大学社会学系为主体所进行的一系列社会调查，同时还罗列出了燕大师生历次农村生活调查报告的题目。李章鹏的《社会调查与社会学中国化——以1922—1937年燕京大学社会学系为例的研究》（2008）一书则从社会学史角度统计并分析了燕京大学社会学系不同时期所做的社会调查报告，以揭示社会调查与中国社会学早期发展的关系。其中对李景汉、许仕廉、杨开道等人指导学生进行的一些农村调查活动的情形做了简要叙述。聂蒲生的《民族学和社会学本土化的探索：抗战时期迁居昆明的专家对云南的调查研究》（2007）一书主要探讨了抗战时期国立西南联合大学和云南大学的民族学、社会学家对云南全省所做的实地调查研究。其中，该书第三章"社会调查研究"具体分析了费孝通的禄村农田调查。孟玲洲的《知中国服务中国——南开经济研究所社会经济调查述论》（2013）一文考察了1927—1937年南开经济研究所在各地广泛开展的经济、政治、社会与文化等方面的主题调查，对何廉、方显廷、张纯明主持的农村经济与政治调查也有所关注。

3. 探讨民国时期的农村调查概况时论及高等院校的农村调查。崔晓黎、尚晓原的《综述：本世纪以来的中国农村调查——第一部分：1949年以前》（1988）较早对民国时期农村调查进行了梳理和评价，文章将民国时期的农村调查按照调查主体的不同划分为文教系统、研究系统、实验区和其他类型的社会调查，在"文教系统"一目中简要介绍了高校农村调查的情况。此后，陶诚的《30年代前后的中国农村调查》（1999）、侯建新的《二十世纪二三十年代中国农村经济调查与研究述评》（2000）、张泰山的《20世纪30年代前后的中国农村经济调查与成果回顾》（2002）、郑清坡的《试论民国时期农村调查的兴起与发展》（2008）、赵金朋的《20世纪30年代中国农村调查研究》（2010）等文章均从不同角度梳理了民国时期的农村社会调查状况，其中都不同程度上涉及了民国时期高等院校从事农村调查的状况，但其所述内容相对简短，且仅为概要性的介绍。

总而言之，国内外学术界对于民国时期高校所从事的农村调查活动仍缺乏全面和系统的深入研究。已有成果对高校农村调查的简略介绍则存在较多的片面性，并且论题过于集中。如卜凯、费孝通的农村调查以及燕京大学社会学系所组织的农村调查常成为研究者的兴趣所在，给予了较多的笔墨。而其他如西北农林专科学校、北平大学农学院、浙江大学农学院、沪江大学、四川大学、清华大学、中山大学、岭南大学、中央大学、中央政治学校地质学院、云南大学等高校师生的农村调查却无人问津，或仅做浮光掠影式的概说。同时也缺乏高校与其他调查主体间的比较研究。另外，还忽略了借鉴社会学、人类学等学科的理论和方法对民国时期高校的农村调查进行分析和阐述的内容。因此，从理论和史实的结合上，对本课题进行开拓性的整体研究，尚有广阔的前景和空间。

**（二）本课题相对于已有研究的独到学术价值和应用价值**

1. 独到的学术价值。迄今为止，国内外学界对于民国时期高校的农村调查活动的探讨，研究视角比较单一，论述也较为简略，并且多从微观的个案研究入手，缺乏宏观视角的把握。本课题从宏观整体入手进行研究，运用现代历史学、社会学及人类学研究的理论和方法，系统探讨民国时期高校农村调查活动的目的、背景、实践过程、实践特点、理论方法、调查内容、重大意义和历史局限，便于学界能够深入了解民国乡村社会及其诸多问题，并不断深化和丰富中国社会调查史研究，为近代农村社会史研究提供一个新视角。

2. 实际的应用价值。当前，中国农村正处在急剧变革之中。在这一历史进程中，传统的农业文明正在迅速消逝和变异，新兴的文明正在迅速发育和生长。可以说，当今世界没有什么比中国农村的变迁更为迅速和复杂的事件了。因此，民国时期高校的农村调查研究集中体现了民国时期研究农村专题的专家对中国农村和中国农村问题最直接、最有价值的认识和研究。故而，回顾这些调查成果，一方面可以为现阶段的农村调查提供理论依据和学术研究方法，另一方面对于当前乡村治理与建设、农村政策制定以及农业科学研究也具有重要的借鉴意义。

## 二、研究内容

### （一）研究对象

本课题选取中华民国时期各高等院校从事的农村调查为研究对象，考察时段界定为民国初建至新中国成立（1912—1949）的37年，当然，根据需要也会有必要的上溯和延伸。具体来说，以燕京大学、金陵大学农学院、西北农林专科学校、北平大学农学院、浙江大学农学院、四川大学、中央政治学校地质学院、西南联合大学等高校的调查为主线。[①] 同时，结合其他高校师生的调查为补充材料，利用现存的民国时期高校调查所搜集的资料，将民国时期高校农村调查活动的背景和目的、实践过程及特点、理论方法、调查内容、意义及其局限性作为一个完整的体系进行审视与解读，力求对民国时期高校的农村调查给予比较全面、客观、公正的阐述和评价。同时也希冀通过诸多方面的调查史料来揭示民国时期时代的变迁状况。

### （二）总体框架

本课题旨在结合历史学、社会学、人类学等学科的理论和方法，全面讨论民国时期高校的农村调查活动。整个研究共分为五个部分。

1. 高校农村调查的背景和目的。首先，从帝国主义入侵、农村危机出现、复兴农村的热议、社会学的引入与清末以来社会调查的广泛运用等方面

---

[①] 本研究选取这八所高校的研究成果作为研究内容的主要原因如下：第一，这八所高校所在的地理位置涉及了我国华北、华东、西北、西南等地区，覆盖了我国国土的大部分。此外，这些高校的师生调查涉及的区域并不局限于此。因此，选取这八所高校在一定程度上能够扩大研究的覆盖面，且能够调查到情况不尽相同的村庄，从而丰富研究成果，使得研究成果更加真实，更具有代表性。第二，这八所高校具备较为先进的调查研究方法，以及经验丰富的研究人员。以金陵大学为例，卜凯从康奈尔大学农学院毕业后，随即来华从事农业实验和推广工作，并担任金陵大学农学院农业经济系教授。可见，卜凯教授也将更为先进的理论与方法带到金陵大学，在农村社会调查中发挥重要作用，提高调查的科学性。第三，从研究内容来看，这八所高校所做调查涉及的内容丰富，包括农村地区的土地、人口、组织、文化等方面，与本研究内容相符，因此具有可借鉴意义，帮助使本研究内容更加丰富多样。

分析民国时期高校从事农村调查的社会现实原因与学术缘起。其次，比较国民政府、中国共产党及其他社会团体等不同主体的调查目的，旨在说明农村调查多数是对中国农村进行的综合型调查，但侧重点又有所不同。高校学者的调查兼有学术研究和社会改造的目的，他们通过实地调查获得第一手材料，以提升调查经验，促进学术进步，并经世治民，改良社会。

2. 高校农村调查的实践过程。拟划分为农村调查的兴起与萌芽时期（1912—1927）、农村调查的发展和繁荣时期（1927—1937）、农村调查的成熟与深入推进时期（1937—1949）三个阶段，纵向论述民国时期高校农村调查的实践过程。并在此基础上对高校学者从事农村调查的特点加以分析，认为民国时期高校从事农村调查具有开展时间早、调查人员素质高、调查范围广、调查技术与方法先进、调查内容详尽、调查时间长久等特点。

3. 高校农村调查的理论基础和方法体系。重点分析农村调查的理论基础，并指出民国时期高校所进行的农村调查是以"唯实求真，不尚空谈"的实证主义思想为指导的，进而从主要类型（普遍调查、典型调查、抽样调查、个案调查）、具体方法（文献调查、实地调查、访问调查、问卷调查）、分析手段（推论统计、比较分类、归纳演绎）三方面探讨高校农村调查的方法体系。旨在说明高等院校的农村调查更强调调查方法的科学化、技术化，同时也注重农村中传统人际关系的运用，因此具有浓厚的人类学田野调查色彩和社会学学科特点。

4. 高校农村调查的主要内容。民国时期高校农村调查的内容丰富而广泛，但侧重点各有不同。本部分主要从农工商业调查、土地问题调查、人口家庭调查、政治组织及权利运行调查、文教卫生调查、宗教风俗调查等六个主题探寻高校农村调查的内容，以展现民国时期中国农村社会的风貌与时代特征。并在此基础上进一步分析高校与其他调查主体在调查内容上的差异，从而揭示出高校的农村调查旨归，即更注重社会结构和农业技术，把自然条件、生产技术、农业经营、人口家庭、风俗习惯作为主要内容，却很少关注阶级关系和生产关系。

5. 高校农村调查的意义与局限。归纳总结民国时期高校农村调查的意义，并指出它在推动社会学中国化进程、增进人们对民国农村及一系列社会问题的认识和研究、提高现阶段的新农村建设水平等方面所发挥的重要作用。同时也认清了民国时期高校农村调查存在的不足。例如，有时过于注重资料的收集而淹没了对社会的宏观分析，失去了对社会发展大方向和主要问题的把握。并且许多调查过于强调从技术角度讨论中国农村改良，没有触及农村社会的核心问题等等。

### （三）重点和难点

1. 研究重点。本课题遵循历史的基本脉络，按照农村调查的兴起与萌芽时期（1912—1927）、农村调查的发展和繁荣时期（1927—1937）、农村调查的成熟与深入推进时期（1937—1949）三个阶段阐述民国时期高校农村调查的实践过程。可以说，详略得当地讲清楚、讲透彻这一实践过程是整个课题立论的基石，也是课题的研究重点。

2. 研究难点。作为民国农村社会生活的一个缩影，高校农村调查的涉及面很宽广，且调查内容极为丰富。因此，从庞杂、零散的调查材料中找出高校农村调查的系列聚焦点，按照农工商业调查、土地问题调查、人口家庭调查、政治组织及权利运行调查、文教卫生调查、宗教风俗调查等不同主题，对调查内容做有深度的分析而不流于泛泛之谈，这是本课题的难点所在。

### （四）主要目标

本课题试图通过系统深入研究民国时期高校的农村调查成果，明确社会学、人类学等学科是怎样在农村调查的实践中不断被应用、反思、改造、创新，并逐渐扎根中国的，进而切实了解民国初期乡村社会的真实面貌，并以旧中国的农村状况为参照物，观测我国现阶段农村的发展变化，为解决三农问题提供历史的资鉴。

## 三、思路方法

### （一）基本思路

本课题的研究将在参考和借鉴国内外相关成果的基础上，按照纵向梳理与横向分析相结合的方法，运用多学科结合、宏观统照与个案分析交叉应用以及比较研究的方法，对民国时期高校的农村调查活动本身进行多方面、多角度、多层次的整理和总结。首先，分析农村调查的背景，找出民国时期高校从事农村调查的动机。其次，以时间线索为纵轴，考察民国时期高校农村调查的实践过程。最后，在此基础上，横向研究高校农村调查活动的特点、方法、内容、意义及历史局限，进而揭示农村调查对于社会发展、学术进步的重要作用。

### （二）研究方法

本课题拟采用多种研究方法，主要有以下几种。

1. 多学科研究和分析方法相结合。农村调查涉及多个学科领域，单纯的历史学考据法不足以展示其内在逻辑，所以需要借助社会学、人类学、经济学等相关学科的分析方法和理论。例如，运用定量和定性分析法对民国时期高校的农村调查资料进行较为全面的统计、筛选和归纳整理，并在此基础上作出进一步分析，力求反映民国时期高校农村调查的整体性情况和特点。

2. 宏观统照与个案分析交叉应用。本课题坚持整体性原则，对民国时期高校的农村调查做全方位的宏观考察。同时为了避免泛泛而谈，在一些子项中（如高校农村调查的方法体系），将选取典型个案进行细致考察，在此基础上涵摄其余，达成整体性认识。

3. 比较分析法。处理好纵向陈述与横向铺陈之间的关系，并尽可能对民国时期不同高校从事的农村调查类型、特点等内容进行对比探究，以拓展课题研究的深度和广度。

## 四、创新之处

### （一）学术思想的创新

本课题是一个整体性的研究，注重结合时间维度与空间维度，强调从社会调查史的角度对民国时期高校的农村调查活动本身进行系统的整理和总结，包括调查的背景目的、实践过程及特点、理论方法、调查内容、历史作用及其局限性等。并注重调查农村、学术、社会三者间的互动研究，以阐明农村调查对于社会发展、学术进步的重要作用。

### (二) 学术观点的创新

本课题倾向于认为：第一，对于中国这样一个农业大国而言，农村调查活动的意义非同小可。它的意义绝不仅仅在于描述某些农村社会现象，获得具体的统计数字，从而认识农村社会事实，进而以实地调查反映当时的农村社会风貌，这本身已经为后人留下了极有价值的财富。农村调查更重要的贡献在于它触及了在思想观念上如何认识并解决中国农村问题。第二，许多调查主体之所以从事农村调查，或是出于认识农村、改良农村的需要，或是出于发展学术的目的，也可能两者兼而有之。主体的倾向与目的决定其调查的重点，并决定其结论是否客观。在民国高校从事教育和研究工作的各类学者，有着比普通人优越的生活条件和社会地位。他们的调查更多的是从学术研究出发，通过实地调查获得第一手材料，当作学理的研究，以提高调查经验，施展学术之体用。当然，在调查走访过程中，他们常常感到农村社会的衰败，也希望通过调查发现并解决农村的实际问题，进而达到改良农村的目的。

### (三) 研究方法的创新

本课题在继承历史学科传统实证研究方法的基础上，还将借鉴社会学、人类学、经济学等相关学科的理论与分析方法，对民国时期高校的农村调查活动进行多视野、多层次、多方面的论证与剖析。另外，采取比较研究的手法，注重分析高等院校与其他调查主体在农村调查的主旨、内容、方法上的异同，拓展课题研究的深度和广度，同时也体现史学研究的开放心理和兼容性。

# 第一章
# 民国时期高校从事农村调查的背景和目的

中国是世界最古老的农业国家之一,其历史的演变、文化的推进,离不开农业经济的发展。鸦片战争以后,中国的经济状况发生了巨大的变化,中国的工商业受欧美资本主义的影响,发展举步维艰,但农业生产仍占全国总生产的大多数,以国家财政收入而言,直接或间接来自农民所缴纳的税款占财政总收入的四分之三。因此,农业经济在国民经济领域中仍占着重要位置。随着中国社会的半殖民地半封建性质日益加深,在帝国主义、封建主义、官僚资本主义的重重压迫和剥削下,内外部矛盾进一步激化,加之天灾不断,近代中国特别是辛亥革命后,土地兼并加重,农业生产日渐萎缩,农村经济凋敝,广大农民极度困苦。农业和农村状况引起了包括政府在内的社会各阶层的广泛关注。"复兴农村"的思潮日益兴起并逐步发展,1933年,南京国民政府提出了"复兴农村"的口号,组织了"农村复兴委员会",专门倡导"乡村建设运动"。在这样的时代背景之下,学者们从不同的政治目的和动机出发,掀起了一股农村社会实况调查的热潮,以找寻农村经济衰落的症结,探求农村繁荣的具体方法和措施。这一时期的农村调查中,高校的农村调查伴随西方社会学的传入而展开,汇聚了民国时期各大高校的优秀调研人才,拥有这一时期最为前沿的社会学和调查研究理论,运用了当时最为先进的调查方法和调查技术,其调研数量之多、范围之广、成果之丰硕尤为令人瞩目,使得对这一课题的研究探讨蕴含了更为深远的意义。

## 第一节　中国农村社会危机的出现与日益加深

在中国这个以农为本的国度里,农村与农民的状况直接影响着整个社会的发展进程。明末清初,农民受到严重的封建剥削,土地兼并以及沉重的苛捐杂税导致了农民极端贫困,社会危机已初显端倪。近代中国饱受西方列强坚船利炮的轰击,使得社会动荡不安,民族危机不断加深。在这样的历史进程中,中国农村社会一直处于危机之中,矛盾冲突不断,从根本上制约着中国社会的演化。到鸦片战争以后,帝国主义的侵略与剥削,更是成为中国农村社会的巨大灾难,原本就岌岌可危的社会平衡关系被彻底打破,一场席卷农村的危机出现并日益加深。

### (一) 明末清初农村危机的出现

明代灭亡后,中国处于封建的满清王朝统治之下,以一家一户为最基本生产单位的中国传统农业经济仍然在继续发展。鸦片战争前,清代土地占有的状况仍与历代封建王朝基本相同,即封建地主土地所有制。土地占有主要形式为官田和民田两种。其中,清代的各种官田都归国有,据不完全统计,这些官田总计有 69 202 101 亩。[①] 从数量上来看,民田所占份额最多,占全国耕地的 90% 左右,是清代土地占有的主要形式。然而,大部分的民田实际上归地主所有,农民直接占有的土地数量不仅稀少,而且质量低下。且个体农民对小块耕地的占有也是极其不稳定的,时刻有被大地主兼并掠夺的危险。

清代前期,土地兼并情形还不明显,农民个体拥有的土地数量还比较多,但是到了康熙年间,土地兼并现象则日趋严重,农民直接占有的土地份额急剧减少。康熙四十三年(1704),康熙皇帝在给臣子的上谕中曾说道:"田亩多归缙绅豪富之家,小民所有几何?……约计小民有恒业者,十之三四耳,

---

[①] 方行、经君健、魏金玉:《中国经济通史·清(下)》,经济日报出版社 2007 年第 2 版,第 1090 页。

余皆赁地出租。"① 即是当时民者少可耕之田状况的反映。到了乾嘉时期,清代土地兼并现象更为严重,绝大部分土地掌握在封建皇帝、皇亲贵族、达官显宦手里。如:乾隆十八年(1753)时,直接或间接掌握在皇帝手中的土地即达44万余顷。到了嘉庆十七年(1812),由皇帝直接掌握的土地也增加到83万余顷。特别是嘉庆初年,和珅即拥有肥沃良田8000余顷,道光年间大官僚琦善占有土地达到256万多亩。②

底层农民除占有土地数量少之外,还要遭受以高额地租为主要形式的残酷的封建剥削。清代的地租水平较前代更为严重。如:在嘉庆年间,一般地租额常占收获物的一半,即所谓"各半分租""按半分收"等,地租率一般都在50%或50%以上。此外,农民除了向地主缴纳正租外,许多地区还强迫农民缴纳各种类型的附加租。例如:江苏崇明即"佃户揽田,先以鸡鸭送业主,此通例也"。③ 总而言之,有清一代,农民负担可谓极其沉重。

与此同时,英法等国一方面出于发展本国资本主义经济的需要,将中国这一有着广阔前景的商品销售市场和原料产地纳入开拓的版图中,另一方面通过向中国发动战争以转嫁日益严重的经济危机,从而转移国内民众的视线。如:英国曼彻斯特对华贸易39家公司联合致函英外交大臣巴麦尊,要求政府"能利用这个机会,将对华贸易,置于安全的、稳固的、永久的基础之上"。④ 第一次鸦片战争失败后,英国大肆占领中国市场,然而却"过高地估计了中国人的消费能力和支付能力。在以小农经济和家庭手工业为核心的当前中国社会经济结构中,根本谈不上大宗进口商品。英国不得不开始向中国开始无道德地倾销鸦片,在贸易中,尽管清政府有着贸易顺差,但中国的财政和货币流通却由于总额约达700万英镑的鸦片进口而陷于严重的混乱"。⑤ 这种严重的混乱迅速波及农村,使得中国农村不仅面临着严重的土地兼并,还不得

---

① 王先谦:康熙朝《东华录》卷73,康熙四十三年正月辛酉谕。
② 李文治:《中国近代农业史资料》第1辑,生活·读书·新知三联书店1957年版,第67、69页。
③ 李文治:《中国近代农业史资料》第1辑,生活·读书·新知三联书店1957年版,第75—77页。
④ 中国史学会主编:《鸦片战争》第2册,上海人民出版社1962年版,第634页。
⑤ 马克思、恩格斯:《马克思恩格斯论中国》,人民出版社2015年版,第79—80页。

不应对传统的自给自足的小农经济在资本主义势力大规模入侵和打击下破产的风险，中国农村社会危机丛生。

**（二）鸦片战争后农村危机的日益加深**

鸦片战争后，西方资本主义国家逐步过渡到垄断帝国主义阶段。西方列强对中国的经济侵略由原来的商品输入变为资本输入，入侵程度加深，对本就处于危机中的中国传统农村社会冲击更甚，使得中国农村根深蒂固的自然经济进一步解体，整个中国逐步融入到资本主义的世界市场体系中，中国农村传统家庭手工业的破产加剧。下表1-1为1840—1849年英国向中国输出本国商品的基本情况。

表1-1　1840—1849年英国每年向中国输出的英国产品总值[①]

| 年份 | 产品总值（英镑） | 年份 | 产品总值（英镑） |
| --- | --- | --- | --- |
| 1840 | 524 198 | 1850 | 1 574 145 |
| 1841 | 862 570 | 1851 | 2 161 268 |
| 1842 | 969 381 | 1852 | 2 503 599 |
| 1843 | 1 456 180 | 1853 | 1 749 597 |
| 1844 | 2 305 617 | 1854 | 1 000 716 |
| 1845 | 2 394 827 | 1855 | 1 277 944 |
| 1846 | 1 791 439 | 1856 | 2 216 123 |
| 1847 | 1 503 969 | 1857 | 2 449 982 |
| 1848 | 1 445 959 | 1858 | 2 876 447 |
| 1849 | 1 537 109 | 1859 | 4 463 140 |

---

① 资料来源——姚贤镐编：《中国近代对外贸易史资料》第1册，中华书局1962年版，第637页。

从表 1-1 中可以看出，英国向中国输出商品总值从 1840 年的 52 万英镑到 1859 年的 446 万英镑，20 年来呈现波动增长的趋势。由此反映出自鸦片战争以来的近 20 年，随着资本主义势力的不断扩张，英国不断把中国当成其产品倾销市场，将大量外国物品输送到中国市场，商品贸易额也随之呈现逐年上升趋势。如下图 1-1 所示。

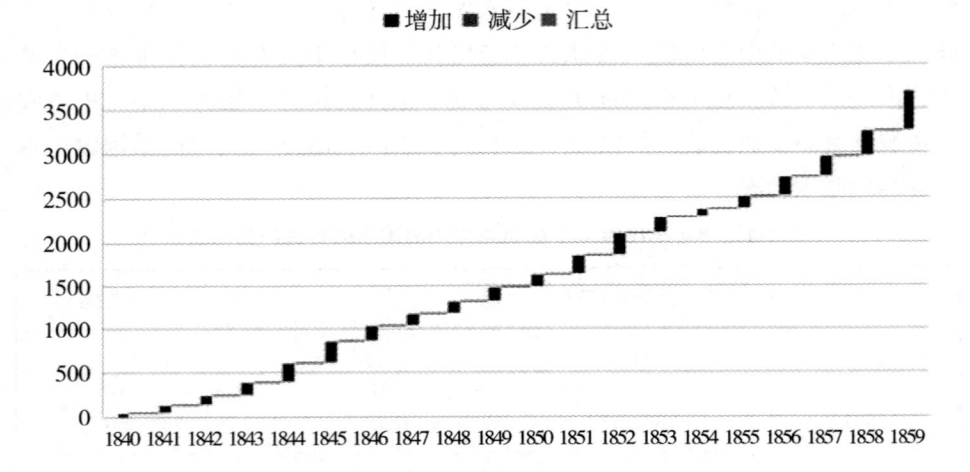

图 1-1　鸦片战争后 20 年来英国对华贸易额

外国工业产品不仅在中国市场上谋取了大量财富，并且挤占了中国市场，种类丰富、质量更高的外国商品逐渐取代了传统家庭手工业生产出的商品，造成中国的传统自然经济逐步解体，中国国内市场发生了巨大的变化。

从 1864 年太平天国运动失败到 1911 年清王朝灭亡期间，帝国主义国家通过发起战争，逼迫清政府签订不平等条约等方式向清政府索取大额战争赔款。国内封建势力则将巨额的赔款转嫁到本已脆弱不堪的农民身上，全国大部分地区农业经济也因此呈现大幅衰退趋势，农民生活更加苦不堪言。正如恩格斯所说："古老中国整个传统的制度将完全崩溃，那里，同家庭工业结合在一起的过时的农业体系，是通过无情排斥一切干扰成分而人为地维持下来的。"① 帝国主义势力不仅推销本国商品，大肆掠夺中国原料，而且直接干预

---

① 恩格斯：《1894 年 9 月下半月致劳拉·拉法格的信》，参见：《马克思恩格斯全集》（第 39 卷），人民出版社 1985 年版，第 285—286 页。

中国农民的生产活动,表 1-2 即反映了中国农产品出口数量的统计情况。

表 1-2　中国农产品出口情况表①

| 年份 | 农产品出口总值(千元) | 占出口贸易总值的比重(%) |
| --- | --- | --- |
| 1873 | 2866 | 2.6 |
| 1893 | 28 423 | 15.6 |
| 1903 | 89 496 | 26.8 |
| 1910 | 231 957 | 39.1 |

从表 1-2 可以看出,1873—1910 年我国农产品出口总值大幅度增加,所占出口贸易总值的比值也大幅增长。资本主义势力对中国农业活动干涉不断加剧,它们逼迫中国向资本主义国家出口大量的农产品,对外农产品的出口量在这一期间迅猛增长,其贸易总值占其他出口产品的比重最高达到三分之一以上。由此看出,资本主义势力逐步占据和垄断着农产品的市场份额,在资本主义势力的极端垄断下,中国农民忍受着极其残酷的剥削。

1912 年 1 月 1 日,中华民国建立。辛亥革命推翻了中国两千多年的封建帝制,但中国传统的封建地主土地所有制并未打破,西方帝国主义势力也不希望中国通过发展资本主义来达到国富民强的目的,因此在帝国主义、封建主义和官僚资本主义"三座大山"的压迫下,中国农民处境并未因中华民国的建立而改善,相反,生活情况反而愈发困苦。如:在北洋政府统治时期,大小军阀、大地主掠夺土地,残酷剥削农民,农业生产发展非常缓慢。

至南京国民政府统治初期,资本主义社会爆发了严重的经济危机,中国作为世界经济中的一环,自然难以幸免,建立在出口基础上的农业经济受到严重打击,农民直接掌握的土地数量也日趋减少,表 1-3 即对这一时期的土地产权等情况进行了统计。

---

①　资料来源——严中平等编:《中国近代经济史统计资料选辑》,科学出版社 1955 年版,第 72—73 页。

表 1-3  20 世纪 30 年代全国土地产权分布①

|  | 户数（千户） | 百分比（%） | 所占土地面积（百万亩） | 百分比（%） |
| --- | --- | --- | --- | --- |
| 地主 | 2400 | 4 | 700 | 50 |
| 富农 | 3600 | 6 | 252 | 18 |
| 中农 | 12 000 | 20 | 210 | 15 |
| 贫农和雇农 | 42 000 | 70 | 238 | 17 |
| 合计 | 60 000 | 100 | 1400 | 100 |

由表 1-3 可见，20 世纪 30 年代全国土地产权分布极不合理，封建剥削十分严重。大部分土地为地主、富农占有，体现在占农村户数 10% 左右的地主、富农拥有将近 70% 的土地；而占总户数 90% 的中农、贫农、雇农只有少量甚或无土地，特别是作为农村中最大阶级的贫雇农阶级占有的土地量不到 20%，大量的土地掌握在极少数人手中，地权集中上升到了新的高度，中农、贫农生存下去都成问题，成为封建剥削的直接受害者，从而导致农民生产积极性不高，农业发展缓慢。

1931 年九一八事变爆发后，日本帝国主义入侵中国，对我国东北、华北地区的农产品大肆掠夺，农业生产条件逐渐恶化，主要农作物产量连年呈下降趋势，农村经济持续衰弱，农民生活更加得不到保障。具体情况反映在表 1-4 中。

表 1-4  1931—1937 年重要农作物产量统计（全国）②

| 作物年份 | 1931 | 1932 | 1933 | 1934 | 1935 | 1936 | 1937 |
| --- | --- | --- | --- | --- | --- | --- | --- |
| 水稻 | 974 369 | 1 100 055 | 1 036 920 | 833 766 | 1 031 907 | 1 034 125 | 995 321 |

---

① 资料来源——陶直夫著：《中国现阶段的土地问题》，载《中山文化教育馆季刊》第 1 卷第 2 期。

② 资料来源——章有义编：《中国近代农业史资料》第 3 辑，生活·读书·新知三联书店 1957 年版，第 922 页。

续表

| 作物年份 | 1931 | 1932 | 1933 | 1934 | 1935 | 1936 | 1937 |
|---|---|---|---|---|---|---|---|
| 小麦 | 468 545 | 480 640 | 483 743 | 466 822 | 445 023 | 479 487 | 343 087 |
| 大麦* | 161 229 | 164 280 | 150 972 | 163 282 | 158 232 | 162 868 | 124 131 |
| 高粱 | 221 531 | 222 828 | 222 969 | 204 966 | 212 454 | 233 201 | 219 760 |
| 小米 | 190 740 | 187 382 | 198 782 | 179 640 | 195 961 | 196 544 | 181 865 |
| 玉米 | 168 215 | 176 354 | 158 240 | 149 259 | 178 781 | 170 455 | 175 587 |
| 甘薯* | 329 872 | 374 034 | 381 376 | 333 968 | 384 891 | 355 074 | 438 097 |
| 大豆 | 220 265 | 221 195 | 250 888 | 186 239 | 178 182 | 203 086 | 200 768 |
| 油菜籽* | 45 365 | 48 815 | 44 035 | 51 966 | 49 812 | 49 635 | 40 883 |
| 芝麻* | ? | ? | 19 350 | 17 039 | 15 317 | 17 360 | 15 028 |
| 花生* | ? | ? | 60 931 | 54 207 | 46 291 | 53 940 | 5209 |
| 桐油* | ? | ? | ? | 2100 | 2720♯ | ? | ? |
| 棉花 | 7513 | 9874 | 11 826 | 13 661 | 9781 | 17 537 | 13 170 |
| 家蚕茧* | 317 | ? | ? | ? | 297♯ | ? | ? |
| 茶叶* | ? | 4949 | 4877 | ? | ? | ? | ? |
| 烟叶 | ? | ? | 12 777 | 12 227 | 12 827 | 12 865 | 13 082 |

注：♯为1933—1937年的平均产量。？为东北产量不详。

显然，中国农民除受封建剥削外，又受资本主义压迫和天灾人祸的侵凌，"自不得不由凋敝而至崩溃"。① 时任国联特派农业问题专家特赖贡尼即在南京发表谈话时指出："中国农民生活，日在变化崩溃之中，中国过去之农民，多半自耕农而食，终岁勤劳，尚足温饱，相让相安，社会呈太平之象。今则不然，农村土地、经济种种盘剥，多集中于少数富绅之手，大部分农民已至无

---

① 邹树文：《新生活与乡村建设》，正中书局1935年版，第3页。

立锥之地,四季辛苦,不得一饱。"① 整个农村危机呈现为整体性危机。② "农村崩溃""农民破产"的情况也引起了全国人民的普遍关切,人们亟须了解这一严峻现实,开展农村调查势在必行。

## 第二节 "复兴农村"社会思潮的兴起

面对日益加深的农业危机,农村复兴思潮日益兴起。这一思潮的出现,是当时中国经济、政治、社会、严重民族危机的最终产物,是民族矛盾和"极度尖锐的阶级矛盾和阶级斗争的一种反映"。③ 马克思和恩格斯就曾指出:"一切划时代体系的真正内容都是应时代需要而产生,这些体系都是由各国的整个发展为基础的,是以阶级关系的历史形成及其政治的、道德的、哲学的以及其他的后果为基础的。"④

### (一)清季"复兴农村"思潮的出现

早在鸦片战争前,拯救中国农业,改进生产技术,推进农村"崛起"的呼吁已有萌发之势。在近代农业科技出现之前,中国社会经历了从舆论意义上对西方农业科技知识进行选编介绍的启蒙阶段。魏源首先在《海国图志》中就对西方先进的农业技术设备进行了描述,并且用了诸多溢美之词,他称赞道:西洋"农器便利,不用耒耜,灌水皆设机关,有如骤雨"。⑤ 王韬也在一次致江苏督抚李宫保的书信中提出,鉴于西方农机设备的优势,要购买和

---

① 董成勋编著:《中国农村复兴问题》,世界书局1935年版,第5页。
② 王先明:《民族复兴之基石——农村复兴思潮的兴起与演进》,《近代史研究》,2014年第4期,第43—47页。
③ 鲁振祥:《三十年代乡村建设运动的初步考察》,《政治学研究》,1987第4期,第37—44页。
④ 马克思、恩格斯:《德意志意识形态》,参见:《马克思恩格斯全集》(第3卷),人民出版社1972年版,第544页。
⑤ 魏源:《海国图志》卷10。

仿制西式"火机之纺器织具"和"犁耙播刈诸器"。① 其后，马建忠、郑观应等一批先进思想家也积极主张引进西方农业科技，以改变农业技术的落后局面。② 中国民主革命的先行者孙中山在香港学医时，就写出了《农功》一文，对西方国家先进的农政管理、农业教育和农业科技做了介绍。

甲午战争失败后，许多进步的知识分子在主张改造旧社会的同时，也提出"援西入中"的主张，以此改变中国农业落后的面貌。他们组织创办农学会，翻译介绍各种有关农业原理和推广农业科技知识的书籍。1896 年，罗振玉、徐树兰、朱祖荣、蒋黻等人倡导在上海创办的上海务农会，就以翻译介绍西方农业科技和农学知识为己任。上海务农会在成立的次年，即创办了中国历史上第一份农业学术刊物——《农学报》。同时还出版了一套《农学丛书》，收录农学译著 171 种。此外，江南机器制造局以及广学会、新学会社等团体都积极组织翻译了不少农业教材。尤其是当时留学日本的中国学生，游学之余，他们还翻译了当时的许多农学新著。留日学生在此期间翻译的日文农学著作，如表 1-5 所示。

表 1-5　汉译日文农学著作（1897—1900）③

| 年份 | 著作 | 作者 | 译者 | 出版单位 | 备注 |
| --- | --- | --- | --- | --- | --- |
| 1897 | 植楮法（一卷） | 初濑川健增 | | 上海农学会石印 | 农学丛书初集 |
| 1897 | 植三桠树法（一卷） | 梅原宽重 | | 上海农学会石印 | 农学丛书初集 |
| 1897 | 植雁皮法（一卷） | 初濑川健增 | | 上海农学会石印 | 农学丛书初集 |
| 1898 | 蕈种栽培法 | 本间小左卫门 | 林壬 | 天津北洋官报局石印 | |
| 1900 | 茶事试验报告（第一册）（一卷） | 日本农商务省农务局本 | 樊炳清 | 上海江南总农会石印 | |
| 1900 | 农产制造学（二卷） | 楠岩 | 沈纮 | 上海江南总农会 | 农学丛书 |

---

①　王韬：《代上苏抚李宫保书》，见《韬园尺牍》。
②　曹幸穗等：《民国时期的农业》，《江苏文史资料》第 51 辑，江苏文史资料编辑部 1993 年版，第 18 页。
③　资料来源——田雁：《汉译日文图书总书目 1719—2011》第 1 卷，社会科学文献出版社 2015 年版，第 4—7 页。

续表

| 年份 | 著作 | 作者 | 译者 | 出版单位 | 备注 |
|---|---|---|---|---|---|
| 1900 | 螟虫驱除法（一卷） | 小林传四郎 | 徐继祖 | 上海江南总农会石印 | |
| 1900 | 森林学（一卷） | 奥田贞卫 | 樊炳清 | 上海江南总农会石印 | |
| 1900 | 葡萄新书（二卷） | 中城恒三郎 | 林壬 | 天津北洋官报局石印 | 农学丛书二集 |

随着西学东渐的不断深入以及兴农兴邦思潮的出现，兴农政策也被晚清政府纳入维新变法并作为重要内容之一。1898年，清政府颁布一系列关于推行农业改革的措施。其中包括建立专门的政府机构，实施对农业科研教育推广的规划、管理、指导；政府财政拨款兴办农业科研和教育机构；政府财政薪俸农业科学家、农业教育家，为国家农业发展服务等。正是由于清末新政的推动，晚清时期农业教育、农业科技得到了极大发展。高等农业学堂、中等农业学堂、初等农业学堂等专门培育农业人才的机构纷纷建立，农业学堂中的在校学生数量也显著增加。农业科研方面，国立的农工商部农事试验场和省立的农事试验场纷纷建立。经过早期的农业改良启蒙和晚清的近代农业奠基，中国近代农业略见起色。[①]

### （二）民国时期"复兴农村"思潮的发展

从1901年开始，"何以立国"的问题成为社会思潮的中心论点，在以"农业立国"还是"工业立国"的争论中，"农业立国"开始获得更多的社会回应和支持，以农业问题为中心的乡村发展理论探讨逐步演变为一个极其重要的议题。[②]

伴随着帝国主义国家入侵程度的加深，中国农村的危机日益加重，不少知识分子、实业家、政府官员、爱国人士等企图挽救破产农村，提出"乡村

---

[①] 马菲菲：《历史学视角下的近代社会变革与发展研究》，中国商务出版社2018年版，第126页。

[②] 王先明：《民族复兴之基石——农村复兴思潮的兴起与演进》，《近代史研究》，2014年第4期，第43—47页。

建设""农村复兴"的口号,"举凡政府机关,有识之士,无不以此为当务之急"。① 此后,整个知识界和政界的热议主题无不以"复兴农村"为旨归,"一九三四年中国学术界所贡献于农村问题者,可谓空前,时髦所至人人以谈农村问题为荣,一变从事憧憬都市文明之正面意识"。② "朝野人士中外名流,均一致提出复兴的口号,以为治标治本之图。"③ 此后一年之间关于复兴农村之刊物二十多种,"如雨后春笋充塞街衢,文化市场几占第一位之势",而讨论复兴农村问题之单行本以及时论性杂志也很可观。④ 故在这个时期,农村改进,农村复兴,成了时代的中心。⑤ 农村复兴计划在当时广为流行,备受关注,涌现出了一系列专门以农业为主题和主线的期刊杂志。这一时期创办的专攻农村问题的杂志,如表1-6所示。

表1-6 专攻农村问题的定期杂志⑥

| 杂志名称 | 发行日期 | 发行机关 |
| --- | --- | --- |
| 《农村经济》 | 月刊 | 农村经济月刊社 |
| 《农林新报》 | 旬刊 | 金陵大学农学院 |
| 《新农林》 | 月刊 | 农林教育改进社 |
| 《中国农村》 | 月刊 | 中国农村经济研究会主编　上海黎明书局发行 |
| 《农村复兴委员会报》 | 月刊 | 农村复兴委员会 |
| 《锄声》 | 月刊 | 浙江湘湖乡村师校 |

---

① 朱壮悔:《一九三四年复兴农村运动的回顾与前瞻》,《农村经济》,第2卷第3期,1935年1月1日。
② 朱壮悔:《一九三四年复兴农村运动的回顾与前瞻》,《农村经济》,第2卷第3期,1935年1月1日。
③ 熊天翼:《本社的使命和愿望》,《农村》,第1卷第1期,1933年11月15日。
④ 朱壮悔:《一九三四年复兴农村运动的回顾与前瞻》,《农村经济》,第2卷第3期,1935年1月1日。
⑤ 杨惠庄:《漕河泾农学团的农村事业》,《农村经济》,第2卷第1期,1934年11月1日。
⑥ 朱壮悔:《一九三四年复兴农村运动的回顾与前瞻》,《农村经济》,第2卷第3期,1935年1月1日。

续表

| 杂志名称 | 发行日期 | 发行机关 |
|---|---|---|
| 《农村旬刊》 | 旬刊 | 上海立达学园 |
| 《乡村建设》 | 旬刊 | 山东乡村建设研究院 |
| 《新建设》 | 半月刊 | 太原新建设杂志社 |
| 《养蜂新报》 | 月刊 | 湖南养蜂协会 |
| 《农林杂志》 | 月刊 | 浙江余姚文化书局 |
| 《沪农》 | 月刊 | 上海市农会 |
| 《社会经济月报》 | 月刊 | 社会经济调查所 |
| 《广东合作》 | 旬刊 | 广东合作事业委员会 |
| 《琼农》 | 月刊 | 国立中山大学琼崖农业研究会 |
| 《经济统计月报》 | 月刊 | 中国经济统计研究所 |
| 《地政月刊》 | 月刊 | 中央政治学校地政学院 |
| 《合作月刊》 | 月刊 | 中国合作学社 |
| 《农行月刊》 | 月刊 | 江苏省农民银行 |

除了专门关于农村问题的学术期刊外，其他政论期刊也积极参与到这场声势浩大的潮流之中。如：《独立评论》《中国经济》《大公报》《东方杂志》等报刊，在外患内忧、农村崩溃的时代背景之下，独立评论派、新媒体人围绕农村破败现状，通过剖析农村破产原因，就如何拯救农村与复兴农村这一问题发表时评，使复兴农村的号召更加深入人心，吸引了更多有识之士参与到这场探索复兴农村的大讨论中。众多形式的探索，有力推动了农村复兴运动的发展，对当时的农村建设有重要的参考价值。

1931年，蒋介石作了"敬教劝农"的广播讲话，1932年9月在汉口剿匪总部扩大纪念周上作了"怎样复兴农村和安定社会"的讲演，1934年10月在汉口又作了"推进政治注重农村建设"的讲演，蒋介石强调：善后工作"当以复兴农村，发展农业为当前之急务，亦即救济国难唯一之要图"。[①] 1933年

---

① 项昌权：《我国农村复兴运动之回顾》，《黄埔月刊》，1935年第3卷第5期。

5月，汪精卫在农村复兴委员会成立会上提出通过集中朝野力量，筹集资金，救济农村，充实农村金融，通过改良农业技术，发展交通事业，调剂各地粮食来复兴农村。①陈果夫指出："我国为农业国，而数千年来，上下习于成法，鲜事改进，降至晚近，灾祸迭乘，民不安业，由农村之破产，酿成社会国家空前之危机。长此因循，日后当更不堪收拾。"因而，他大声疾呼采取有力措施复兴农村经济："故为今之计，亟应设法挽救，力谋农村经济之复兴，使大多数贫乏之农民，得以转危为安，以贫为富。一般人民之生计问题解决，而后国家之经济基础以立，进而谋工商业之振兴，亦不难矣。"②董成勋认为："农村为中华民族之命脉，惟复兴农村，方能复兴民族，欲复兴民族，必先复兴农村"。农村复兴成为当时社会各界的共同诉求，"欲复兴农村，应首先了解农村的真相，若单凭主观臆断，随随便便定些政策拿去解决问题，定然不会有效"。③孙本文认为："社会运动就是社会民众想要解决社会问题而起的一种运动。"④

以"社会运动"方式谋求农村改造与农村社会复兴，几乎是当时人们共同的认识。何谓农村运动？"农村运动之对象，可分为农地、农业、农民、农村之四个方面。详细言之：一是关于农地之分配与整理的工作，二是关于农业之科学的经营之工作，三是关于农民智识文化之提高的工作，四是关于改良农村组织及农村障害之排除的工作。凡在农村间以一种有计划的组织做上列各项工作者，不论其目的为一种或多种，我们都可以称之为农村运动。现在我国各地所倡行的乡村建设运动、乡村教育运动、农村自卫运动、农业推广运动、农村合作运动等等，虽然他们所注力的工作各有其中心，但由于他们的目的都是在改造农村，于此便总称之为农村运动。"⑤当然，社会各界对于解决农村问题、改造农村社会的路径与模式是各不一致的。许仕廉在《中国之乡村建设》一文中认为："乡村建设，虽为吾人所习见之名词，惟其范

---

① 项昌权：《我国农村复兴运动之回顾》，《黄埔月刊》，1935年第3卷第5期。
② 陈果夫先生遗著编印委员会：《陈果夫先生全集》（二），近代中国出版社1990年版，第280—283页。
③ 董成勋编著：《中国农村复兴问题》，世界书局1935年版，第2页。
④ 孙本文：《社会问题》，世界书局1927年6月初版，1923年9月第4版，第13页。
⑤ 孔雪雄：《中国今日之农村运动》，中山文化教育馆发行，1934年5月15日，第2页。

围，则包罗至广，含义亦殊模棱。在中国，乡村建设运动，有时亦以'农村复兴''农村改良'等名称表示。惟此种名称各有其本身的特殊意义，殊不足概括的予整个乡村建设运动之进行方式以恰当之解释。所谓'农村复兴''农业改良'及'乡村改革'等，实各为整个乡村建设运动之一部分，其工作范围及方式，容有殊异，然其目的则皆不外在中央政府、各省当局及地方公私团体策励之下，推进并指导整个农村人口之社会经济的发展。""中国乡村建设运动目标虽各有不同，但其最大的共同的目的当不外培养与增进中国农村人口之经济及政治力量，实质上可谓举国一致的救亡图存之大运动也。"[①]

方显廷则在《农村建设与抗战》中对农村建设的原则与目标作了更详细的阐述。他认为，我国农村建设，多由私人机关倡导及试验，政府机关从而推广，使之标准化。其所取方向与步骤，自难一致。且每以主义之争执，而蹈各走极端之覆辙，是以农村建设运动，虽已有悠久之历史，然卒未能有长足之进展。及民国二十二年（1933），农村建设运动，因环境之需要而引起朝野上下之注意，方向步骤，始渐趋一致，其所依据之原则，亦渐有定论，而被公认为此后努力之南针。在方显廷看来，农村建设应该坚持以下三个原则。第一，农村建设在求我国农村之现代化或工业化。吾人谓农村建设之目标在求农村社会之工业化，绝非以工业之树立为农村建设之中心，乃欲以工业社会所采取之科学方法与大规模组织，普遍引用于农村社会生活之各方面如军事、政治、经济、教育、卫生等等。第二，农村建设系整个的建设而非枝节的建设。农村社会，为一有机的结构，建设农村社会，绝非头痛医头脚痛医脚之枝节的办法所能收效。整个农村生活之各方面，必须同时改进。第三，农村建设应由政府负推动及实施之责。农村建设，既为整个的事业，非赖有政治的力量，作全盘的推动及实施，决难奏效。农村建设推动之责在中央，实施之责在地方。可以看出，方显廷强调农村建设中的政府责任，以达到农村社会的现代化与工业化。[②]

梁漱溟也致力于积极推进农村建设，他在《乡村建设大意》中指出："中

---

① 许仕廉著、彭加礼译：《中国之乡村建设》，实业部统计处：《实业部月刊》，第2卷第6期，1937年6月10日，第7、9页。

② 方显廷：《农村建设与抗战》，《农村建设》，1938年9月1日，创刊号。

央政府，现在成立了一个农村复兴委员会，他这个会名字面虽与'乡村建设'一词不同，而意思都差不多，他也是在提倡乡村建设事业的。"[①] 此种意义上，梁漱溟的乡村建设思想实际上就是农村复兴思想。在从事农村复兴工作时，他不断地探索中国现代化的道路，认为中国现代化的出路在于农业的发展与振兴。他根据自己对中国社会特殊性的分析，指出西方资本主义国家的经典模式和社会主义苏俄模式的现代化道路在中国走不通，他认为中国现代化要根据自己实际情况，走自己的发展道路，就是依靠乡村建设，复兴农村经济，通过乡村建设，复兴中国文化，这样，中国才能走上现代化道路。梁漱溟的农村复兴思想，概括地说是这样的：首先要建立乡村组织，然后依靠农民和知识分子，运用教育和合作的方法，走农业引发工业的道路，复兴农村，最终达到民族复兴，在中国建立一个理想的新社会。

在定县的乡村建设实践中，晏阳初认识到中国农村存在着"愚贫弱私"四大病症，针对这四大病症，他采取"学校式、社会式、家庭式"三大教育方式并举的方针，用"以文艺教育攻愚，以生计教育治穷，以卫生教育扶弱，以公民教育克私"这四大教育连环并进的方案来进行农村改造，提高大多数农民的知识力、生产力、强健力与团结力，以达到"除文盲、作新民"之目的，从而巩固国本，再造一个新的国家、新的民族，为民族复兴奠基。晏阳初指导下的定县乡村建设运动是一场对社会改造与人的改造相结合的全面农村改造运动。在这场改造运动中，为了复兴农村，实现农村现代化，他对农村经济、政治、文化、社会以及农民本身等方面的改造进行了不懈的探索，提出了一系列有价值的观点和思想。晏阳初农村复兴思想主要概括为以下几部分：农村复兴的方法——四大教育与三大方式；农村复兴的步骤——研究实验、训练人才、表证推广；农村复兴的途径——政教合一；农村复兴的使命——"民族再造"。晏阳初的农村复兴思想，不仅对当时产生了很大社会影响，而且在当下也仍有现实意义。

高践四以他开创性的劳动和实践为农村复兴作出了重要的贡献。他自任江苏省立教育学院院长后，时时刻刻与民众为伍，考察中国社会问题，深知

---

① 梁漱溟：《乡村建设大意》，参见：《梁漱溟全集》（一），山东人民出版社 2005 年版，第 602 页。

民族复兴之道，必在农村复兴。认为国家落后，民生贫困，与民智之不开，科学之落后，社会之缺乏团体组织及自治能力，实互为因果。他率知识分子深入民间，从民众教育入手，唤起民众，启发民众组织能力，把科学技术引向农村，开启民智，培养民众团体能力，培养农民自发、自动、自觉地用自身力量去建设农村、复兴农村。高践四的农村复兴思想在经济上体现出民生主义，他想通过民众教育，祛除中国的贫穷，通过生计教育，使中国大多数同胞能够自食其力。在政治上体现出民治主义与民族主义，他认为："民众教育为民治主义之基础，推行民众教育可使民治基础巩固；提高民众教育程度，可使民治基础愈巩固。"① 并认为中国民族的出路在于有民治的基础，有经济的发展。他说："中国民族的出路在哪里？中国民族如何才能自救？答曰：须全国人民能改去一盘散沙的旧习惯，养成团结一致的新习惯，全国人民成功一民族大团体，方能有力量对外抵抗政治侵略、经济侵略，对内消除天灾人祸，树立民治基础，发展国民经济。"② 他指出，农村复兴这个工作，须培养农民自身的力量，并由农民放大范围到整个中华民族，"养成民族大团体以抵御外侮，复兴民族"。③

也有学者认识到农村复兴问题的极度复杂性，因而主张首先经由农村改进创造农村复兴的条件。蔡衡溪即持"农村改进论"的观点："我对于解决目下中国农村问题的意见，也主张复兴农村，但同时又坚持着中国农村不能复兴的理论。"在蔡衡溪看来，中国农村亟待复兴，毋庸讳言；但是中国农村的破产与病症使立即复兴农村是难以实现的，因而"我的主张——设法复兴农村，是所极端赞成，不过在实施复兴农村之前，我们所应该特别注意的，不是开首即谓复兴农村的本体，而是应先急于铲除其现有疾病，换句话讲，就是应如何使行将破产的农村不致再走向险恶的途径，或者是应如何设法使农村不致再继续破产下去，才是当今切要之图；复次，复兴农村既是一种繁难

---

① 高践四：《〈民众与教育〉发刊词》，参见：《高阳教育文选》，苏州大学出版社2012年版，第19页。

② 高践四：《加紧乡村工作的必要》，参见：《高阳教育文选》，苏州大学出版社2012年版，第209页。

③ 高践四：《农村地位的重要与青年之农村社会服务》，参见：《高阳教育文选》，苏州大学出版社2012年版，第232页。

而复杂的问题，当然非是马上所可解决的事，因此我们实施复兴农村之前，也应察其机微，度其缓急，按定步骤，依次作去，才可免去无谓的牺牲。"① 所以，农村救济问题、治匪问题、转移政府视线问题、减除农村经济之压迫问题、人才问题就成为复兴农村亟待解决的问题。

在当时知识分子中，对农村复兴的看法相关论争十分激烈。"有的诊断了病源，有的试开了药方；有的图谋根本上的解决，有的主先为治标的救济。有作唯物论观察的；也有作唯心论解释的。"② 在复兴农村方法和路线上产生分歧和论争，从他们的论争中不难窥见：在自由主义知识分子内部，关于农村复兴论争的焦点可以概括为是实行"无为政治"，还是"有为政治"。③ 在保守主义知识分子和自由主义知识分子之间，关于农村复兴存在着更为激烈的论争，前者主张"从农业引发工业"，而后者则普遍坚持"发展都市以救济农

---

① 蔡衡溪：《中国农村之改进》，河南省教育厅编辑处发行，1934年7月出版，第119—120页。

② 千家驹：《救济农村偏枯与都市膨胀问题》，《农村与都市》，中华书局1935年版，第1页。

③ 胡适在《独立评论》第49号发表了《从农村救济谈到无为政治》一文，拉开了"无为政治"与"有为政治"之间争论的序幕。弘伯以其在《独立评论》第68、69号上发表的《我们需要提倡无为政治哲学吗》一文，反对胡适的观点。站在弘伯一边赞成"有为"的文章有薛典曾的《拥护建设》（《独立评论》第93号）、伯庄的《愈贫弱愈要有为》（《独立评论》第98号）和翟象谦的《建设问题》（《独立评论》第98号）。站在胡适一边的有区少幹的《无为与有为》（《独立评论》76号）、瘦吟的《拥护无为》（《独立评论》第93号）等。转引自刘峰：《20世纪30年代农村复兴思潮研究》，湖南大学博士论文，2015年6月。

村"。因学科背景和观察视点迥异，两者之间难免仁智互见与歧见迭出。① 双方在城市与乡村、工业与农业孰为本末这一问题上，彼此对立并相互责难攻讦，而马克思主义知识分子则秉持革命立场，认为二者都没有认识到中国农村破产的根源是帝国主义的侵略和封建主义的剥削，对双方论说进行激烈挞伐。②

---

① 1934年9月16日《独立评论》118号转载了吴景超发表在《大公报》上《发展都市以救济农村》一文。该文批评梁漱溟的乡村建设道路，提出发展都市和工业以救济农村的主张。文章一经发表，即刻引起巨大反响。支持梁漱溟"以农业引发工业"论的人相继发表文章反驳吴景超的主张。主要有李炳寰的《评吴景超之发展都市以救济农村》(《众志月刊》第2卷第1期)、刘子华的《评吴景超的发展都市以救济农村》(《锄声月刊》第1卷4、5期合刊)、万钟庆的《发展都市必先救济农村》(《民间半月刊》第1卷第17期))和姚溥荪的《不复兴农村中国可以工业化吗》(《独立评论》第137号)等文章。吴景超也以《我们没有歧路》(《独立评论》125号)和《再论发展都市以救济农村》(《独立评论》136号)进行回应，坚持发展工业的观点。贺岳僧在《独立评论》上发表《解决中国问题应走的路》，支持吴景超的观点。除吴景超外，陈序经也在《独立评论》上发表文章对梁漱溟乡村建设理论提出质疑。1934年，陈序经在《独立评论》126号上发表《乡村文化与都市文化》一文，批评梁漱溟把中国文化称之为"乡村文化"，把西方文化称之为"都市文化"的错误观点；也对梁漱溟要从乡村建设中创造新文化的观点进行质疑。此后，他又相继发表《乡村建设运动的将来》(《独立评论》第196号)和《乡村建设理论的检讨》(《独立评论》第199号)两篇文章，对梁漱溟在邹平的乡村建设工作以及他提出的乡村建设理论进行了批评。《乡村建设运动的将来》发表后，便遭到从事乡村建设工作者的反驳，批驳的文章有杨骏昌的《论乡村建设运动》(《独立评论》第198号)、傅葆琛的《众目睽睽下的乡村建设运动》(《独立评论》第199号)、瞿菊农的《以工作答覆批评》、涛鸣的《此路不通》(《独立评论》第209号)、陈志潜的《唯一出路》(《独立评论》第215号)和黄省敏的《读〈乡村建设运动的将来〉敬答陈序敬先生》(《独立评论》第216号)等，这些文章对陈序经的观点进行批判，为乡村建设工作进行辩护。转引自刘峰：《20世纪30年代农村复兴思潮研究》，湖南大学博士论文，2015年6月。

② 以陈翰笙、薛暮桥、孙冶方等为代表的马克思主义知识分子，发表了一系列批判农村复兴的文章，他们的文章大多发表在《中国农村》杂志上，故被时人称为"中国农村派"。"中国农村派"运用马克思主义的基本立场、观点和方法分析农村问题，他们主要从农村破产根源、农村阶级、土地问题等方面批判当时的乡村建设理论，并提出复兴农村的方法。他们认为中国农村破产的根本原因是帝国主义的侵略和封建主义的剥削，中国农村经济的复兴与民族独立和人民解放形成不可分割的一个事实的两个方面，中国农村的复兴不能离开根本制度的变革，反帝反封建的民族解放运动才能从根本上解决中国问题。转引自刘峰：《20世纪30年代农村复兴思潮研究》，湖南大学博士论文，2015年6月。

## 第三节 社会学的引入与社会调查的兴起

清末以来,中国一直被战乱、革命、政权交替、文化存废等巨大的危机所笼罩,资本主义制度、商品经济等"洋文化"在中国迅速传播,传统的封建制度和思想遭受前所未有的冲击,西学新知亟亟而入。社会学就是在这一时期被介绍到中国。与西方相比,社会学在中国的建立与发展,经历了更为艰难复杂的过程。自19世纪末到20世纪40年代,社会学大致经历了从引入到建立两大阶段。从西方社会学理论著作的翻译、传播到社会学学科化、制度化再到在社会学指导下广泛开展社会调查,社会学逐步实现系统化、本土化建设。而作为社会学研究必不可少的工具和手段,社会调查与社会学几乎同步传入中国,也在曲折中成熟与发展,从社会调查鲜为人知到调查实践蔚然成风,调查研究的理论与方法日益完善,不断推动着社会学在中国这片土壤上扎根、成长。回顾社会学在中国的传播与发展历程,对我们课题的研究有深远意义。

### (一)清末西学东渐大潮下社会学的引入与社会调查的兴起

西学东渐对中国近代社会产生了重大影响。在这一背景下,近代西方学术思想在中国广泛传播,东西方社会思潮激烈交锋。社会学在这一过程中的传入,既是顺应时代进步的需要,也是社会发展的必然。

19世纪末20世纪初,在社会学传入中国之初,曾被译为"交际学""世态学""群学"或"人群学"。"社会学"的译名随着"社会"名称的变化而不断变化。"society"在19世纪初至1894年甲午战争之前被翻译为"会""民景"等概念;甲午战争战败后到1903年,"society"被翻译为"群",也被翻译为"社会",并且这两个概念被赋予"独立、平等、自由"等现代政治等含义;与此同时,在这一时期"社会"这一概念从日本流入中国,并且与现在"社会"的含义相近;1903年以后,"society"被广泛地翻译为"社会","群"

的概念逐渐消失，而"社会"一词被赋予了知识分子对于理想社会和理想国家的构建与诉求。① 真正把西方社会学原原本本引进和介绍给中国人的首推严复。1895年，近代中国思想先驱严复在天津《直报》上发表《原强》一文，首次介绍斯宾塞及其"群学"，这被视为社会学进入中国的最早标志。② 1898年，严复将译出的斯宾塞《社会学研究》的头两篇"砭愚"与"倡学"发表在《国闻报》社的《国闻汇编》上。同年8月到10月，章太炎和曾广铨合译的《斯宾塞尔文集》刊登在《昌言报》上。当时，天津的《国闻报》报社与上海的《时务报》报社在维新运动中分别占据着南北舆论界的领导地位，具有相当巨大的影响力。严复和章太炎的译文，是国内最早公开发表的有关社会学内容的文章。他们介绍斯宾塞的社会学学说，旨在为维新变法运动提供思想武器，向社会大众发出民族危亡的警号，唤起民族的觉醒意识，呼吁只有顺应"天演"的规律，厉行变法，才能由弱转强，获得生存，否则就有被淘汰和亡国灭种的危险。

另外一位向国人介绍西方社会学理论的是章太炎。1902年8月，他翻译的日本学者岸能武太所著《社会学》一书，由上海广智书局出版，这是国内最先问世的社会学成本译著。章太炎指出，该书的特点在于综合了斯宾塞的有机体理论和季廷史的心理学派社会学两家的理论，"有知化独往之士，将亦乐乎此也"。③ 与此同时，严复也译完了斯宾塞《社会学研究》全书，并冠以《群学肄言》的书名，由上海文明编译局于1903年5月出版发行。严复翻译《群学肄言》，目的是想把西方社会学的研究方法介绍到中国，但该书出版后影响不大，学术界似乎没有什么很好的评价。相反，沈兆韦在《新学书目提要》中，从五个方面对此书进行了尖锐的批评。④ 严复在《群学肄言》的"译余赘语"中指出：东西方对社会的界说是暗合的，《群学肄言》与《大学》《中庸》的精义有相通之处。严复将"社会"翻译为"群"，体现了中国第一

---

① 崔应令：《中国近代"社会"概念的生成》，《社会》，2015年第2期，第29页。
② 阎明：《中国社会学史——一门学科与一个时代》，清华大学出版社2010年版，第3页。
③ ［日］岸能武太著，章太炎译：《社会学》，广智书局1902年版，"自序"。
④ 沈兆韦：《新学书目提要》（卷四），通雅书局1904年版。

代启蒙学者在接触西方"社会"一词时所反映出来的中国学术思想与中华传统文化的"伙伴关系"。严复把他基本上是同期翻译的甄克思所著的 *The History of Politics* 一书翻译为《社会通诠》，说明他并不是没有想到"社会"一词，而是按照他对中西文化的理解，将中国词汇中的"社会"对应为西方意义上的"政治"，这一点是耐人寻味的。社会学传入中国，一方面是顺应社会改良的需要，另一方面是因为社会学的思想与中国固有的社会思想有共融之处，所以能根植于中国的土壤里。从严复翻译《群学肄言》开始，他就在既"译"又"述"过程中表达着自己的见解。① 清末，中国社会学处于萌芽时期，在这一时期翻译社会学著作贡献量最大的应当是严复了。他一方面介绍西方学术思想，而另一方面有启迪实际研究学术之风。严复的学术思想以及翻译著作的内容，对我国当时的社会哲学、社会思潮和社会学理论，以及对以后的社会发展都具有重要意义。② 章太炎与严复都对中国社会学发展产生过重要影响，但二人在进化论、群己关系问题上持有不同的看法。章太炎的社会学思想围绕着中国政治与学术的诸多相关问题展开，最终形成富有时代和民族特性的社会学思想，显示出实用主义和人文主义的特征，在当时和今天都闪烁着理性的光辉。③

社会学因适应中国维新变法的需要，除从西方直接传入外，还间接大量地从日本移译传入中国。"社会学"最后的定名也是借用日本汉字的使用。④ 从1898年至1918年西方社会学传入中国之初的20年时间里，共计有10本社会学译著问世，其中除严复直接翻译介绍的一本西方社会学原著外，其余都是从日本转译过来的，但其内容则是西方社会学的理论。如译自贺长雄的《族制进化论》（1902），吴建常译自市川源三的《社会学提纲》（1903），欧阳钧译自远藤隆吉的《社会学》（1911）等。

---

① 董金权，赵宏斌：《论社会学中国化的历程与再探索》，《黄河科技大学学报》，2007年第4期，第72—75页。
② 孙芳以：《清末中国社会学萌芽期——严复社会学译著及社会思想》，《社会》，1985年第3期，第62页。
③ 王旭琴：《清末章太炎社会学思想研究》，陕西师范大学硕士论文，2019年，第58页。
④ 李恭忠：《Society 与"社会"的早期相遇：一项概念史的考察》，《近代史研究》，2020年第3期，第4—18页。

随着大量社会学著作被翻译成中文,科学的社会学理论与方法也被引进中国。严复所翻译的《天演论》就提出"物竞天择,适者生存"的生物社会学的理论。此外,斯宾塞的著作《社会学研究》,也就是严复所翻译的《群学肆言》,将社会有机体的理论引进国内,这一理论的目的是实现新的社会整合和维护社会均衡的秩序。① 因此,当时的社会学思想具有社会改良和维护社会秩序的意义。

由中国人自己进行的社会调查也兴起于清末。据记载,早在1877年就有阳湖人赵子钦提倡进行现代社会调查。最早将社会调查付诸实施的中国人则可能是浏阳的黎宗鋆。他在1897年6月的《农学报》上发表了一篇名为《浏阳土产》的调查报告,谭嗣同为其作了序。② 在此之后,不仅有同乡会调查部等民间调查机构,也有学务调查所等官方调查机构开展社会调查。20世纪初的短短几年中,社会调查总数由7个增长到957个,各类调查机构相继成立,调查范围涉及社会、政治、经济、文教等多个方面,宣传调查的报刊持续有所增加,公开发表的调查成果也蔚然可观。③ 无论出于什么样的目的,清末民国初年国人已经有了通过社会调查了解国内形势、考察国内实际情况的需求。

这个时期,一些外国传教士和教授也组织了一系列社会实地调查。如1914年至1915年,美国传教士约翰·步济时(J. S. Burgess)主持调查了北京各区人力车夫职业与生活的情形。④ 1917年,清华学校教授狄特莫(C. G. Dittmer)指导学生在北京西郊对195家居民的生活费作了调查。⑤ 1918年至1919年,社会学者甘博(S. D. Gamble)等仿照美国春田调查对北京的历史、地理、政府、人口、健康、经济、娱乐、娼妓等项内容进行了调查。⑥ 此

---

① 李培林:《中国早期现代化:社会学思想与方法的导入》,《社会学研究》,2000年第1期,第88—101页。
② 李章鹏:《清末中国现代社会调查肇兴刍论》,《清史研究》,2006年2期,第75—81页。
③ 李章鹏:《清末中国现代社会调查肇兴刍论》,《清史研究》,2006年2期,第75—81页。
④ 陶孟和:《孟和文寸》,上海书店出版社2011年版,第117页。
⑤ C. G. Dittmer, "An Estimate of the Standard of Living in China", *The Quarterly Journal of Economics*, Vol. 33, (1918), pp. 107—128.
⑥ [美]甘博著,陈愉秉等译:《北京的社会调查》上册,中国书店出版社2010年版,第14页。

外，沪江大学教授葛学溥（D. H. Kulp Ⅱ）组织学生在广州潮州调查了有650人口的凤凰村，对当地人口、健康、经济、风俗、会社、教育等情形都有详细的分析。① 这些社会调查几乎都在外教和传教士主导下进行，多为传教服务。因调查研究的出发点不同和对社会改造理解的差异，所以无法真正与当时的中国社会产生共鸣。但由于这些社会调查实践组织性强、调研方法科学规范，因而取得了开创性成果，这些成果仍然对中国的社会调查起到了积极的推动作用。

**（二）民国初期社会学的发展与社会调查的广泛应用**

受五四运动的影响，大批留学生回国并致力于引入和普及西方科学技术和学术理论，带动了社会学本土化、学科制度化，社会学不再只是"传入""输入""移植"式的西方"舶来品"，而是逐渐成为一门真正独立的社会科学。②

1923年，上海大学"应社会之需要"增设"社会学系"，由瞿秋白任系主任。该系的主要课程有社会学原理进化社会论、社会主义史、现代社会等约40门必修课。瞿秋白亲自主讲"现代社会学"和"社会哲学概论"，并编写了《现代社会学》一书。蔡和森编写并主讲《社会进化史》。中国共产党创始人之一的李达于1926年出版了《现代社会学》，1937年出版了《社会学大纲》，积极宣传马克思主义社会学。1938年，国民党政府教育部颁布大学课程设置

---

① ［美］葛学溥著，周大鸣译：《华南的乡村生活——广东凤凰村的家族主义社会学研究》，知识产权出版社2006年版，第2页。

② 事实上，社会学学科建设始于清末。早在光绪三十二年（1906），京师法政学堂正科政治门第一学年课程表内，即有社会学二小时。宣统二年（1910）改订的法政学堂政治门及经济门课程表内，第一学年均有社会学二小时。1912年，京师大学堂改为国立北京大学后，文科和法科的四个门类均增设有社会学。但这些记载社会学课程，实际上是否开设、由谁授课等都无从考证。在华的西方教会学校则正式开设社会学课程。如：1908年在上海圣约翰大学开设社会学课程，由美国人 Arthur Monn 任教，采用的课本是白芝浩（W. Bagehot）所编的《物理与政治》。1913年，美国教授葛学溥（D. H. Kulp Ⅱ）在上海私立沪江大学创立社会学系，由葛学溥、白克令（H. S. Bucklin）、狄莱（J. Q. Dealey）等布朗大学教授短期来华任教。1916年，国立北京大学设立社会学班，由康宝忠教授授课，他是第一个讲授社会学课程的中国人。这些社会学课程的开设为此后社会学的建立奠定了重要基础。

时，规定社会学成为文、理、法、师四学院的社会科学类共同的必修课之一。1940年，国民党政府又成立了社会学部。此间，《社会学杂志》《社会学界》等社会学刊物相继出版发行。

社会学课程的开设和社会学本土教材的出版为社会调查的发展提供了可能。到了20世纪30年代，学界更是提出"社会学中国化"的口号，致力于实现西方社会学与中国文化的共通与融合，并尝试提出更加符合中国实际、呈现中国特征的本土化的社会学理论。这一时期涌现出了一批著名社会学者，如费孝通、陶孟和、孙本文、吴文藻、陈翰笙、李景汉等人。他们活跃在中国社会学领域，探索把西方的社会学理论运用于改造中国社会，作了许多行之有效的调查，对中国的现实状况进行了许多有益的探索。① 具体而言，有1923年至1924年，陈达教授指导学生对清华园雇役和人力车夫进行的调查；1924年至1925年，甘博、孟天培和李景汉等对北京人力车夫的调查；1926年至1927年，李景汉、陈达等对北京物价、工资及生活费用变化情况的调查；还有1926年至1927年，陶孟和采用家庭日用记账的调查方法，对北平48家手工业工人的家庭生活费进行的长达6个月的追踪调查，通过对北平中下层家庭的生活状况、家庭结构、消费构成进行了客观的描述和比较，完成了《北平生活费之分析》一书。吴景超教授在读后指出："以账簿法去研究家庭生活的最大好处，就是所得的结果，都可以用数目字表现出来，都可以用统计方法整理出来。在统计不发达的中国，在为学不求正确的中国，这种方法很有提倡的必要。"② 自《北平生活费之分析》问世以后，账簿调查法为国内许多社会学家和社会实地调查研究所仿效。

随着社会矛盾的转移和社会形势的变化，又出现了一系列针对农村社会

---

① 这些学者在民国时进行社会调查的原因如下：首先，这些学者均有过海外留学的经历，并掌握更加先进的、科学的理论与方法，学成后回国。回国后进行的社会调查是其进行学术研究的一部分。其次，19世纪中叶以后，我国受西方国家侵略，战败后与列强签订不平等条约，割地、赔款使百姓生活在水深火热之中。为了了解我国底层民众生活的基本情况，帮助百姓改善生活，同时也为政府制定政策提供依据和建议，因此需要进行大量的社会调查。最后，这些学者进行田野调查，走到田间地头与百姓进行访谈，能够在潜移默化中使我国的百姓接触到科学的思想，一定程度上有助于开民智。

② 吴景超：《北平生活费之分析》书评，载《社会学刊》，1929年第1卷第1期。

进行的调查。1926年7月和1928年6月，北方的中华教育文化基金会社会调查部和南方的中央研究院社会科学研究所相继成立以后，中国的社会调查在组织规模、调查方法和调查深度上，都跨上了一个新的台阶。1926年，李景汉组织领导十几名学生实地调查北平挂甲屯村和黑山扈村马连洼村与东村，调查内容涉及"人口与家庭""家庭收入"等方面，并完成了《北平郊外之乡村家庭》一书，这是李景汉先生将调查重点从城市转向农村的一次有益尝试。1929年以后，李景汉在河北定县组织成立了"定县实验区"，通过对定县历史、地理、交通、经济、政治、教育等全方位的调查，获得了他一生最重要的农村调查成果，即《定县社会概况调查》。

除了李景汉外，还有1929年由陈翰笙组织的对江苏无锡农村的历时3个月的家庭、工商业情况调查，他将调查的重点放在农村生产关系上，以所处的经济地位来划分农户分类。在对22个村庄、1204户农家、55个村子的概况和8个农村市镇的工商业调查中，重点调查了封建与半封建的土地制度问题，形成《亩的差异》这一调查成果。1933年，陈翰笙带领调查人员对广东农村开展经济调查，写成《广东农村生产关系与生产力》一书。他从耕地所有与耕地使用、地主与农民之间的土地分配入手，研究农村生产关系和社会关系，又从农村的生产关系中寻找出中国农业生产力低下的原因。他以调查所得的实际材料，揭露了农村的封建生产关系，进而指出农村的根本问题是土地所有制问题。

社会学的发展将社会调查推向一个高潮，以上所列举的社会调查只是民国社会调查热潮中的一部分，这些调查在当时形成了我国社会学和社会调查理论与实践的宝贵成果。而对这一部分内容的了解和研究，对于我们系统掌握民国时期高校农村调查活动尤为关键。

## 第四节　民国时期前所未有的农村调查热潮

近代农村社会破败的状态，引发了国人的巨大担忧，也引起了社会各界的普遍关切。在"复兴农村""乡村建设"思潮的推动下,人们积极投身到挽救农村危机的实践中去,进行了大量卓有成效的尝试。复兴农村,必须首先认识农村,而认识农村的起点就是农村调查,加之社会学的引入及社会调查方法的普遍应用,由此,在民国时期迅速掀起了一股农村调查的热潮。这一时期有代表性的农村调查概况主要如表1-7所示。

表1-7 民国时期重要农村调查成果梳理①

| 调查主体 | 主要调查人员 | 调查时间 | 调查内容 | 主要调查成果 | 备注 |
|---|---|---|---|---|---|
| 中国共产党 | 彭湃 | 1923—1926 | ①海丰县农会调查 ②在广宁农民反对地主武装的斗争中的调查 | 《海丰农民运动》、对农民的阶级成分初步进行了划分 | |
| | 陈翰笙 | 1929 | 东北的农村调查 | 《黑龙江流域的农民与地主》《难民的东北流亡》《东北的难民和土地问题》 | |
| | | 1929 | 无锡农村调查 | 《亩的差异》 | |
| | | 1930 | 保定农村调查 | 《中国农村经济研究之发轫》 | |
| | | 1932 | 陕西关中农村调查 | 《崩溃中的关中的小农经济》 | |
| | | 1932 | 陕西汉中农村调查 | 《破产中的汉中贫农》 | |
| | | 1933—1934 | 广东农村调查 | 《广东农村生产关系与农村生产力》《解放前的地主与农民——华南农村危机研究》 | |
| | | 1933—1935 | 河南、安徽、山东的烟区调查 | 《工业资本与中国农民——中国烟草种植者的生活研究》 | |
| | | 1943 | 景洪农村调查 | 《解放前西双版纳土地制度》 | |

---

① 资料来源——李志英、罗艳、傅奕群:《认知中国:近代中国社会调查的人群聚类分析与研究》,商务印书馆2013年版;黄兴涛、夏明方:《清末民国社会调查与现代社会科学的兴起》,福建教育出版社2008年版;张泰山:《20世纪30年代前后的中国农村经济调查与成果回顾》,《湖北师范学院学报》(哲学社会科学版),2002年第1期,第80—85页;陶诚:《30年代前后的中国农村调查》,《中国社会经济史研究》,1990年第3期,第92—98页。

续表

| 调查主体 | 主要调查人员 | 调查时间 | 调查内容 | 主要调查成果 | 备注 |
|---|---|---|---|---|---|
| 中国共产党 | 毛泽东 | 1927 | 湖南农民调查 | 《湖南农民运动考察报告》 | |
| | | 1927—1928 | 宁永地区的农村调查 | 《宁冈调查》《永新调查》 | |
| | | 1930—1931 | ①寻乌地区 ②兴国地区 ③长冈乡 ④才溪乡农村调查 | 《寻乌调查》《兴国调查》《长冈乡调查》《才溪乡调查》 | |
| | 张闻天、李维汉、王观澜、郭洪涛 | 1935 | 在瓦窑堡对根据地土地状况和农村阶级状况的全面调查 | 《关于改变对富农策略的决定》 | |
| | 西北局调查研究局考察团 | | 陕甘宁边区绥德、米脂特区两县的政治、经济、党务等问题调查 | 《绥德、米脂土地问题初步研究》 | |
| | 西北局 | 1941 | 在固临县对公粮负担问题的调查 | 《固临调查》 | |
| | 东北局 | | 延安地区 | 《变工队调查》《延安南区合作化调查》 | |
| | 妇女生活调查团 | 1941 | 边区乡村，考察农村妇女的生活 | 《怎样在妇女运动中展开调查工作》《沙滩坪调查》《山滩坪第二乡第二行政村调查》 | |
| | 张闻天率延安农村工作调查团 | 1942—1943 | ①陕北 ②晋西 | 《陕甘宁边区神府县直属乡八个自然村的调查》《兴县十四个自然村的土地问题研究（报告大纲）》《发展新式资本主义》《米脂县杨家沟调查》《贺家川八个自然村的调查》《杨家沟地主调查》 | |
| | 中国农村经济研究会 | 1929—1930 | 薛暮桥等在广西农村的调查 | 《广西农村经济调查》 | |
| | | | 张锡昌在河南农村进行的调查 | 《河南农村经济调查》 | |
| | | | 孙晓村在浙江农村的调查 | 《浙江的土地分配》 | |
| | | 1930 | 河北清苑调查 | 《清苑农家经济》 | |

续表

| 调查主体 | 主要调查人员 | 调查时间 | 调查内容 | 主要调查成果 | 备注 |
|---|---|---|---|---|---|
| 国民政府 | 农商部 | 1913—1914 | 编订《农商部官制》 | 《农商部官制》《修正农商部官制》《民国元年农商统计》 | 农商部 |
| | 立法院统计处 | 1929 | 江苏省江宁县270个村的1421户农民 | | 调查结果刊登在《统计月报》 |
| | 内政部 | 1931 | 全国各县市土地人口 | 《全国各县市土地人口调查》 | |
| | 参谋本部国防设计委员会 | 1932 | 句容县人口调查 | 《参谋本部国防设计委员会第四号：试办句容县人口农业总调查报告》 | |
| | 农林部中央农业实验所 | 1933 | 各地区农业情况 | | 调查结果每月出版一次 |
| | 行政院农村复兴委员会 | 1933 | 江苏、云南、陕西、广西、浙江的农村调查 | 《江苏省农村调查》《云南省农村调查》《陕西省农村调查》《广西省农村调查》《浙江省农村调查》 | |
| | 行政院农村复兴委员会 | 1934 | 河南农村调查 | 《河南农村调查》 | |
| | 全国经济委员会、内政部、财政部 | 1934 | 全国二十二个省的土地调查 | 《全国土地调查报告纲要》 | |
| | 北平市政府 | 1934 | 北平市四郊农村的调查 | 《北平市四郊农村调查》 | |
| | 中央农业试验所 | 1932 | 全国农情调查 | 定期出版《农情报告》及《农情报告汇编》等刊物 | |
| | 天津社会局 | 1931 | 天津市农业调查 | | |
| | 福建省将乐县地政科 | 1940 | ①荒地调查 ②土地经济调查 | 《荒地调查》《土地经济调查》 | |
| | 农矿部 | | 全国农牧状况 | | |
| | 铁道部 | | 沿路各地农产数量 | | |

续表

| 调查主体 | 主要调查人员 | 调查时间 | 调查内容 | 主要调查成果 | 备注 |
|---|---|---|---|---|---|
| 社会团体 | 中央研究院社会科学研究所 | 1928—1934 | 全国 | 国民政府四省调查、清苑农家调查、广东农村调查、东北地区农村调查研究成果由商务印书馆出版，或刊登于《中山文化教育馆季刊》《农村复兴委员会报》《东方杂志》 | |
| | 乡村建设派 | 1926—1936 | 河北定县试验区调查 | 《定县社会概况调查》《定县农村工业调查》 | 中华平民教育促进会推进实施 |
| | | 1931—1940 | 山东邹平试验区调查 | 《乡村建设理论》 | 乡村建设研究院推进实施 |
| | | | 北平清河试验区调查 | | |
| | | | 河北、山东棉花的生产贩运 | | |
| | 北平社会调查所 | 1927—1931 | 北京、天津、石家庄、沧州、济南、青岛、鲁西、鲁南农村调查 | | |
| | | | 河北省清苑县农村经济调查 | | |
| | | | ①深泽县农村经济②定县集市③安国县药市调查 | | |
| | | | 河北、山东、河南、陕西、山西、甘肃、热河、察哈尔、绥远9省食粮调查 | | |
| | 华商纱厂联合会 | 1919—1922 | 全国棉产情况 | 《棉产调查报告》 | |
| | 河北省棉产改进会 | 1935—1936 | 河北省棉产情况 | 《河北省棉产调查报告》 | |

39

续表

| 调查主体 | 主要调查人员 | 调查时间 | 调查内容 | 主要调查成果 | 备注 |
|---|---|---|---|---|---|
| 外国人及外国机构 | 吕真 | 1910—1911 | 云南、四川等地彝族进行调查 | 《华西土著民族——猓猡的人种学和人类学研究》 | |
| | 狄特摩尔 | 1915 | 清华园附近的195个农户 | 《中国生活标准的一个估计》 | |
| | 库尔普 | 1919—1920 | 广东潮州凤凰村 | 《华南乡村生活调查》 | |
| | 戴乐仁、马伦 | 1922 | 直隶、江苏、安徽、山东、浙江240个村 | 《中国农村经济之调查》 | |
| | 卜凯 | 1921—1925 | 全国7省17县 | 《中国农家经济》 | |
| | | 1928—1936 | 全国22省、8大农区、186县 | 《中国土地利用》 | |
| | 日本满铁 | 1913—1942 | 东北、华北、华东一些地区 | 《满洲旧惯调查报告书》《满铁调查资料》《中国农村惯行调查》 | |
| | 日本东亚同文书院 | 1907—1944 | 对中国大陆地区的经济、政治、文化风俗进行系统的实地资料收集 | 报告采取"大旅行志"的方式 | |
| | 马札尔 | 1924—1927 | 对中国农村进行调查 | 《中国农村经济研究》 | 共产国际派遣 |
| | 韩丁 | 1948 | 解放区山西省潞城县张庄 | 《翻身》 | 美国人 |
| 高等院校 | 清华大学 | 1923 | 对清华园附近的成府村的91家农户和安徽休宁县56家农户的生活费进行调查 | | 陈达 |
| | 金陵大学农林科 | 1922—1925 | 全国6省11县区13个调查点2370家普通农户的调查 | 《中国农民生活程度之研究》 | |
| | | 1933 | 江宁县乡村教育调查 | 《江宁自治实验县乡村教育初步调查》 | |

续表

| 调查主体 | 主要调查人员 | 调查时间 | 调查内容 | 主要调查成果 | 备注 |
|---|---|---|---|---|---|
| 高等院校 | | 1927—1929 | 南京郊区农村 | 《中国农佃问题的一点资料》《中国的粮食问题》 | 张心一主持 |
| | | 1924年开始 | 全国森林概况调查 | 《山西森林之滥伐与山坡土层之剥削》《森林地面覆盖物影响地面流量土层渗透及山坡冲刷之实验》 | |
| | | 1935 | 南京郊区一镇四乡（即秣陵镇、孝陵乡、仁陵乡、信陵乡、爱陵乡）的农村社会调查 | | |
| | | | | 《中华民国二十年水灾区域之经济调查》 | |
| | 燕京大学社会学系 | 1928—1930 | 清河镇 | 《清河村镇社区——一个初步研究报告》《一个市镇调查的尝试》《清河镇人口调查初稿》 | |
| | 北平大学农学院 | | | 《北平西郊六十四村社会概况调查》《河北省二十六县五十一村农村概况调查》 | |
| | 东南大学农科 | | | 《江苏农业调查录》 | |
| | 浙江大学农学院 | | | 《浙江八县农村调查报告》 | |
| | 费孝通 | 1936 | 江苏省吴江县庙港乡的开弦弓村 | 《江村经济》 | |

续表

| 调查主体 | 主要调查人员 | 调查时间 | 调查内容 | 主要调查成果 | 备注 |
|---|---|---|---|---|---|
| 高等院校 | 南开大学经济研究所 | 1933—1935 | ①静海县典当业调查 ②河北省西河棉区棉花产销调查 ③山东农产调查 ④四川省稻米产销调查 ⑤农村合作事业调查 | 《棉运合作特刊》《中国合作事业考察报告》 | |
| | | 1932—1934 | 河北省高阳县为调查中心，兼及附近的蠡县、清苑、安新、任丘等县 | 《乡村织布工业的一个研究》 | |
| | | 1934—1935 | 宝坻县乡村工业 | 《由宝坻手织工业观察工业制度之演进》 | |
| | | 1932—1933 | 涿县、满城、大名、高阳、献县等十一县 | 《南大经济研究所县政研究近况》 | |
| | 国立西北农林专科学校 | 1935 | 关中地区农村人口调查 | 《关中农村人口问题——关中1273农家灾荒与人口之调查研究》 | |
| | 山东大学化学社 | | 山东的形胜、气候、地质构造、工农业经济 | | |
| | 中央政治学校地政学院 | 1932—1940 | 土地问题调查，全国19省180余县 | 形成论文166篇，收录在《民国二十年代中国大陆土地问题资料》 | |

表1-7更加清晰地勾勒出民国时期农村调查的盛况，也同样展现了这一时期农村调查热潮所涉及的调查主体、调查内容和调查区域分布。首先，参加当时农村调查的组织和人员，根据不同的标准可以划分为以下六类：①高等院校的调查，如：金陵大学农学院的农村经济调查，燕京大学的农村社会调查，中央政治学校地政学院的全国土地调查以及西北农林专科学校的陕、甘、宁、青四省农村调查等。②国民党政府的调查，如：全国经济委员会、内政部、财政部合组而成的土地委员会对全国22省的土地调查，行政院农村复兴委员会的农村调查以及陕西省政府主持的农村调查等。③中国共产党的农村调查，如毛泽东、"中国农村派"（陈翰笙、薛暮桥等人）的农村调查。④国

内研究机构、社会团体的农村调查，如：中山文化教育馆、北平社会调查所、华洋义赈总会、中华平民教育促进会的农村调查。⑤个人的调查，如费孝通、董时进的农村调查。⑥外国机构和外国人的农村调查，主要是满铁的农村调查。其次，民国时期的农村调查范围极其广泛，涉及中国的各个省份，但是不同阶段不同区域的调查数量分布是不一致的。1928年前有关边疆、内地、沿海的农村调查同时存在，且数量差距不是很大。1928－1934年沿海各省农村社会变迁迅速，随之问题由此产生，因为接受外来文化的机会多，所以知道问题的人也多，为明了问题的真相，需要不断去调查。不仅如此，由于沿海的文化发达，学术机构林立，也易于接受外国的社会调查新模式，所以农村调查也愈益增加。① 最后，有关这一时期的调查内容，则涵盖了农村社会的政治、经济、文教、交通、卫生、婚姻家庭、宗教、习俗、人口、社会阶层与组织、灾害与环境等各个方面。其中以农村社会的经济调查为最多，重点调查对象包括农村人口分布、生育状况、居住情况，农作物的种类、产量，农业金融、土地的分配问题、租佃制度、地价、地税、土地利用、垦殖等。不难看出，这一时期参与农村调查的主体众多，涉及各个政府机构、社会团体、高等院校以及外国来华学者等群体，调查内容也极为丰富，几乎涉及农村生活的各个领域，调查的成果数目可观、质量上乘，这些成果至今仍有重要的研究价值和参考价值。

## 第五节　高校从事农村调查活动的目的

在中国近代复兴农村思潮的推动下，各社会团体、各社会贤达、各高校师生开展的农村调查都是有计划、有组织、有目的的。从社会调查的目的来看，社会调查大致可分为认知型、服务型、改造型和综合型四类。认知型即纯粹学理的调查，重在描述事实，为人们提供真实而详尽的田野报告和有限的理论分析。服务型调查为某一设计目标服务，重在提供实现目标的依据。改造型调查

---

① 刘育仁：《中国社会调查运动》，燕京大学学士论文，1936年。

主要是发现问题，提出改革方案；综合型调查是以上几种类型调查的综合体。[①]但是对不同群体来说，他们所进行的农村调查的目的各不相同。

政府机构的调查多是从维护自身的统治出发。例如：民国初建，北洋政府进行了一些社会调查，其中就包括对农村情况的摸底调查。时任北洋政府农商部长的张謇就进行了两次对农商官制的编订。张謇主持的两个官制的编订充分表明，在北洋政府高层那里，调查是了解国情、比较经济进展的重要标尺，同时也是制定政策的重要依据。张謇曾指出："夫统计非具文也，将以验其进化之消息，而定保育之政策。"[②] 制定政策的背后体现出巩固政权的政治目的。在国民政府时期，对于农业调查，国民政府方面认为："外邦为明了民食情形，安定农业经营起见，虽至卵产乳产之微，果实蔬菜之细，关于其产额存量销数，皆有详细统计，我国则虽米麦产额，尚不能举一概数，以言民生政策、经济设施，其将何从着手？故知农业建设之根本，莫先于调查。"[③]

南京国民政府时期，随着工业的发展和城市化进程的加快，农村社会日益破败，农业经济日益萧条，农村逐渐成为贫困人口最多的地区，从而也就成为底层人群最多的地区，同时也是社会问题多发的地区。社会各界呼吁拯救农村的呼声不断高涨，农村调查日渐增多。国民党官员也认识到："我国向为农业自足之国。比岁以来，国家多故，灾旱频仍，又以机械工业，日趋发达，城市生活，逐渐集中，而农业遂有一蹶莫振之势。救济农村扶助生产之说，几成为今日朝野上下一致之主张。……挽救之法，要能审知情实，因势利导，而后始无滞碍。故第一步应先从实地调查入手。"[④] 因此，作为统治阶级，政府掌控权力及社会文化资源，是社会舆论和思想的钳制者，它组织农村调查有明确目的，即为维护自身统治而服务，这是近代中国政府开展调查

---

① 李金铮：《定县调查：中国农村社会调查的里程碑》，《社会学研究》，2008年第2期，第165—195页。
② 张謇：《第一次农商统计序言》，中国第二历史档案馆，沈家五编：《张謇农商总长任期经济资料选编》，南京大学出版社1987年版，第23页。
③ 《农业调查计划》，摘自《统计月报》，立法院统计处，1929年第9期，第95页。
④ 李文海主编，夏明方、黄兴涛副主编：《民国时期社会调查丛编·乡村社会卷》（第二编），福建教育出版社2014年版，第12页。

的重要功能。① 在国民党统治时期，这种功能达到了登峰造极的地步。国民党政府作为统治当局，其掌握了大量的社会财富与权力，为他们进行社会调查提供了极大的便利条件，同时也使他们的社会调查无时无刻不被打上了鲜明的统治阶级的烙印，即力图把握农村社会的变化动向，进而为复兴农村计划提供政策服务，最终达到维持农村社会秩序之目的。

与政府的农村调查相比，社会团体的农村调查具有较强的实践性。他们看到了农村社会中的问题及近代农村中存在的危机，并且积极寻找方法解决。比如：梁漱溟从事的诸多乡村调查，其最终目的是为乡村建设服务的。通过了解农村实际情况，他提出了四条乡村建设的重要举措：一是建立乡学、村学，即建立乡村学校；二是丰富农民的业余生活，在禁绝抵制不良习惯的同时还要注意正确的引导方向，"这两个方面在改进乡村的生活习惯和风俗上是相辅相成的缺一不可的，单独的一个方向的努力起不到任何的效果"；② 三是发展乡村卫生，在县城兴办卫生院，设有病床，医院的大夫均聘请济南齐鲁大学医学院的毕业生等；四是开展乡村自卫，在山东乡村建设研究院刚成立时，邹平的地方治安问题比较严重。研究院和县政府把整顿社会治安，建立和健全乡村自卫组织作为邹平试验的重要内容之一，方法主要是参考瑞士的民兵制度和方式，同时寓教育于军事；③ 五是引进科学技术，促进合作组织。梁漱溟的乡村建设实验取得了不小的成绩，但还是以失败而告终，也没有在农村调查中形成系统的调查理论，但是他这种在调查基础上试图改造社会的理想，及其乡村建设理论仍然是我们现代化建设中可以借鉴的宝贵经验。另外，晏阳初在进行平民教育工作的同时也非常注重对调查工作的开展。晏阳初在开展具体工作之初便指出："定县的实验最先注意的就是社会调查。要以有系统的科学方法，实地调查定县一切社会情况，使我们对于农民生活农村社会的一般的与特殊的事实与问题有充分的了解和明了的认识。然后各方面

---

① 李志英、罗艳、傅奕群：《认知中国：近代中国社会调查的人群聚类分析与研究》，商务印书馆2013年版，第151页。
② 徐雷健：《梁漱溟与民国时期山东的乡村建设运动》，福建师范大学硕士论文，2009年，第34页。
③ 徐雷健：《梁漱溟与民国时期山东的乡村建设运动》，福建师范大学硕士论文，2009年，第34页。

的工作才能为有事实根据的设施。"① 所以，在社会团体那里，乡村调查的目的指向十分鲜明，就是为了改造乡村，解决问题。

中国共产党的社会调查目的也很明确，就是为了革命的需要，为了推翻压迫人民、剥削人民的旧制度，他们是从革命的目的出发，要彻底弄清中国农村的情况。陈翰笙曾在自己的文章中提出："欲解决中国今日生产问题，而不根本解决农村经济问题，自无可能之理。"② 他指出，其他社会群体对农村的调查都不是为了彻底解决中国问题，都是改良，"直到现在，中国的农村调查不是为了慈善救济起见，便是为了改良农业，要不然也不过是供给社会改良的讨论题目。它们都自封于社会现象的一种表列，不会企图去了解社会结构的本身。大多数的调查侧重于生产力而忽视了生产关系。它们无非表现调查人的观察之肤浅和方法之误用罢了"。③ 考察生产关系是为了了解中国社会的性质，从而找到从根本上解决问题的道路。毛泽东在《反对本本主义》中对社会调查的政治目的也说得非常明确："社会经济调查，是为了得到正确的阶级估量，接着定出正确的斗争策略"，最终是为了取得革命的胜利，"中国革命斗争的胜利要靠中国同志了解中国情况"。中国农村经济研究会曾在《中国农村》创刊号发刊词上同样指出："根据我们的目标来研究农村经济，最根本的问题是要彻底地明了农村生产关系和这些生产关系在殖民地化过程中的种种变化。简单地说，就是要找寻那些压迫中国农民的主要因子；这些压迫中国农民主要的因子一经铲除，非但农民可以活命，我们的民族也便有翻身独立的一日。同时，中国民族的独立，间接的可以促成资本主义内在矛盾的消灭，完成全世界的和平和全人类的自由。"④

在华外国调查机构的农村调查目的则多是为帝国主义侵略服务。在西方列强的对华侵略中，在华外国人及其社会调查发挥了窥探情况、收集情报、

---

① 晏阳初：《〈定县社会概况调查〉序》，转引自宋荣恩编：《晏阳初文集》，教育科学出版社1989年版，第48页。

② 陈翰笙：《中国农村经济研究之发轫》，转引自李是：《陈翰笙集》，中国社会科学出版社2002年版，第12页。

③ 陈翰笙：《中国的农村研究》，转引自李是：《陈翰笙集》，中国社会科学出版社2002年版，第33页。

④ 中国农村经济研究会：《发刊词》，《中国农村》，1934年，创刊号。

提供资料的功能，起到了外国侵略者的政治、军事以及一般的文化侵略所不能起的作用。第二次鸦片战争期间，英国在中国沿海展开大范围水文调查，涉及江浙和北方近岸海域、珠江和甬江等重要内河以及长江下游等地。这改变了英军对中国沿海的地理认知，影响到战船、火炮、兵力的配置以及战略战术的实施，对战争的结局产生了重要影响。[1] 此外，还有日本满铁的调查活动，它是中国近代外国人调查活动中至关重要的组成部分。满铁进行的调查涉及面极其广泛，在它存在的 40 年中，满铁调查部提交的调查报告多达 6000 多份，积累了各种资料 5 万多件。满铁调查部由后藤新平创立，他提出了所谓"文装的武备"的殖民思想，简言之，就是"以王道之旗，行霸道之术"。[2] 这一思想的提出对日本武力侵华帮助极大。日本殖民当局也认为："研究风俗人情不同的殖民地的旧习制度，并据此制定出最后符合实际的法律，这在统治殖民地上，是一项最根本的问题。"[3] 从中可见其真实的调查意图。当时一位中国学者就指出："这种调查的目的，无非要告诉他们怎样可以用抢劫似的低廉价格，来收买农产品，这样可以把他们的商品推销到中国农村中来。"[4] 当然，这些调查同时也具有客观性和专业性，对提升民国时期农村调查的水平也发挥了一定作用。因此，外国学者对中国的调查研究都有其政治的、军事的侵略目的，其调查结果除供学术研究外，基本上是为本国政府以及在华侵略者提供中国农村社会、少数民族社会、古代文化遗产的相关情报，便利了其侵略活动。[5]

与其他农村社会调查相比，高等院校的农村调查兼有学理研究和社会改良的目的。这一时期高校的调查按照调查目的大致分两个阶段，以 20 世纪 20

---

[1] 王涛：《天险变通途：鸦片战争时期英军在中国沿海的水文调查》，《近代史研究》，2017 年第 4 期，第 24—37 页。

[2] ［日］山田豪一：《满铁调查部》，日本经济新闻社 1977 年版，转引自东北沦陷十四年史编委会：《东北沦陷十四年史研究》第二辑，辽宁人民出版社 1991 年版，第 71 页。

[3] ［日］草柳大藏著，刘耀武等译：《满铁调查部内幕》，黑龙江人民出版社 1982 年版，第 23 页。

[4] 曹幸穗等：《民国时期的农业》，《江苏文史资料》第 51 辑，江苏文史资料编辑部 1993 年版，第 50 页。

[5] 李志英、罗艳、傅奕群：《认知中国：近代中国社会调查的人群聚类分析与研究》，商务印书馆 2013 年版，第 411 页。

年代中后期为界限，20年代中后期之前，农村调查发展较为缓慢，社会学还未完成其社会学本土化、中国化的进程，这一时期高校的农村调查多是以学理目的开展调查，对农村社会多是描述性的内容。如前面提到的狄德莫教授指导学生对清华园附近农户生活费的调查，葛学溥教授指导学生对广东潮州凤凰村的调查以及1924年兰姆森指导在杨树浦附近的农家调查，其调查目的都是为了"了解工业化对于农村影响的情形"。[1] 这些调查主要是了解工业化与农家经济、生活的关系及其变化，并未提出太多改造中国农村状况的建议。他们的调查基本上是应社会学教学之需，把西方的社会调查方法施用到中国社会，进行实地调查，求得经验，并达到认识乡村情形的目的。30年代之后，伴随着中国农村问题的日益加深和社会学中国化的推进，这一时期高校的农村调查除了解农村真实情况外，还带有强烈的复兴农村和改造农村的初衷来寻找农村衰败的良药。李景汉就曾指出，中国今日的社会调查要特别注重应用，而不要纯为研究学理、求得知识，只"为调查而调查"，不举行调查则已，举行调查必须要有一清楚的目的和宗旨，使人们根据调查的结果来改善社会实际生活，解决社会问题，增进人类幸福。[2] 以燕京大学、金陵大学等为主要代表的民国时期高校的农村调查，既有学理研究，而且在研究的过程中注重发现问题，并且提出了诸多解决办法。如，1935年金陵大学农学院的《京郊农村调查》就指出，社会调查之要义在实地搜集材料，运用科学方法，加以分析统计，察知社会病态所在，而后对症施药；同时指出，研究农业科学不仅在书本上之死知识，应以理论证诸实际，而在实际上发现理论。故本次调查一方面提供学生实习机会，以助学理与事实两相参证，多多与乡农接近，俾将来就业时可以身作则，知能并用。至于率领之教师，亦能假此机会，搜集教材以供来日教学之用；且在广义方面，此项工作实为教师主要进修事项之一。[3] 此外，还有西北农林专科学校的调查，受校长辛树帜的邀请，学者

---

[1] [美] H. D. Lamson：《工业化对于农村生活之影响——上海杨树浦附近四村五十农家之调查》，《社会半月刊》，第1卷第5期，1934年11月10日。

[2] 李景汉：《实地社会调查方法》，北平星云堂书店1933年版。

[3] 蒋杰编著、乔启明校订：《京郊农村社会调查》，转引自李文海主编，夏明方、黄兴涛副主编：《民国时期社会调查丛编·乡村社会卷》，福建教育出版社2005年版。

蒋杰开展了关中人口调查,这次调查的目的是在认知基础上,更加偏向服务和改造,甚至融入了强烈的民族情感。蒋杰谈到此次调查的初衷时指出:"陕西农村之衰弱与破坏,凡履其境者类能言之。各种农村问题中,当以人口问题为首要,设一观察陕西农村人口之现状,更当为之惊心动魄!民国十七、十八年间,西北大旱,其中罹灾最烈者即陕西关中,人民死亡枕藉之惨,至今谈者犹有余悸!时隔十年矣!"故而,"所有人口结构及其消长情形,已演变至何种程度?事关复兴当地农村之基本条件,不可不察也"。①

总体来说,民国时期不同主体的农村调查目的各有不同,国民政府更注重通过了解农村状况为其有效统治服务,中国共产党的农村调查更多是为了革命的需要,社会团体的调查则侧重于调查基础上的具体实践,外国机构的调查多是为其侵略中国服务,高校学者的农村调查兼有学术研究和社会改造的目的,他们通过实地调查获得第一手材料,以充实调查之经验,施展学术进步、社会改良之体用。②

## 小 结

正如前文所述,清朝统治前期,中国农村的土地兼并现象已经非常严重。鸦片战争以后,西方资本主义国家逐步过渡到垄断帝国主义阶段,对中国的

---

① 蒋杰:《陕西关中农村人口现状》,《西北导报》,1937年第1期。
② 民国时期高校开展的农村调查具有鲜明的特点。第一,高校所进行的农村调查能够在科学的指导下开展调查,包括社会学、人类学、统计学等理论和方法。第二,这一时期的调查具有规模大、调查对象丰富以及调查内容多元的特点。由于各高校所在地区不同并且其调查不局限于其所在地,涉及的地区更为广阔,因此能够接触到的村庄以及村民呈现多样化,并且由于各地风俗习惯不同,调查内容也更加丰富多元。第三,民国时期高校所进行的调研主要是为了了解农村,并对农村进行改良。在民国时期,社会学传入中国发展时间不长,为了实现社会学本土化,各个高校师生为了这一学术目的开始进行调查。与此同时,由于我国本就是农业大国,农民占人口的大多数,要想实现社会学本土化则必须从农村着手。此外,当时的中国存在"愚贫弱私"的问题,因此在调查农村的同时也具有改良农村的使命。

侵略程度进一步加深，给广大的中国农村带来了巨大的冲击。一方面，整个中国融入到资本主义的世界市场体系，成为其中受剥削和压迫的一环；另一方面，先进的资本主义生产方式加剧了中国农村传统家庭手工业的破产，也加速了农产品的商品化。因此，近代中国农村面临着经济凋敝、政治纷争、社会失序、文化失范等问题。整个中国农村呈现出一种整体性危机。[①]

中华民国成立后，国内的有识之士逐渐认识到改变中国农村的重要性，他们在主张改造社会的同时，也提出"援西入中"的主张，翻译介绍了多种有关农业原理和推广农业科技知识的书籍。特别是西方社会学方法的引入，让国内学者逐渐找到了认识和了解中国社会的方法指导，伴随着以讲授社会学课程的高等学校的陆续建立，国内有了一批掌握社会学理论和基本方法的年轻的社会学者。在"关注平民生活，到民间去"的理念的支持和号召下，他们在全国范围内开展了轰轰烈烈的社会调查活动，以便更好地了解和掌握中国社会的实际状况。

民国时期的农村调查虽然调查目的不同，但都是旨在揭示、描述中国农村的面貌。高校学者的农村调查兼有学术研究和社会改造的目的，他们以中国的农民和农村的社会生活及其结构特征为主要研究对象，通过亲身参与式的实地考察，广泛运用各种分析工具和社会学方法，获得大量实践经验和第一手调研数据，这些调查对充实调查经验，展现真实而丰富的民国农民生活，增进人们对中国农村社会的了解，以达到推动社会改良的目的起到了至关重要的作用。同时，开展调查也推进了社会学在中国本土的发展。在今天看来，调查研究仍然是一种十分重要的研究方式，值得我们进行系统梳理和广泛借鉴。

---

[①] 王先明：《民族复兴之基石——农村复兴思潮的兴起与演进》，《近代史研究》，2014年第4期，第43—47页。

# 第二章
# 民国时期高校农村调查的实践过程

从兴起、发展到成熟，民国时期高校的农村调查实践经历了较长的过程，也正是因为开展时间早、所涉地域广、调查内容丰富，这个阶段的实践取得了丰硕的成果，为我们现在研究当时的社会状况提供了极具参考价值的资料。当然，这一时期高校开展农村调查活动也并非一帆风顺，但无论调查结果的好坏，都值得我们深入研究并汲取到宝贵的经验。

## 第一节　高校农村调查的兴起与萌芽（1912—1927）

我国的农村调查研究，首先是由外国学者开展的。民国时期，在一些教会学校中，任教的外籍教师在指导学生实习的过程中，展开了具有现代意义的农村调查研究。现有史料记载，最早对我国农村情况进行调查的可能是清华学堂美籍教授狄德莫（C. G. Dittmer），他于1917年对生活于北平（今北京）西郊清华园附近的195户居民（其中有100家汉人、95家满人）的生活费用进行了调查，1918年发表了以《中国生活标准的一个估计》（*An Estimate of the Standard of Living in China*）为题的文章，这一调查可以说是系统调查中国农民生活状况的开端。

美国传教士葛学溥（D. H. KulpⅡ）在西方人类学理论的指导下，于1919年至1920年指导沪江大学社会学系学生对广东潮州凤凰村进行了相关调查，1925年写成了《华南乡村生活：家族主义的社会学》（*Country Life in South China: The Sociology of Familism*）一书。① 该书详尽记录了凤凰村的经济、家庭、教育等重要情况，是较早研究中国汉族乡村社会的重要著作之一，这一著作的出版也标志着西方学者开始把调查研究视野转向更为复杂的中国农村社会。

1921年秋，英美各教会组织中国教育调查团来中国考察，以美国麻省农科大学校长、农业教育家白斐德（Lenyon L Butterfield）为团长。他们在中国调查6个月，足迹遍布10余省。每到一省，必到各农校和乡村视察，"于我国农业情形考察至为详尽，实为我国农业教育界破天荒之盛举"。著名农学家邹秉文向白斐德建议，可在此基础上就农业问题为中国政府起草一意见书。翌年，白氏撰成《改进中国农业与农业教育意见书》，并由傅焕光翻译为中文本由教育部刊行。②

1922年，卜凯第一次对安徽芜湖102个农户经济做了调查。这102个调查农户对象约有一半是自耕农，另外还有少量半租农和佃户。通过调查认为"半租农之耕作为最大成功""半租农大多勤劳耕作、正直、能受苦，除了自己所有的田之外，过肯租耕"。③ 1923年2月，卜凯将获得的调查材料整理成文发表《中国安徽芜湖近郊102个农家的社会经济调查》一文。

1922年夏天，燕京大学的戴乐仁（J. B. Taylor）教授组织北平九所大学的学生，共61人，对直隶、江苏、安徽、浙江、山东等五省份的240个村落进行了调查。这次调查主要集中于对村落居民的居住、性别分配以及家庭组织之大小、土地占有情况、乡民职业情况、乡民经济状况等问题展开调查，后编成《中国农村经济之调查》，由华洋义赈会刊行。

此外，尤其要说明的是，从1923年起，时任清华学堂社会学教授的陈达博士，也对清华学堂附近成府村的91户农户以及安徽休宁县的56户农户的

---

① [美]葛学溥著，周大鸣译：《华南的乡村生活——广东凤凰村的家族主义社会学研究》，知识产权出版社2006年版，译者序。
② 谢泳：《一份关于中国农业史的历史文献——介绍〈改进中国农业与农业教育意见书〉》，《博览群书》，2004年第1期，第23—27页。
③ 李文海主编，夏明方、黄兴涛副主编：《民国时期社会调查丛编·乡村经济卷》（上），福建教育出版社2014年版，第55页。

生活费用情况进行了调研，写成了《社会调查的尝试》一书。这一调研活动可以说是当时由中国高校学者主持农村调查的最早记录，从此调查之风兴起。与国外学者相比，中国学者的农村调查则偏向于改造型调查。

陈达开展调查的同时，沪江大学社会学系访问学者、美国布朗大学教授白克令（H. S. Bucklin）指导沪江大学社会调查班的学生于1923年秋对上海沈家行进行了细致的调查。他们参考美国"春田城"的调查模式，精心设计调查内容，采用了实地调查、问卷调查等方式，对沈家行村民的家庭构成、宗教生活、地方行政及惩罚制度、教育、农工商业、健康与公众卫生事业、村民娱乐活动、居住状况等问题进行了充分的调查，调查成果《社会调查——沈家行实况》（*A Social Survey of Sung-Ka-Hong*）[①]于1924年8月出版，这一报告是当时鲜有的以大学生实地调查的结果而出版的社会调查报告，具有一定的开拓意义。

然而，这些只是对中国境内某一地区的某一个或某几个村庄的调查，相较于我国幅员辽阔的国土上的众多村庄来说，只能是沧海一粟，很难真正窥得彼时中国农村农民的真实生活境遇，其结论显然缺乏说服力。有鉴于此，位于南京的金陵大学农学院在进行中国农村调查时即首先开始注意样本数量的选取。该校农学院是由美国北美长老会（American Presbyterian Mission, North）传教士裴义理（Joseph Bailie）于1914年在原中国义农会基础上创办，这一机构实际上是中国农业高等教育的肇始。金陵大学农学院创办后，占天时、地利、人和之便，迅速成长为民国时期国内首屈一指的四年制农科教育学院。尤其是在农村调查研究方面逐渐涌现出如卜凯、乔启明等一批卓有建树、享誉海内外的学者，在同一时期高等院校开展的农村调查活动中独执牛耳，向为学术界肯定、世人所瞩目。

这一时期的农村调查首推卜凯教授指导学生综合运用西方社会学、农业经济学理论对我国农村的调查。在1921年至1925年间，他指导学生进行了第一次社会调查，对我国7省份17个调查点的2866个家庭农场的经济状态进行了调查，所涉耕地面积约8500公顷，人口约17 000人。这次调查以厘清民国时期农村的经济情况为目标，主要进行了包括农村田场布置与利用、田

---

[①] ［美］白克令著，张镜予译：《社会调查——沈家行实况》，商务印书馆1924年版。

场周年经营状况、适宜的田场企业、耕地所有权与农佃问题、作物家畜、田场劳力、农家家庭人口、食物消费、生活程度等为主要内容的调查。① 根据调查结果,编著成《中国农家经济》(Chinese Farm Economy)一书,得出了中国农业的最根本的问题是"广义的技术落后"②的结论。这是当时国内唯一的以调查研究中国农村经济为目的的专著,也堪称"国内农业经济方面有数之巨著"。③ 该书通过分析认为,"当时中国农村成长因素在于农业规模,人力、畜力及农具的有效利用及高于平均的投入,与当时的美国颇有相似之处。研究显示,以经济观点的管理因素影响农民收入才会使农民生活水平提高"。④ 这一著作受到了时任太平洋国际学会研究股总干事康德利甫博士(Dr. J. B. Condiffe)的赞赏,在太平洋国际学会中国分会的出资下,最终出版成功。

几乎与卜凯的第一次社会调查同时,金陵大学农学院亦另外组织力量于1922年至1925年间对我国6省11县区13个调查点的2370家普通农户的生活进行了调查。所选样本的家庭平均人口为5.94人(家庭指包括与家长常年共居共食的家属及雇工)。而调查的区域也主要集中在华北、华中和华东等地区,调查点包括今江苏省的江宁(淳化镇、太平门)、武进,福建省的连江,安徽省的来安、怀远、宿县,河南省的新郑、开封,山西的武乡,河北的平乡、盐山(1922年、1923年)等地。生活程度的调查内容主要集中在食物、衣服、房屋、器具设备、燃料、医药、生活改进费、个人嗜好、保险与储蓄、杂类(如婚丧诉讼等不列入以上项目者)等方面。在此期间,该校农林经济学系教授白克(J. L. Buck)于1922年指导学生对安徽芜湖附近102个田区的经济和社会情况进行了调查,著成《芜湖102个田区之经济及社会调查》。

此外,该校乔启民教授自民国十三年(1924)夏起,历时一年对江苏昆山、南通以及安徽宿县三地的农佃制度进行了调查,并对我国农佃制度存在

---

① 参见叶公平:《卜凯的中国农村调查》,《书城》,2007年第12期,第41—45页。
② 转引自盛邦跃:《卜凯视野中的中国近代农业》,社会科学文献出版社2008年版,第24页。
③ 《南大百年实录》编辑组编:《南大百年实录》(中卷)《金陵大学史料选》,南京大学出版社2002年版,第267页。
④ [美]卜凯:《金陵大学农业经济系之发展》(1920—1946),见《金陵大学农学院农业经济系建系70周年纪念册》(1921—1991),现代出版社1991年版,第361—363页。

的问题提出了改良建议。本次调查所选的昆山、南通及安徽宿县三地,有其特殊性。昆山代表了长江以南土地肥美、交通便利的区域;南通则代表了沿江地区实业发达的区域;安徽宿县则代表了长江以北土地肥力贫瘠的地区。通过对这三个区域的调查研究,调查者认识到农村的农佃制度不只是经济制度,同时也是一个社会问题。故而,乔氏提出了官方为主,组织地主及佃户公会,实行农垦移民政策,同时鼓励佃户种植经济价值较高之作物的办法。这一调查报告刊于金陵大学农林科《农林丛刊》第三十号,1926 年 5 月初版;第四十九号,1931 年 7 月刊印。

1926 年夏,成都大学经济系教授布朗博士(H. D. Brown)组织学生对四川峨眉山区及成都平原的田区和农户进行了调查。这次调查主要集中于对四川平原及山地农业的种类、规模、产出及居民的收入状况等问题。调查后认为:"……四川省农村大致有三个可改良的地方:第一是增加田地之生产力;第二是建设农家新的耕种以外的生利事业,以增加原有之收入,此乃属于家庭工业方面;第三是减少一定面积之田地需养之人之数。"[①] 调查结果后编成《四川峨眉山 25 个田区之调查》及《四川成都平原 50 个田家之调查》的报告,此后陆续刊载于北京经济讨论处所编之《中国经济月刊》第一卷第十二期及第二卷第一期。

## 第二节 高校农村调查的发展和繁荣(1927—1937)

北伐战争后,南京国民政府于 1927 年 4 月宣告成立,至 1937 年日本侵略者大举入侵之前,我国的高等教育迎来了一个发展的黄金时期,无论是高等学校的数量、在校生和毕业生的规模等方面,都有了大幅度的增长。社会学也在这一时期出现了较为明显的进步,然而各高校社会学的发展也极不平衡。一般来看,以教会大学的社会学实力较强,如在燕京大学及沪江大学,

---

① 李文海主编,夏明方、黄兴涛副主编:《民国时期社会调查丛编·乡村经济卷》(上),福建教育出版社 2014 年版,第 84 页。

其社会学实力最强。到了20世纪30年代以后，前身为留美预备学校的国立清华大学，其社会学和人类学系也得到了充分的发展，实力得到进一步增长。然而，大多数国立高校，社会学却并未得到足够的重视。加之国立高等学校的规模要较私立学校为大，故而在全国范围内，社会学系的学生总数除比哲学系多以外，比其他文科系如文学、历史、政治学、经济学等系都少。[①] 尽管这一时期，高等学校社会学科的发展遇到了一些挫折，但其总体的趋势仍是发展且逐步深入的。据当时的国民政府教育部统计，1932年中国社会学者的主阵地——中国社会学社即有会员70人。[②] 同时在社会学社召开的年会里，也对当时社会上的热点问题如人口、家庭、社会变迁等进行了讨论，为后续从事调查研究奠定了一定的基础。由于这一时期高等学校社会学系学科的广泛建立，以及国家政局的稳定和南京国民政府的建立，一定程度上也为各高校开展农村调查提供了较为安定的调查环境和稳定的经费支持，加之在西方兴起的实地调查理论和方法进一步传入我国，遂促进了社会调查活动在我国的广泛兴起。如燕京大学法学院社会学系刘育仁通过研究发现："1927年至1935年的中国社会调查数量即有9027次之多。"[③] 这从一定程度上说明当时社会学者对农村社会调查的重视程度非常高。当时的高等学校也曾自发创办报纸，向全社会传播社会调查的知识。如中央大学社会学系在《中央日报》上创办有《社会调查》双周刊。[④] 可以说自1927年至1937年间，我国的农村调查进入一个高速发展和繁荣的时段。

其中，燕京大学的农村调查就很有代表性。1928年秋，燕京大学社会学

---

① 这一数据参见教育部编：《表39　全国各大学文学院各系在校生之人数》，《表40　全国各大学法学院各系在校生之人数》，载《全国高等教育统计》（1932），转引自阎明：《一门学科与一个时代：社会学在中国》，清华大学出版社2004年版，第36页。

② 这一数据参见教育部编：《表148　全国各类学术团体概况》，载《全国高等教育统计》（1932），转引自阎明：《一门学科与一个时代：社会学在中国》，清华大学出版社2004年版，第38页。

③ 这一统计数据参见刘育仁燕京大学法学院社会学系1936年的学士毕业论文《中国社会调查运动》第四章《中国社会调查之地域的分析》，该文的撰写所依据的资料主要是《每周重要书报目录索引》《支那研究》《日报索引》《人文半月刊》《食货半月刊》等期刊。

④ 这一刊物虽然名义上是由中国社会学社主办，但实际上由中央大学社会学系教授言心哲主编，所刊发的文章大多为中央大学社会学系师生的成果。

系获得美国罗氏基金捐款,充作教授及研究社会学之用,开展了以清河镇为研究对象的调查研究。这一调查历时两年,试图从中国固有的民众仪式和实地环境中寻找改造农村的途径,并逐步改善当地的生活,调查范围包括40个村,面积达200多平方公里,22 444名人口,3996个家庭。根据初步调查和反复研讨,他们制定出包含12个问题的详细调查大纲,即历史背景、地理背景、生态关系、人口、家庭婚姻、经济状况、政治状况、教育状况、健康与卫生、宗教信仰、游戏、社会病态等。[①] 1930年,调查组发表了《一个市镇调查的尝试》的调查报告,该报告也成为我国"第一部"市镇调查报告。[②] 这次调研也为1930年"清河社会实验区"的创办打下基础。该实验区在许仕廉、杨开道等人的指导下开展实地调查,重点调查经济建设,探索改善农民生活的途径,涉及人口、家庭、庙会和村镇组织等方面,形成了很多调研报告,如杨开道等人合著的《一个社会学的分析》,1937年因全面抗战爆发停止。然而,尽管多年尝试,以改良为目的的调查却始终没有取得实质性的进展。

与此同时,身处南京国民政府首府的金陵大学农学院,逐渐成为受南京国民政府委托开展农村调查的主要力量,而具体的农村调查活动主要由该院农业经济系承担。金陵大学农学院农业经济系是由美籍教授卜凯于1921年创建,是当时我国最早从事农业经济的教学和研究机构。在该系最为鼎盛时期,曾拥有中外专家学者六十余人,为当时金陵大学农学院师资力量最强、学生人数最多、影响最大的系。

除受政府委托参与调查以外,该系亦自发组织开展农村调查活动。自1929年起,由卜凯教授牵头,广泛组织学生开展第二次调查活动。这一次调查活动历时五年,对除黑龙江、吉林、新疆、西藏、外蒙古(今蒙古国)以外,我国22个省、146县、156个地区、15 646个农场进行了广泛的调查研究。这次调查的主要内容包括土地粮食、人口、土地使用情况、运销及物价、

---

① 赵晓阳:《寻找中国社会生活史之途:以燕大社会调查为例》,《南京社会科学》,2016年第2期,第141—147页。

② 李文海主编,夏明方、黄兴涛副主编:《民国时期社会调查丛编·乡村社会卷》(第一编),福建教育出版社2014年版,第29页。

认知与改良：中国高校的农村调查活动研究（1912—1949）

自然因素、生活程度等六个方面，最终编成了三卷本的《中国土地利用》一书。该书序言指出此项调查的目的为："第一，训练学生谙习土地利用之调查方法；第二，汇集中国农业知识，俾为改良农业之借鉴，及决定全国农业政策之根据；第三，俾世界各国关怀中国福利之人士，得知中国土地利用、食粮及人口之概况。"

国外的社会组织亦参与到金陵大学的农村调查活动中。如在太平洋国际学会等机构的资助下，自 1929 年起，历时五年，金陵大学农业经济系在孙文郁主持下，将全国划分为若干自然区，对华北之青、宁、甘、陕、豫、晋、冀、绥、辽、鲁；华中之川、鄂、湘、皖、苏、浙；华南之闽、广诸省的土地利用情况进行了调查。共得"某调查表 110 份，地区调查表 150 份……人口调查表 33 914 份，农家食物调查表 1657 份，生命统计表 9519 份，及农事、房屋、衣服等调查表各数十份"。① 通过这次调查，一方面培养了国人掌握土地利用问题的调查方法，以备不时之需；另一方面通过这一调查，对中国农村土地、人口等项做了精确的调查统计，为政府农政设施建设提供了依据，同时也弥补了国内缺乏农业精确统计的遗憾。此外，金陵大学农学院对农作物物价变迁的调查也较为重视。前期主要进行了江苏武进县农作物价格调查、南京及安徽宿县每周农产品零售市场价格的调查等。此后，该系设置了农业统计农产物价组，专门从事对农业重要统计资料的搜集和物价指数的编制工作。主要参与的调查有"上海物价之沙尔白克司答的司脱指数、土地之股票价格、指数、国际市场中主要农产为之价格、各地输出物品之批发价格，国内汇水及国际汇兑率、国际贸易、政府财政、国内工商活动、金融行情及国内外之零售物价与生活费用指数等"。②

乔启民是卜凯的学生和主要助手，除参加卜凯主持的全国性农村调查外，还自主主持农村调查活动。从 1930 年起至 1931 年夏，乔启民对江宁县淳化镇乡村社会的调查研究也极为深入，这一调查的目的在于找到一个"改良农

---

① 《南大百年实录》编辑组编：《南大百年实录》（中卷）《金陵大学史料选》，南京大学出版社 2002 年版，第 271 页。

② 《南大百年实录》编辑组编：《南大百年实录》（中卷）《金陵大学史料选》，南京大学出版社 2002 年版，第 269 页。

村组织,增进农民生活"的现实方案。① 乔氏在研究淳华镇的乡村社会时主要采用了两种方法:其一是区划法。将淳化镇的自然范围以及人民较大团体生活的范围画在一个图上,以便代表该处居民的一切共同生活事业和利益,都有聚集到一个中心点去合作的倾向。② 其二是采用询问法,将无法用绘图描述的关于淳化镇自然社会的一切风俗民情、日常生活,以及乡村组织的内容一一记录,便于查缺补漏。通过调查研究,乔启民为改良乡村社会提出了如下建议:(1)市镇商业范围对乡村社会共同生活影响最大,我国乡村社会生活领域应以商业范围为依据;(2)市镇范围以内的村庄大小不一,较大的村庄为适应生活要求有许多初级简单的经济社会组织;简单初级的小村庄集中于市镇或较大村庄;(3)在教育方面,新式小学少,私塾占大多数,原因在于乡村农民思想顽固、制定课程与科目所学非所用、交通不便等原因;(4)乡村宗教的生活含迷信一半娱乐一半,要渐次改良,淡薄迷信心理,这对于乡村社会的改善有极大益处;(5)广泛开展正当娱乐充实社交生活,潜移默化地改善乡村社会;(6)改革乡村社会在划分行政区域时要特别注意乡村共同生活,使农民有了解政治的机会,使乡村社会化得以实现。③ 总的来看,乔氏的调查涉及了淳化镇的经济、教育、宗教、社交、政治等多个方面,其调查报告发表于南京《金陵大学农林丛刊》第23号。

1931年夏,江淮流域发生重大水灾,农民生命财产损失严重。受国民政府的委托,金陵大学农业经济系还参与了1931年江淮流域水灾灾情的调查活动。在这次调查中"计调查湖北、湖南、江西、河南、安徽、江苏等省共90县,实地调查人员达293人,得县调查表169份,村调查表2366份,农家调查表11 791份,又在上海、南京、武昌三处,难民搭棚区域,调查农家表

---

① 李文海主编,夏明方、黄兴涛副主编:《民国时期社会调查丛编·乡村社会卷》,福建教育出版社2009年版,第93页。
② 李文海主编,夏明方、黄兴涛副主编:《民国时期社会调查丛编·乡村社会卷》(第一编),福建教育出版社2014年版,第96页。
③ 李文海主编,夏明方、黄兴涛副主编:《民国时期社会调查丛编·乡村社会卷》,福建教育出版社2009年版,第123—124页。

3796份。"① 这一调查开启了国民政府资助高校开展农村调查事业的开端。此后，该院又参与了"一二·八"事变后上海农民所受损失情况等调查活动。凡此种种，不一而足。

1933年底，金陵大学农学院乡村教育系乡教161班设计主持了江宁县乡村教育调查，本次调查"计参加工作者凡21人，共完成7学区，计中心小学7，初级小学16，实验小学及完成小学4，合得表格256"。② 调查内容涉及教职员、学童、毕业生及出路、课程、教育经费、设备等。蒋杰经过整理分析完成了《江宁自治实验县乡村教育初步调查》的报告，该报告1934年1月11日刊发于《农林新报》，报告中认为"各学区之划分及各学校之设立，颇能适合该县中心小学规程所列之标准"。③

1934年，金陵大学农学院受民国银行机构的委托，调查农村的租佃制度，对豫鄂皖赣四省的租佃制度进行了调查。本次调查从1934年4月起，到1935年12月止，历时一年多，选取了4省53个县189个行政区进行调查，共收到227份调查表。于1936年编纂了《鄂豫皖赣四省之租佃制度调查报告》，报告以文字和图表的形式，对四省区域情况进行了梳理，同时还介绍了其土地耕种权的分类及变迁、佃农承揽耕种的手续、纳租制、佃种租约与年限，并分析了地主与佃农的关系以及农佃问题与经济社会问题的关系。

1937年，乔启明带领学生又开展了中国人口与粮食问题的调查，这次调查主要是文献的调查，他们依据中央农业试验所农情报告、金陵大学农业经济系22省调查材料以及民国各省市部门的档案资料等，从人口数量、耕地面积、粮食的生产、人用粮食的人口支持力与不足的数额以及作为其他用途的粮食与剩余的数额等方面对抗战前中国的人口与粮食生产供应状况进行了分析和研究，并提出了调解消费、增加生产、平均分配等一系列解决战时粮食问题的基本对策。报告认为："粮食解决的方案可归纳在政治、经济、社会、

---

① 《南大百年实录》编辑组编：《南大百年实录》（中卷）《金陵大学史料选》，南京大学出版社2002年版，第267—268页。

② 章之汶、辛润堂、蒋杰：《江宁自治实验县乡村教育初步调查》，《农林新报》，1934年第2期，第35—48页。

③ 李文海主编，夏明方、黄兴涛副主编：《民国时期社会调查丛编·文教事业卷》第2版，福建教育出版社2014年版，第48页。

农业科学研究等等工作事项之上。"战前政府亟应"安定农村，抚辑流亡，使达农民能安居乐业的首决条件，然后选择政府现有机关中和粮食问题有密切关系者，使各负完全责任"。①

北平大学农学院的农村调查成果也较为显著。1930年春，国立北平大学农学院农业经济系董时进教授组织学生对河北省近25 000户农村住户的经济状况进行了调查。该项调查主要针对农户种地面积、地主拥有土地数额、农户租赁土地数额、饲养牲畜、居住、从事职业等情况进行调查。通过调查发现："多数农户种地面积在20亩左右，地主所占土地数量较少；从户数来看，200亩以上之地主不满千分之五，故当地租地情况不多见，仅占6.5%；中等农场以养牛为主，大农场则以养骡为主，羊群数量稀少；专事农耕者比重较大，其他业者主要集中在织布、经商等方面，士与医者数量稀少。"② 本次调查报告刊印于1932年5月。

1932年（民国二十一年），北平大学农学院农业经济系学生杨汝南在董时进的指导下，对河北省26县51个村庄总计4309户的农地概况进行了调查。本次调查采取分发调查问卷的形式，将制成表格的问卷分发给曾受华洋义赈会指导下的河北各县农村合作社填报，数据应当较为可靠。从调查的结果来看，乡村家庭人口数量与其土地拥有量成正比；农地典当业在当地比较盛行，显然是当地农民极度渴望拥有土地的反映；从饲养牲畜的情况来看，马、骡为较大规模之农场所饲养，牛、驴以中等规模农场饲养为主，饲养羊比例偏低，养鸡则比较普遍。本次调查报告登载于1936年2月1日出版的《农学月刊》第1卷第5期上。

值得一提的还有南开大学。南开大学是张伯苓效仿美国大学模式创办的一所私立学校，办学之初，南开大学的教材除国文和中国历史外，都是英文课本，导致其大学教育脱离中国实际，这引起学生的不满，发生了1924年"轮回教育"事件。此事件促使张伯苓逐渐意识到教育不能联系中国国情是中

---

① 见笔者撰写的《蒋杰与20世纪二三十年代的中国农村调查》，《西北农林科技大学学报》（社会科学版），2015年第3期，第152—156页。

② 李文海主编，夏明方、黄兴涛副主编：《民国时期社会调查丛编·乡村经济卷》（上），福建教育出版社2014年版，第179—190页。

国教育的弊病。① 此后，南开大学重视培养学生联系社会的能力，将重心集中于指导学生进行社会调查。1926 年，南开大学成立社会视察委员会，统筹社会调查事业。举办社会视察的目标，除"培养学生实际观察力""谋学校生活与社会生活之联络"外，强调"注重客观的事实作为学术研究之根据"和"作将来课程改造之科学的基础"。调查的实施由教授制定调查研究方针。② 南开大学的社会调查成为当时中国教育界的独创，既为使学生将书本知识与中国实际相联系，又为使学术研究中国化，进而改造课程，以符合中国实际。

1928 年春天，南开大学制定了《南开大学发展方案》。方案指出当时中国大学教育和大学学术脱离中国社会实际的弊端，明确提出将"土货化"作为"南开大学发展之根本方针"，要建设"土货的南开"，"即以中国历史、中国社会为学术背景，以解决中国问题为教育目标的大学"。南开的志愿即在于"知中国""服务中国"。何为土货化？方案指出，"'土货化'者，非所谓东方精神文化，乃关于中国问题之科学知识，乃至中国问题之科学人才"。因此，"土货化必须从学术之独立入手"，为提倡学术研究，"定三项标准以求实效：（一）各种研究，必以一具体的问题为主；（二）此问题必须为现实社会所急待解决者；（三）此问题必须适宜于南开之地位"。③ 此后，南开大学在教学与科学研究等方面进行了一系列改革，其中之一即是设立经济研究所，致力于中国社会经济问题的研究。

南开大学经济研究所以"南开指数"蜚声海内外。南开大学经济研究所创办人何廉教授认为"我们心目中的工厂工业在整个中国经济的画面上是无足轻重的"，④ 并且"我国本系农业国家，研究工业经济而不及农业经济，将

---

① 关于"轮回教育"事件对南开大学办学方针的影响，参见梁吉生：《允公允能 日新月异——南开大学校长张伯苓》，山东教育出版社 2003 年版，第 108—118 页。
② 问泗：《社会视察委员会》，转引自南开大学出版社编：《南开大学向导》，南开大学出版社 1930 年版，第 90—91 页。
③ 《南开大学募款委员会计划书之一部分》（1928 年），转引自王文俊等选编：《南开大学校史资料选（1919—1949）》，南开大学出版社 1989 年版，第 38—39 页。
④ 何廉著，朱佑慈等译：《何廉回忆录》，中国文史出版社 1988 年版，第 74 页。

有舍本逐末之讥"。① 故而，从 1931 年秋天起，南开大学经济研究所的社会经济调查重心即开始转向农村。南开大学经济研究所社会经济调查的转向除了对自身学术研究的规划外，应该说与当时国内对乡村建设的关注分不开，并且影响了调查内容的选择。"受到农村复兴运动的推动，我们把主要精力集中到我们认为农村人口所面临的最重要的问题之上。这些问题有：土地所有权、贷款、集市与租税。"② 农村的调查涉及华北地区的农业经济、乡村工业以及地方行政与财政。这三项调查课题相互联系、相辅相成，农业经济、乡村工业调查"对于中国经济生活及组织之了解，实属至不可少"，但"尚不足以表示中国农业生活之全部，因为在一方面，内地许多政治组织对于经济生活很有影响，在另一方面，经济情形亦很有影响于政治组织之形成"，因此还要开展县乡行政调查。③ 目的是为了完整了解中国的农村生活与组织。

由南开大学经济研究所组织的农业经济调查主要包括乡村工业调查、静海县典当业调查、河北省西河棉区棉花产销调查、山东农产调查、四川省稻米产销调查，以及农村合作事业调查。1932 年冬天，南开大学经济研究所开始筹划乡村工业的调查，由方显廷指导，吴知负责组织调查，以河北省高阳县为调查中心，兼及附近的蠡县、清苑、安新、任丘等县。④ 根据调查写成《乡村织布工业的一个研究》一书，介绍 1933 年以前河北省高阳、蠡清、清苑、安新、任丘五县的纺织业发展史、原料与成品、制造与成本、商人雇主及织布工人情况，并分析高阳布业衰落原因，提出改革建议。1934 年春天，高阳一带调查工作完成，接着又调查了宝坻县乡村工业，由方显廷指导，毕相辉负责组织调查，历时一年，最终形成《由宝坻手织工业观察工业制度之演进》一书，该书介绍了宝坻县的环境及手工业，分析华北新式乡村工业的

---

① 南开大学经济研究所：《十年来之南开大学经济研究所》，南开大学经济研究所印，1937，第 4 页。
② 何廉著，朱佑慈等译：《何廉回忆录》，中国文史出版社 1988 年版，第 81 页。
③ 静一、王元照：《介绍南开大学经济学院之研究事业》，《清华周刊》，第 38 卷第 5 期，1932 年 5 月，第 61 页。
④ 吴知：《乡村织布工业的一个研究》，商务印书馆 1935 年版，何序第 1 页。

兴起、演进及衰落过程。①

静海县典当业调查自 1933 年冬天开始，1934 年冬天结束。河北省西河棉区棉花产销调查 1934 年春天开始在赵县进行，秋天初步结束，调查资料于 1934 年 9 月在《大公报》发表《棉运合作特刊》三期。山东农产调查由叶谦吉主持，开始于 1934 年夏天，调查内容涉及棉花、小麦、花生、烟草及丝茧等，费时约一年。四川省稻米产销调查是南开大学经济研究所与四川大学西南社会科学研究所合作调查项目，注重四川盆地稻米生产及川西稻米的运销。② 农村合作事业调查实际上也贯穿于上述农村经济调查之中，有方显廷、吴知、曹康伯、李自发等对华北棉花运销合作的调查，业树旗对山东邹平合作事业的调查，王文钧对华北合作事业的调查等，大规模的合作事业调查由经济研究所的研究生黄肇兴、梁思达、李文伯三人完成。他们于 1935 年 12 月起在河北、河南、陕西、山东、江苏、浙江、江西、安徽等 8 省进行为期 5 个月的合作事业调查，考察合作机关 30 余处、金融机关 10 余处、合作社及合作社联合社 80 余处，写成《中国合作事业考察报告》。③ 显然，这一时期南开大学经济研究所的农业经济调查主要集中于农业生产和农村合作事业。

南开大学经济研究所在进行农村经济调查的同时，也开始着手进行地方行政与财政的调查与研究。这项调查自 1932 年冬天开始，1933 年夏天结束，由张纯明教授指导进行，"冀于县行政上之各种问题，得一概念之认识"。④ 经济研究所研究员冯华德、王恒志、乐永庆等分别赴涿县（今河北省涿州市）、满城、大名、高阳、献县等十一县进行调查，调查内容涉及赋税、包税、田房契税以及地方财政、司法与行政等。在对十一县进行概况调查之后，又分别对静海和定县县政进行了专题调查，调查问题包括行政组织与效率、施政

---

① 方显廷、毕相辉：《由宝坻手织工业观察工业制度之演进》，南开大学经济研究所印，1936 年。
② 南开大学经济研究所：《十年来之南开大学经济研究所》，南开大学经济研究所印，1937 年，第 8 页。
③ 梁思达、黄肇兴、李文伯：《中国合作事业考察报告》，南开大学经济研究所印，1936 年，前言。
④ 南开大学经济研究所：《十年来之南开大学经济研究所》，南开大学经济研究所印，1937 年，第 10 页。

方法与手续、县司法制度及其与民间公断制的关系、田赋的行政制度、包税与摊款、地方财政与军事负担等方面。① 静海县县政调查注重县政府层面，而定县县政调查除调查县政府外，还将调查范围推及乡镇政府。定县的调查工作分三组进行，王维显负责民政组，李陵负责土地问题组，冯华德负责地方财政组。② 1934 年冬天，三人开始驻扎定县，从事实地调查和档案整理工作，历时 8 个月完成。③ 定县调查是由李景汉主任主持的，李金铮在《定县调查：中国农村社会调查的里程碑》一文中肯定了定县调查在中国社会调查史上里程碑式的意义，认为其具有以下几个特点：由狭及广的县级农村调查、学理与实用的双重目的、调查环境利与弊的影响、传统社会关系与先进调查方法的结合，其调查内容既可作为社会变迁的基线，也是历史学者最有力的论据之一。④ 总而言之，静海县和定县县政调查既进行了实地调查，又充分利用了县政府的档案，注重历时性的考察。⑤

"吾人既研究农业经济及工业经济之发展与现状，又及其社会的政治组织及机构，自应深究社会内部之形态及其演化之过程。"⑥ 在进行了农村经济与政治的调查之后，南开大学经济研究所又将调查推及社会问题方面，探讨工业发展对社会的影响，这也是 1934 年以后南开大学经济研究所的主要工作。这项调查主要由陈序经主持进行，始于乡村工业调查结束之时的 1934 年夏天，在高阳织布业调查区域内进行，"以期明瞭由农业社会进为工业社会之过程"。⑦ 在高阳的社会调查工作注重农业社会进至工业社会的原因、工业社会的影响以及城乡差异，1937 年初基本完成。调查内容涉及历史、疆域、交通、

---

① 《南大经济研究所县政研究近况》，《行政效率》，第 1 卷第 9 期，第 414 页。
② 李陵：《定县县政研究工作一瞥》，《天津南开大学经济研究所事务月报》，第 45 期，第 1 页。
③ 冯华德、李陵：《河北省定县之田赋》，《政治经济学报》，第 4 卷第 3 期，1936 年 4 月，第 443 页。
④ 李金铮：《定县调查：中国农村社会调查的里程碑》，《社会学研究》，2008 年第 2 期，第 165—191 页。
⑤ 孟玲洲：《知中国 服务中国——南开经济研究所社会经济调查述论》，《民国研究》，2013 年第 1 期，第 96—111 页。
⑥ 南开大学经济研究所：《十年来之南开大学经济研究所》，第 4 页。
⑦ 南开大学经济研究所：《十年来之南开大学经济研究所》，第 12 页。

工商业、工厂调查、工业影响、金融、乡村副业、村制、耕地与农业、人口、劳工、医药卫生、县政、治安、教育、宗教、慈善、会社、歌谣与谚语、集录类及其他，共 22 类。但因日本发动侵华战争，资料未来得及整理发表。①1936 年还到广东顺德县调查，并打算在河北塘沽以及全国其他工业区域进行集中的调查，"看看工业对社会或是文化的影响程度"，"再把这些工业发展的社会的生活去与我们固有的农村社会生活作比较的研究"。② 陈序经希望通过实地调查去证明他的工业化主张，然而这一调查因日本侵华而中断。

这一时期，四川大学也是开展农村调查的典范。1932 年 6 月，华西协合大学（今四川大学华西医学院前身，下同）文学院社会学系毕业生刘子翥的毕业论文以《郫县犀和镇农村社会之调查》为题，拟对四川郫县犀和镇所属五场［犀浦场、太和场、高店子（又名合兴场）、毛家桥、青龙场］的农村社会的基本情况进行调查，以期为日后的农村社会的改良提供材料支撑，但因毛家桥和青龙场两场所处地区匪祸频发，未前往调查，只对犀浦场、太和场、高店子进行实地调查。论文先对郫县农业情况进行整体了解，再针对郫县犀和镇所属之犀浦场、太和场、高店子（又名合兴场）三场之场情、商情、工业、商业、教育、宗教、风俗、公共卫生等方面进行了调查，并对该镇教育、公共卫生、农业银行等提出了改进措施。如以教育为例，通过调查，刘氏认为"该镇应集中精神与款项创办一所模范完全小学校，并将各官立学校合并为一所，且男女兼收，以改变该镇以私立学校为主所造成的学费高昂的现状。同时，还应创办贫民夜课学校和妇女学校，提升该镇村民的文化素养，并使得中年失学妇女亦获得入学学习的机会"。③ 随后，对犀浦、太和、合兴三场所属农村乡间情形的寺庙、水利、交通、土地分配等方面的情况进行调查。

1933 年 5 月，华西协合大学文学院社会学系毕业生蒋良珍以《四川成都 50 户农民副业之调查》为题，对四川成都华西协合大学周边三四里范围内的

---

① 1946 年，陈序经在《社会学讯》第 3 期发表《我怎样研究文化学》一文，提到抗战爆发后由他主持的高阳工业与社会的调查资料完全丢失。幸运的是，这部分调查资料已由南开大学经济研究所王玉茹教授发现。

② 陈序经：《我怎样研究文化学》，《社会学讯》第 3 期，1946 年 8 月，第五版。

③ 何一民、姚乐野主编，袁学良、龚胜泉副主编：《民国时期社会调查丛编·四川大学卷》（中），福建教育出版社 2014 年版，第 161 页。

50户农民的副业情形进行了调查。本次调查以问卷调查、访谈法相结合的方法，对成都平原以家畜、家禽、蜂蚕、家庭工业等为代表的农村副业的实际情况做了详细的记述，并对教育、经济、政治等与力求为改造中国农村社会提供参考资料。通过调查，蒋良珍认为："成都农村副业尚不发达，主要根源于无科学的饲养家畜、家禽的方法，品种不佳、家庭手工业效率低下、农民受教育程度低、无法掌握先进的技术。"[①] 故而提出"设立特种副业技术员、指导员，兴办关于副业的传习所、讲习会、展览会等机构，供给农户优良的副业原料及品种、设立副业合作社"[②] 等措施。

自1934年（民国二十三年）起，华西协和大学文学院社会学系谢显光对四川华阳县的胜场居仁保之涂家堰村75户448口农民的家庭状况进行了调查，写成毕业论文《四川华阳县涂家堰之农村家庭》。该项调查通过对该村村民家庭的各项收入和支出情况的调查了解，发现该村"75家全年总收入为21 800元，平均每家为292元。收入150元之家数占一切家数的31%；200元以下占过半数；500元以下者占84%；500元以上者占16%，收入最多之一家为1480元。而75家全年总支出为23 115.75元，平均每家支出为308.21元。全年支出不满150元者有39家，占52%；最多者为1150元，有2家"[③]。显然，该村长期处于收不抵支中，且贫富差距也较大。

1935年，华西协和大学文学院社会学系毕业生李彬文的毕业论文以《成都乡村妇女抚育儿童的研究》为题，对常为学界所忽略的乡村儿童的教育状况作了细致的调查研究。受限于资料和调查的难度，这次调查只选取了成都附近的300户农户，以访谈的方式展开调查。通过调查，李氏着重探讨了童工的家庭背景、籍贯分布、受教育机会及造成童工的原因等诸多内容，希冀社会能对处于社会底层的乡村儿童的命运给予关注。伍玉和对四川省各地农村普遍存在的民间借贷现象进行了较为充分的调查，发表《四川农村借贷之

---

① 何一民、姚乐野主编，袁学良、龚胜泉副主编：《民国时期社会调查丛编·四川大学卷》（中），福建教育出版社2014年版，第449页。
② 何一民、姚乐野主编，袁学良、龚胜泉副主编：《民国时期社会调查丛编·四川大学卷》（中），福建教育出版社2014年版，第449页。
③ 何一民、姚乐野主编，袁学良、龚胜泉副主编：《民国时期社会调查丛编·四川大学卷》（中），福建教育出版社2014年版，第36—57页。

研究》的毕业论文。这一调查采用广泛收集文献资料的方式，力求厘清农民因借贷而导致破产的原因及趋势、农村经济破产的表现形式、农民借款的来源、利息、期限、数目及手续等内容，并最终提出"建立农民银行、建立农村合作社组织实施救济"[①] 的解决办法。

此外，从事农村调查的高校还有河南省立淮阳师范学校、中山大学、西北农林专科学校、浙江大学、私立福建协和学院等高校。1934年3月31日至4月15日，河南省立淮阳师范学校师生偕同杞县实验区人员对淮阳的太昊陵庙会进行了调查。淮阳太昊陵庙会是淮阳一带人民纪念伏羲氏而组成的"朝祖进香"大会，会期长达月余（自阴历二月初一日起，至三月三日止），每日赴会者，日均十余万人。不仅是豫东地区较为重要的民间庙会，同时也是当地农民活动的最大场所，各种商品均有销售，满足农工商医等各行业人士的需求。通过这次调查，对农村的交易形态——一个偏僻地方的庙会交易的基本状况作了基本了解，达到了"明了其状况来作施教育的依据"[②] 的目的。调查报告由河南省立杞县教育实验区1934年7月出版。

1934年8月2日至9月8日，国立中山大学农学院林缵春对琼崖地区4县52个村庄的农业经济发展状况进行了调查。调查报告数据详实，包含插图十多幅，统计表二十多个，二十余万字，将为人忽视的琼崖地区的农村经济状况首次展现给当局政府。通过调查，林氏认为："琼崖农村经济的崩溃，主要是由于外烁的摧残（剥削）作用多，而由于内在的摧残作用少。具体地说来，就是受着帝国主义、都市、官僚、军阀等的摧残作用的分量多过于受着农村本身生产关系的摧残作用的分量。概括地说来，亦就是完全由超经济的封建势力的摧残作用与其密切交互的帝国主义侵略的关系。"[③] 可见，林氏认识到了封建势力和帝国主义势力是中国农村经济崩溃的根源。同时，林氏也提出了"要图救济琼崖的农村，非先消灭这等因素不可，尤其是非先消灭封

---

① 何一民、姚乐野主编，袁学良、龚胜泉副主编：《民国时期社会调查丛编·四川大学卷》（中），福建教育出版社2014年版，第215—220页。

② 李文海主编，夏明方、黄兴涛副主编：《民国时期社会调查丛编·宗教民俗卷》，福建教育出版社2014年版，第251页。

③ 李文海主编，夏明方、黄兴涛副主编：《民国时期社会调查丛编·乡村经济卷》（上），福建教育出版社2014年版，第1054页。

建势力,即地主、商人、高利贷者、官僚、军阀、豪绅等等的摧残作用不可"①的观点,显然具有进步性。

1935年8月至10月,国立浙江大学农学院农业社会系在嘉兴县政府支持下由冯紫纲教授等组织学生九十余人,对浙江嘉兴县农村的情况进行了调查。该项调查选取了嘉兴县64个乡镇中的5个为调查对象,以户为单位,分发调查表统计其人口土地以及周年的收支状况。共收到县概况调查表1份、区概况调查表7份、乡镇概况调查表64份、特殊问题调查表百份及村户调查表6546份。②本次调查采用了先个别到综合的分析方法,这一方法在中国的农村调查中尚属首次。从调查来看,"该县教育未能普及,识字者仅占8.11%;耕地使用碎小,每块仅1.35亩;土地分配不均,贫户、佃农等户之耕地面积仅占2.09%;租佃纠纷隐患严重;农业组织单纯,全以植物生产为主,畜产甚少;作物品种复杂,一定程度上影响了作物产量和品质;全县粮食丰足;蚕丝事业衰落;特产种植面积受瘟病影响,效益低下;贫苦农民赊欠耕牛,吃亏严重;农业经营无利;农村副业衰落;农业经济收支不能相符;农家负债累累;农村金融制度崩溃;农民生活水平低下"。③

1935年秋,受西北农林专科学校④校长辛树帜的委托,蒋杰组织学生对关中地区受灾荒影响的农村人口状况进行了调查。这次调查选取了关中东部的三原、蒲城、华阴三县的618户农民,与渭河以西的鄠县、武功、凤翔三县655户农民受灾荒影响的情况进行对比研究,具体情况如表2-1所示。

---

① 李文海主编,夏明方、黄兴涛副主编:《民国时期社会调查丛编·乡村经济卷》(上),福建教育出版社2014年版,第1054页。
② 李文海主编,夏明方、黄兴涛副主编:《民国时期社会调查丛编·乡村经济卷》(上),福建教育出版社2014年版,第225页。
③ 李文海主编,夏明方、黄兴涛副主编:《民国时期社会调查丛编·乡村经济卷》(上),福建教育出版社2014年版,第422—424页。
④ 20世纪二三十年代,我国农科大学和农业专门学校发展迅速,但主要分布于东南沿海和长江中下游,在北方和西北地区未有大的发展。20世纪30年代初,中华民族处于风雨飘摇的灾荒战乱年代,外有日本帝国主义的入侵,国内饥荒遍野,尤其是西北连年苦旱,民不聊生。在国家和民族危亡之际,大批有识之士极力主张"开发西北""建设西北"。1934年,辛亥革命元老于右任选址杨凌,创建了中国西北第一所农业高等专科学校——国立西北农林专科学校。

表 2-1　陕西关中地区农村人口调查时期及农家户数

| 调查地点 | 调查时期 | 调查农家数 |
| --- | --- | --- |
| 关中全部 | —— | 1273 |
| 关中东部 | —— | 618 |
| 三原 | 1935.11—1936.10 | 209 |
| 蒲城 | 1935.12—1936.11 | 206 |
| 华阴 | 1936.3—1937.2 | 203 |
| 关中西部 | —— | 655 |
| 鄠县 | 1936.4—1937.3 | 201 |
| 武功 | 1935.10—1936.9 | 239 |
| 凤翔 | 1935.11—1936.10 | 215 |

此次调查对两个区域的灾前人口、灾后人口、死亡人数及其分布、生育率等状况进行了统计分析，编制出版了《关中农村人口问题——关中 1273 农家灾荒与人口之调查研究》的报告，报告详细地论证了灾荒对人口数量的影响，同时提出了"凡经过灾荒欲多的社会，其人口质量退化的程度亦欲深"[①]的观点。夏明方在《民国时期自然灾害与乡村社会》一书中对蒋杰这份调查报告给予了很高的评价："这份调查的发现，使我论文之中有关灾荒与人口问题特别是灾荒与人口结构的问题黯然失色。往正面说，就是这份调查为我的研究提供了最好的实证，往反面说，就是我曾经做过的努力有很大的一部分都变成了无用功，甚至我的不少自以为是的结论也因这份调查而变成了谬误。"[②]

同年 9 月，私立福建协和学院农业经济系陈希诚等人对紫阳村的农村建设情况进行了调查。紫阳村是福州附近一座只有 174 户的村落，共有 955 人。该次调查主要围绕紫阳村民的经济状况和教育状况两方面展开。通过调查，

---

① 蒋杰：《关中农村人口问题——关中 1273 农家灾荒与人口之调查研究》，国立西北农林专科学校，1938 年。
② 夏明方：《民国时期自然灾害与乡村社会》，中华书局 2000 年版，第 437 页。

调查者认为："紫阳村的农业经济以农作物种植为主，畜牧业较少，仍是自给自足性质，但因社会不景气，农产品价格跌落，农民收入下降。特别是耕地面积小，粮食产量低下，粮食无论凶年还是丰年均难以自给。此外，因为农业经济已经进入商品经济，自给自足的农民实不能久存。"① 从初等教育来看，紫阳村因人口较少，经济发展水平较低，故而全村只有一所初级小学。这所小学，为一所四级制小学，教职工共三人，共开设国语、算学、自然、社会、美术、体育等课程，学生年龄在 6 岁至 15 岁之间，共 73 人。② 从一般教育来看，紫阳村的一般教育较为落后，农民 40 岁以上者多受私塾教育，而 30 岁以下即便受过学校教育的训练，然而时间甚少。总而言之，该村"尚有 308 人文盲，女占 204 人，男占 104 人"。③ 显然，农村中男女受教育比例也存在较大差异。

　　1936 年 8 月（民国二十五年），浙江省立民众教育实验学校林用中、章松寿等教师在该校陈校长的支持下，对杭州城外的老东岳庙会进行了调查，以期作为研究当地民俗、宗教、社会、心理状况等问题的材料。该次调查采取了实地调查与问卷调查相结合的方式，先后六次实地调查，同时也拜访了当地的小学校长、乡长、保长以及公安机关，以随时了解各班户的香客、庙内的道士、测字先生等的情况，并借助攀谈的形式，借以明了庙会的实际情形和当地的社会状况等内容。此外，调查组也注重对庙会周边布告、会启、石碑等实物资料的收集工作，力求全面了解老东岳庙会的情况。调查报告由该校于 1936 年 12 月出版。

　　由上可知，民国时期高校开展的农村调查主要是对一县一乡的典型个案的调查，其侧重点也主要是针对农民经济因素的考察，主要了解农民的日常生活，以及因社会变迁而引发的种种社会问题等内容。此外，这一时期的调查组织也主要由中国社会学者所承担，无论是从规模还是范围来看，都较此

---

① 李文海主编，夏明方、黄兴涛副主编：《民国时期社会调查丛编·乡村经济卷》（上），福建教育出版社 2014 年版，第 1111—1112 页。
② 这一数据参见李文海主编，夏明方、黄兴涛副主编：《民国时期社会调查丛编·乡村经济卷》（上），福建教育出版社 2014 年版，第 1109 页。
③ 李文海主编，夏明方、黄兴涛副主编：《民国时期社会调查丛编·乡村经济卷》（上），福建教育出版社 2014 年版，第 1112 页。

前更为深入。此外，这一时期的调查也强调实地调查与统计相结合，对认识和了解当时中国农村的经济问题亦起到了一定的积极作用。

## 第三节　高校农村调查的成熟与深入推进（1937－1949）

1937年起，伴随着日本侵华战争的全面爆发，迫使高校的农村调查遭遇前所未有的严峻挑战。当时，我国高校大多集中分布于南京、上海、北平等几个大城市，随着战争的扩大，这些大城市中的大学，多遭日军轰炸或占领，如位于上海的沪江大学即于1937年8月14日、15日两日内连遭日军炮轰，学校建筑全部被毁，只剩下残垣断壁，校内所有图书、仪器，均未抢出。[1] 学者珍藏的资料损失更是惨重。如燕京大学社会学系教授吴文藻即在战争中丢失了十几箱可作授课讲义的文件资料，[2] 清华大学社会学系教授陈达搜集的二万余册剪报资料也因日本飞机轰炸而被毁，皆成灰烬。[3] 最终，大多数学校开始了西迁办学的进程。

著名的国立西南联合大学是此时在西迁的北大、清华、南开三校的基础上于昆明最终建立的，而该校的社会学系即是在原清华大学社会学系基础上成立的，师资力量较为雄厚，如社会研究法、初级社会调查、社会机关参观等三门课由李景汉执教，人口问题和劳工问题则由陈达讲授，人类学则由吴泽霖和吴文藻先后执教。从1937年至1946年的十年间，共培养社会学专业毕业生91人，这些毕业生所作毕业论文都和当时的社会现状紧密相关。以1942年的毕业生为例，邝文宝的《妇女婚姻生活调查》采用调查问卷的形式，问题涉及婚姻背景、婚后生活及婚姻态度三大类，但因所设计问题重点不突

---

[1]《沪江大学全部被毁，图书、仪器均成灰烬》，载《中央日报》，1937年8月16日。
[2] 谢婉莹：《丢不掉的珍宝》，载《冰心全集》（第2卷），四川人民出版社1983年版，第154页。
[3] 陈达：《浪迹十年》，文海出版社1981年版，第452页。

出，且与个人生活密切相关，用普通的问卷法难以得到可靠的材料；胡庆钧的《中国旧节之初步分析》对正月节、三月节等九个节日进行分析，其中对火把节进行了系统调查。这一调查所收集的资料多源于书本，缺少实证研究材料支撑；徐泽物的《空袭与昆明社会》统计民国二十九年至三十年间昆明的警报次数并计算其对全市人民的间接损失，以表格形式做出整理。[①] 此外，该系毕业生或留校任教或出国继续深造，这也为云、贵、川高校社会学系的从无到有提供了师资基础，为这些地方高校从事社会调查奠定了基础。

因抗日战争全面爆发，各高校逐渐迁移到四川办学。金陵大学也于1937年冬迁址成都青莲巷内，直至抗战胜利结束。在迁入成都后，尽管金陵大学农业经济系的教学工作遭受了一些困难，但他们努力克服，仍继续从事农村调查活动。其中取得突出成效的主要有：（1）民国二十七年（1938年）7月应财部贸易委员会之请，研究中国主要出口之生产运销情况；（2）四川农产品运销研究；（3）四川省农产物价及成都市生活费用之调查研究，自民国二十七年起按周编制生活指数；（4）与前四川省土地陈报处合作，川省64县土地分类调查研究，按照有机质碳、土壤组织、颜色酸度及钙质鉴定，分别绘制各县土壤分级图及土壤分区图等；（5）成都市附近7县米谷生产与运销之研究，为政府的粮食政策提供参考；（6）四川省粮食增产效果之调查研究；（7）四川省新都县土地清丈研究。[②] 其中，与前四川省土地陈报处合作进行的四川省各县的土地分类调查在当时影响深远。这一调查由卜凯的助手崔毓俊负责主持，后因他赴美留学改由廉耕主持，至1942年历时四年完成了川省64县的调查。然而，因战时物价上涨、调查资金欠缺等因素的影响，只有温江和双流两县的调查报告出版，其余仅存两份抄件。其中于1939年出版的《四川省土地分类调查报告第2号——温江县》介绍了该县的自然条件、土地分类与利用状况、土地分类区内的低价与田赋、作物产量、农佃制度、农家经济等情况，并附有温江县土壤区面积。遗憾的是，此次调查的资料后来随系

---

① 参见西南联合大学校友会编：《国立西南联合大学校史——一九三七至一九四六年的北大、清华、南开》，北京大学出版社1996年版，第311—320页。

② 参见《南大百年实录》编辑组编：《南大百年实录》（中卷）《金陵大学史料选》，南京大学出版社2002年版，第268页。

并入南京农学院保存，在 1954 年的一场火灾中毁于一旦。①

1938 年，岭南大学毕业生区阒奇的毕业论文以《下渡村调查》为题，对下渡村 170 余户 580 余口的基本情况作了调查，但因下渡村长期处于日军飞机的轰炸，且在调查中面临诸如村民的不信任等因素的影响，难以获得足够的调查数据，使得调查成效难以得到保证，最终只收集到 76 户数据，以管中窥豹。本次调查主要采用访问式和问卷调查的方式，主要调查下渡村家庭与人口状况、经济发展状况以及该村村民的社会生活状况，涉及教育、宗教、婚姻、娱乐活动等方面。通过调查发现，"下渡村社会组织以宗法制度为基础，族长和家长的权力很大。乡民因生活困难，大多以小家庭的形式存在。乡民的年龄，以壮年期和幼年期为多，职业多以佣工和农事为主，收入很少，且常入不敷出，很难维持生活，农村经济也处于崩溃的边缘。然而该村教育普及化程度较高，男女儿童受教育机会均等，有一定的成长空间。此外，该村如同彼时的大多数中国农村一样，信奉多神教，迷信活动较多，仍有买卖性的婚姻存在，社会发展较为落后。"②

1939 年，华西大学文学院社会学系毕业生田其敏的毕业论文以《成都茶店子农村社会概况调查》为题，对成都县第一区所属的茶店子村 274 户农家的基本概况进行了调查，以期作为改善农村社会状况的依据。这次调查自民国二十八年（1939）二月五日起，共分三次，至二月十三日止，主要采用问卷调查和访谈的形式，对茶店子村 274 户农家的人口与家庭、卫生状况及宗教信仰状况做了概要性的了解，认为该村"出现了较为严重的农民离村现象，这也造成了该村因经济状况不佳，适龄男子未婚人数颇多，且新生儿死亡率颇高，而这也是当时中国农村的普遍现象"。③

1941 年夏，受农林部及陕西省政府的委托，西北农学院组织农业经济系三年级学生黄士杰、万元钦、邵太炎、尚际连等十六人对陕西省的农业经济

---

① 崔毓俊：《我系的科研、推广工作简介》，见《金陵大学农学院农业经济系建系 70 周年纪念册》（1921—1991），现代出版社 1991 年版，第 158—159 页。

② 程焕文、吴滔主编：《民国时期社会调查丛编·岭南大学与中山大学卷》（下），福建教育出版社 2014 年版，第 281 页。

③ 何一民、姚乐野主编，袁学良、龚胜泉副主编：《民国时期社会调查丛编·四川大学卷》（上），福建教育出版社 2014 年版，第 201—221 页。

情况进行调查。出于交通便利和节省经费的考虑，调查人员主要选取了关中地区的临潼、兴平二县为调查点，选取了两县六个乡镇十个村坊的 236 户农户为调查对象。调查内容主要为农村人口的规模、亲属种类、性别及职业、土地利用及分配情况、田场经营状况以及农家生活程度等内容。通过调查，调查者发现："陕西农业为小农制，主要出产小麦、棉花、玉米等作物，因物价上涨，使得农产品价格上涨，农民收入大增。支出则因大部分为非现金支出，均由田场供给，受物价变动影响较小，故而近年来陕西农村呈欣欣向荣的现象。从生活质量来看，农民生活较为简约，食物支出占总支出的百分之六十，且食物中肉类及蔬菜甚少，生活程度比不上都市居民。然而，陕西农村仍问题颇多。其繁荣乃战时之过渡现象，土地利用仍属零细，农业经营极不合理，农村人口亦相当稠密，倘不及时匡正，恐此际昙花一现，过时又复踏入衰落之阶段。"[1] 调查报告收入国立西北农学院 1944 年 5 月 15 日出版之《农业经济丛刊》之三。

1941 年 10 月至 1942 年 1 月，国立清华大学国情普查研究所苏汝江等组织人员对云南昆阳的农村经济情况进行了调查，该次调查采用了机会选择抽样法，随机选取了中和镇 17 村 191 户、中宝乡 10 村 62 户、河西乡 20 村 150 户、平定乡 22 村 100 户、宝山乡 1 村 1 户、内甸乡 2 村 2 户，共 72 村 506 户。通过调查发现："昆阳为滇中一农村社会，农业人口比重较大，识字率低。耕地以水田为主，主要种植稻、麦、蚕豆等作物，生产以人力为主，畜力不足。所产粮食除自用外，外销集中在昆明。从消费来看，基本生活品价格上涨严重，农民生活消费支出中以食物占比较大，生活质量较战前下降显著。"[2]

1941 年农作物收获后，金陵大学农业经济系将农作物运销状况纳入调查范围。该系对成都附近的温江、双流、郫县、新都、新繁、成都、华阳等七县的农产品运销状况进行了调查，这一调查后由该系学生潘鸿声撰写成《成

---

[1] 李文海主编，夏明方、黄兴涛副主编：《民国时期社会调查丛编·乡村经济卷》（上），福建教育出版社 2014 年版，第 220—221 页。

[2] 李文海主编，夏明方、黄兴涛副主编：《民国时期社会调查丛编·乡村经济卷》（上），福建教育出版社 2014 年版，第 1015—1018 页。

都市附近七县米谷生产与运销之调查：初步报告》，该报告附有民国三十年（1941）成都平原米谷生产成本、每市石谷之生产成本、每市石谷之成产成本及百分率等数据。此外，金陵大学农学院亦对当地农村的各类情况进行调查。如民国三十一年（1942），该院受四川彭县县政府委托对该县农村经济状况进行了调查。同年，金陵大学农学院亦受四川省张岳军主席委托，组织农业经济系师生对四川省华阳县的农村经济情况进行了调查。这一调查活动从1942年暑期开始，历时两个月结束，为四川省农村调查事业的发展作出了不可磨灭的贡献。

关于四川省农作物产量情况的调查，在当时也是金陵大学农学院的主要调查范围。如在民国三十二年（1943），该院与农林部合作对成都、华阳、温江、双流、新津、新都、郫县、崇宁等八县的粮食增产情况进行了调查，这一调查从当年7月开始，历时4月始毕。通过这一调查，有助于"（1）明了各种增产办法之实在功效；（2）明了采用改良增产方法之农家在费用收益方面，是否比较未采用之农家为合算；（3）获得调查年内由于实行粮食增产办法所增加各种主要粮食产量之合理估计"。[①]

1943年，西南联合大学社会学系毕业生赖才澄对云南省大普吉的乡村社会状况及存在的问题进行调查，完成毕业论文《大普吉农村社会实况及其问题》。这一调查博采众学，主要采用了文化人类学功能学派的理论方法，同时也兼用了生物的、地理的、经济的、心理的、制度的……学派的观点，力求从物质、社会、精神等角度全方位地了解我国农村在政治、经济等面向上面临的诸多困境，并提出了具体的乡村建设方略。[②]

1944年，华西协和大学文学院社会学系毕业生邹良骥对活跃于四川各地农村的"哥老会"组织的情况进行了详细的调查，完成毕业论文《"哥老"组织之研究》。这一调查对"哥老会"的定义、起源、组织形式、成员构成、社会影响等因素进行了探讨，认为："'哥老'者，乃系以化除家族之私念，标

---

[①]《南大百年实录》编辑组编：《南大百年实录》（中卷）《金陵大学史料选》，南京大学出版社2002年版，第319页。

[②] 这一调查报告参见李文海主编，夏明方、黄兴涛副主编：《民国时期社会调查丛编·乡村社会卷》，福建教育出版社2014年版，第457—458页。

忠义之信条,以为人生行为之轨范,而为一'八方共域'、'异姓一家',无分贵贱,一般皆以哥弟称呼之理想社会。……'哥老'思想胚源于春秋,成于明、清,行于民国。盖以人类有好奇之本性,而此种秘密组织也,有裨益于个人,故其参与者日甚;份子亦因之复杂而腐化。代远年湮,遂亡其爱国之初志。……且现今'哥老',弊害百出,已如上述。而其所作所为,对国家民族,诚有百害而无一利。"[①] 并进而对如何彻底取缔这一组织提出了许多宝贵的建议,其具体策略为:"其一,积极普及教育,由高级暨各地方政府,严饬各中小学校,于公民课程时,讲述'哥老'祸国殃民之毒害,并于社会科学教本中,略加关于取缔'哥老'之材料,以根绝其来源;其二,对'哥老'成员暂停其活动,消极从旁而控制之,待其觉醒;其三,减少或取消茶馆,破灭其巢穴;其四,规定加入会社的年龄须在十六岁以上,具备基本的认识社会的能力。"[②]

1945年,华西协和大学文学院社会学系毕业生周良钦的毕业论文以《四川民社》为题,对四川地区广大农村的民间习俗、土地神信仰以及土地庙祭祀活动的情况进行了详细的调查。这一调查首先回顾了民社在我国古代的起源和流传情况,进而以四川为例,针对四川农村广泛存在的土地庙以及土地神的祭祀活动展开,并分析了四川土地神职能和习俗的变迁情况,最后对四川当下土地庙荒废的原因进行了考索,认为:"其一,伴随着历史的变迁,人们偏重或极端地崇拜祖先,从事祠堂的蒸尝会等,对于土地神,无所闻问;其二,土地神为农村经济的产物,自农村破产,经济凋敝,口体之养,不足维系,对于礼义,固失荒疏。……像天灾不止,人祸不休的农村,土地神的祈禳报答,失措不灵,信仰上即根本动摇;其三,土地神信仰分散,或离易或转移到川主杜主的祭祀,故而土地神的诸多功能即被川主杜主取而代之,土地神即被人们遗忘,置之脑后。加之汉流的集社,有桃园会,有单刀会,建修三圣宫,另成信仰偶像,这些关系对土地神的信仰与活动,不无影响;

---

① 何一民、姚乐野主编,袁学良、龚胜泉副主编:《民国时期社会调查丛编·四川大学卷》(上),福建教育出版社2014年版,第31页。
② 何一民、姚乐野主编,袁学良、龚胜泉副主编:《民国时期社会调查丛编·四川大学卷》(上),福建教育出版社2014年版,第31—32页。

其四，原始社燕，除祭祀民社外，另有乡饮酒的意味……故知秋社，乃有蜡戏，引伸到娱乐土地神，并蜡饮，党正因蜡饮酒，亦乡饮酒也。今之四川乡饮酒递嬗，变为新年的春酌（请春酒），燕宴豪华尽致，他们力广交游，使得新年春酌逐渐演变成政治性经济性社会性事件的决策场合，故而失去了原有的序齿论德乡饮的原意，也即代替了有乡饮酒意味的社燕；其五，城隍的威信与迎春的铺张，也是致民社活动一个代替，……土地神为其（城隍）的乡村耳目，失去了尊崇的地位。"① 总而言之，四川民社因"失去了乡里普遍信仰的中心地位，失去了神秘寓言的道德伦理，失去了为社交馈赠、序齿论德的功能，同时也失去了娱乐欢洽种种社会活动的资格"，② 出现社庙衰败的结局也就不可避免了。

1946 年，华西协和大学文学院社会学系毕业生刘良辉对成都附近各县农村中之合会情况作了调查研究，发表论文《成都附近各县合会之研究》。此次调查采用口头调查与文献调查结合的方式，收集了新津、简阳、郫县、崇宁、双流、温江等六县的会薄和访问所得之资料，对合会这一组织在成都附近各县农村之互助协作的功用及其具有的经济和社会价值进行了充分的肯定，并认为"合会之组织，在今日之农村中，尚有其存在之价值，因其对于农村亦有相当之救济及互助的功能，既以抵制高利贷之威焰，又可以添长人与人之亲密关系。……但在合作社尚未变为民间之自由组织以前，合会不但不应加以摧毁，并可加以鼓励与提倡"。③

1947 年，华西协和大学文学院社会学系毕业生吕思奎对四川华阳县西北之石羊乡农村组织和乡村建设情况进行了考察，完成以《石羊乡农村组织与乡村建设》为题的毕业论文。这一调查采用了直接与间接调查法结合的方式，并兼用观察与访问的方法，力求充分了解该村合会、堰沟会、联宗会、神会、哥老会等组织的起源、参加分子、发展动向以及背景等内容。并根据调查内

---

① 何一民、姚乐野主编，袁学良、龚胜泉副主编：《民国时期社会调查丛编·四川大学卷》（上），福建教育出版社 2014 年版，第 51—52 页。

② 何一民、姚乐野主编，袁学良、龚胜泉副主编：《民国时期社会调查丛编·四川大学卷》（上），福建教育出版社 2014 年版，第 52 页。

③ 何一民、姚乐野主编，袁学良、龚胜泉副主编：《民国时期社会调查丛编·四川大学卷》（中），福建教育出版社 2014 年版，第 145 页。

容提出了改进该乡农村组织的方法和措施，如针对该乡哥老会助长恶势力、阻碍地方行政治推行、扰乱社会治安、败坏社会风化、敲诈乡民的流弊，提出了"举办游民习艺所、提倡正当社团活动、严禁公教人员与哥老勾结、入社年龄限制"[①]等解决措施，以便于因势利导，更好地建设乡村社会。

1947年，国立中山大学法学院学生袁伟民对自己家乡广东省东莞员溪村的农村社会发展状况进行了充分的调查，撰写《东莞员溪农村社会之调查研究》的论文，调查得益于当地人的优势，调查进行的比较顺利，取得了极为丰富的调查成果。此外，在具体的调查活动中，也充分利用了直接访问、间接访问、观察法等调查方法，同时也充分查阅了村里保留的户口册和田亩册的资料，为调查工作积累了广泛的素材。通过本次调查，袁氏以员溪村为例，认为"员溪村由于土地私有制的存在，少量的土地也分得零碎，遂促成小农经营，造成农业资本的缺乏；促进了租佃制度，产生了大量的佃农，生活困难。这给予了高利贷资本活动的机会，反过来又加深了农村经济的危机。土地私有制实是中国农村社会改进的唯一阻碍"[②]。此外，他还考察了农村的家庭、社会组织、教育以及宗教与风俗习惯问题，并最终得出了"今日中国农村社会的问题，并不是自然的、静的技术问题；而是人为的、动的社会关系。这种社会关系，是以农村土地经济为内容的。它决定整个农村社会的诸现象。因此，欲解决农村诸问题，非从农村经济着手不可"的结论[③]。

从1947年11月起，华西协和大学文学院社会学系毕业生漆赫的毕业论文以《成都市青羊场集市研究》为题，对成都市十二区所属之青羊场的集市情况进行了调查。这一调查一直持续到1948年3月，采用实地调查与口头调查结合的方式，并借助当地区公所、警察局等机构提供的文献资料，根据费孝通先生在所著《禄村农田》一书中对集市（街子）的描述，即"街子是买者和卖者定期集合发生贸易行为的场所，每个街子每隔一定的日子开市一次。

---

[①] 何一民、姚乐野主编，袁学良、龚胜泉副主编：《民国时期社会调查丛编·四川大学卷》（中），福建教育出版社2014年版，第193—194页。

[②] 程焕文、吴滔主编：《民国时期社会调查丛编·岭南大学与中山大学卷》（下），福建教育出版社2014年版，第397页。

[③] 程焕文、吴滔主编：《民国时期社会调查丛编·岭南大学与中山大学卷》（下），福建教育出版社2014年版，第397—398页。

有东西出卖的可以在街子上等候买主,有东西要买的也可以在街子上去挑选货物。卖者不必是专门以做买卖为职业的商人,任何人可以在街子上去卖东西。因之街子的特色是在给生产者和消费者直接交易的机会"。① 探讨集市之于农村居民的功能,及集市与农村居民的关系等内容,得出了"物价上涨,通货膨胀,游资作祟,商业畸形发展,农工日益凋零,是造成今日中国社会'农村真破产,都市假繁荣'的严重病态的原因"。②

1948 年,华西协和大学文学院社会学系许纯熙对崇庆县大划乡所辖之大划厂及其关系的农村家庭的经济状况进行了调查,完成《崇庆县大划乡农家经济状况调查》的毕业论文。这一调查以问卷调查和抽样调查为主要调查方法,力求了解该地农村家庭全家各项收入情况以及各项的支出情况,也即了解该地农村家庭的收入利用状况,以便为该地收支不平衡的家庭提供补救措施。通过调查,许氏认为大划乡农户经济状况处于濒临破产的境地。为此,他结合马尔萨斯、童润之、言心哲等人的观点,提出"中国农村生活程度低落之原因,是国家整个的农村问题,想改革整个社会,必着眼于农村。且从租佃制度与农村技术去改革,对于农村中的工商业,应该合理的调整与救助。……除此之外,还应重视政治的清名,社会的安定等因素的影响。同时应特别多用社会工作人员,深入农村,实地推行,否则难有成效"。③

1948 年至 1949 年间,国立中山大学法学院学生的毕业论文以农村社会调查为题的较多,主要见下表 2-2。

表 2-2 1948—1949 国立中山大学法学院毕业生论文④

| 年份 | 学生姓名 | 指导教授 | 毕业论文题目 |
| --- | --- | --- | --- |
| 1948 | 黄世良 | 刘榘 | 《梅田墟社会调查》 |

---

① 费孝通:《禄村农田》,商务印书馆 1943 年版,第 49 页。
② 何一民、姚乐野主编,袁学良、龚胜泉副主编:《民国时期社会调查丛编·四川大学卷》(中),福建教育出版社 2014 年版,第 262 页。
③ 何一民、姚乐野主编,袁学良、龚胜泉副主编:《民国时期社会调查丛编·四川大学卷》(中),福建教育出版社 2014 年版,第 483—484 页。
④ 数据参见程焕文、吴滔主编:《民国时期社会调查丛编·岭南大学与中山大学卷》(下),福建教育出版社 2014 年版,第 409—567 页。

续表

| 年份 | 学生姓名 | 指导教授 | 毕业论文题目 |
| --- | --- | --- | --- |
| 1948.6 | 容宗浚 | 岑家梧 | 《新基村家庭研究》 |
| 1948 | 林纬 | 刘桀 | 《龙村社会调查》 |
| 1948 | 郭文榜 | 岑家梧、刘桀 | 《湖南沅江萃珍垸农村土地经济调查》 |
| 1949.5 | 夏新民 | 董家遵 | 《湖南攸县农民生活调查》 |
| 1949.5 | 欧阳铎 | 董家遵、岑家梧 | 《湘南傜山考察报告》 |

黄世良对广东省宜章县白沙乡第一保的梅田墟进行了调查。这一调查侧重于对梅田墟社会组织的调查，主要采用了问卷调查和访谈的调查方法，收集梅田墟经济、家庭组织、邻里关系、宗族关系及职业团体等方面的材料，最终探讨介于都市与乡村之间的小市镇社会的发展状况。通过调查发现，"梅田墟共 111 户，443 口，其中男性 234 人，女性 209 人，性别比例为 111.9。男子首次结婚的年龄多在 16 至 20 岁之间，最低结婚年龄是 15 岁，最高是 32 岁；女子首次出嫁年龄多在 15 至 19 岁之间，最低出嫁年龄是 14 岁，最高是 22 岁。男子平均结婚年龄为 19.72 岁，女子平均出嫁年龄为 16.98 岁。离婚现象在梅田墟不多见，只发生于丈夫出征数年且无子女的夫妇，多由女方提出离异。从受教育状况来看，梅田墟曾受教育及在学的人数共 184 人。其中大学程度 1 人，专科程度 4 人，高中程度 5 人，初中程度 27 人，高小程度 34 人，初小程度 94 人，私塾 19 人。说明了新式学堂教育在梅田墟较为普遍，然而女子受教育人数仅占男子人数的三分之一，在受教育上仍然存在显著的性别差异。从经济上来看，梅田墟的经济以商业为主，为仅为小资本的贩卖营业，但仍存在商会、合会、同业公会等组织，以保证经济活动的正常进行"。[1]

容宗浚以东莞新麻乡新基村 87 户家庭的家庭状况为考察对象，历时数月，方告结束。调查采用问卷调查和访谈的方式，考察了新基村家庭组织构成、亲属关系、男女比例、年龄分配、结婚年龄、受教育程度、职业状况、家庭经济状况、收入来源、支出状况、民俗及宗教娱乐活动等内容，认为

---

[1] 程焕文、吴滔主编：《民国时期社会调查丛编·岭南大学与中山大学卷》（下），福建教育出版社 2014 年版，第 412—430 页。

"新基村是典型的以种植业为主的自给自足型的水乡社会。临海的区位，使得村民性情活泼，极富冒险精神，自卫力颇强，一般不需要仰仗外力。然而，该村实行以男性为主导的大家族制度，阶级分明，女子地位低下，缺乏先进的科技知识，迷信思想浓厚，并保留有浓厚的封建残余思想"。[①] 这一现象并非个例。

林纬从社会学的理论出发，对家乡龙村的社会组织、社会关系、社会控制、村与村之间的关系以及村民生活状况等方面进行了详细的调查。得益于调查者是当地人的优势，调查进行得比较顺利，取得了极为丰富的调查成果。在调查中，调查者主要采用了问卷调查与访谈结合的方式。林纬认为："龙村的经济活动以经营农业为主，仍处于自给自足的半封建性质中。从该村的社会关系来看，主要以建立在血缘关系基础上的宗法制度为主，以血缘亲疏来决定村中各分子的权利与义务。此外，龙村虽仅有千余人，但其社会组织发展程度却极高，议会是龙村最高权力机关，对内可以通过村法，决定筹款方法、菁团之组织、治安问题等等之权力，对外可以决定对邻村之宣战与媾和等等之权力。其议会以全员赞同为原则，闭会后，议会即宣告解散。议会的召集人也多为村中较有地位之乡绅，一般为南北二社之族长。议员的资格也没有严格的规定，一般为村中亲族中素有威望之人充当。"[②]

郭文榜对湖南洞庭湖沿岸沅江县北部萃珍村的土地经济状况进行了详尽的考察。调查主要采用问卷与访谈相结合的方式，对萃珍村的农民生活、受教育程度、土地分配和利用情况展开深入调查。调查认为："该村耕地土壤肥沃，但因耕作方法不当，造成土地资源浪费，农作物产量日渐减少，土地渐被大量租佃、雇佣农户耕种。可以说，佃农是该村生产的主体，但因封建地租性的剥削形式在该村仍然存在，故而可以说该村仍是半封建性的佃耕农村。加之该村农具仍然沿用传统的体力式劳作，畜力缺乏，技术水平不足，种种因素使得该村经济形式极为恶劣。特别是村内亦无金融流通机构，农户不得

---

① 程焕文、吴滔主编：《民国时期社会调查丛编·岭南大学与中山大学卷》（下），福建教育出版社 2014 年版，第 434—450 页。

② 程焕文、吴滔主编：《民国时期社会调查丛编·岭南大学与中山大学卷》（下），福建教育出版社 2014 年版，第 496—521 页。

不借取高利贷，生活更是日益窘困。"① 最终，郭文榜提出了"耕者有其田，耕者治其村"的治理方案。

受限于样本容量太大，夏新民选取了湖南攸县农村中以种植双季稻和单季稻、夹种大豆为生的农户为考察对象，主要包括界江、丁家屋场、杨家屋场、上屋场、新屋场、老屋场、洲上、丁家垅、罗家潭、康家桥、牌坊前、堆里屋场、黄家岭下、双江口、荷叶塘、邱家、杨家、高桥、江下屋、茅坪桥等共计 40 个村庄，896 户农户。通过调查，夏氏认为："湖南攸县的农民家庭组合形式为小家庭聚居，有地的农户所占的比重较小，大多都是租佃地主土地，故而为了满足家庭需要，40％以上的农户拥有副业，尽管如此，绝大多数农户仍然不能过安康的日子，长期处于贫困状态。故而，受教育程度低下即可想而知。据统计，该地 75％以上为文盲，文化程度的落后，使得当地民众迷信色彩浓厚。"② 最后，夏新民发出了中国广大农村亟待有效的措施和方案，走上安康之道的激切呼声。

欧阳鐼对湘南傜山的傜民进行了详尽的调查，这也是少见的对边疆少数民族聚居地进行的调查。本次调查自 1948 年 7 月 29 日进傜山（桂阳、新田、常宁、宁远四县交界）起，一直持续到 8 月 21 日出傜山时止，共历时二十三天，考察了东源冲、里源田、大溪源、金贵冲、秥木冲、石坑源、欧莱源、掉水源、竹里坪、菜帝源、土沙源等 11 处。调查采取了文献调查与访谈结合的方式，在充分利用传世文献以及省志、县志的基础上，通过走访调查，了解傜人的地理分布、人口状况、经济生活状况、社会组织情况、风俗习惯、宗教信仰、语言文字等内容。③ 这一调查为少数民族民众的生活史研究积累了丰厚的素材，即便在当代仍有很高的利用价值。

1949 年，岭南大学文学院经济商学系吴瑞玒、谈锦成、曾森、张永胤对广东省新会县东南区域所属之荷塘、潮莲及外海等区域的农村经济状况进行

---

① 程焕文、吴滔主编：《民国时期社会调查丛编·岭南大学与中山大学卷》（下），福建教育出版社 2014 年版，第 538—539 页。

② 程焕文、吴滔主编：《民国时期社会调查丛编·岭南大学与中山大学卷》（下），福建教育出版社 2014 年版，第 557 页。

③ 程焕文、吴滔主编：《民国时期社会调查丛编·岭南大学与中山大学卷》（下），福建教育出版社 2014 年版，第 568—606 页。

了细致的调查,最后形成《新会县东南角农村经济概况调查报告》的毕业论文,本次调查采用问卷调查和访谈的方式,并借助各乡公所发布的统计资料数据,对调查区域的农户口数、类别、耕地面积与居民人口密度、男女性别比例、婚姻状况、农地概况、农产品产量情况、村民及儿童受教育及金融组织的建设情况进行了分类整理,认为"三乡地方自治水平低,保甲制度不完善,农户文化水平低,以外海居民居多。从农户类别来看,以耕种为主,从事经商活动的仅占2%。从男女比例来看,该村因对于劳动力的需求极大,故而盛行早婚及纳妾制,也即形成了男性多于女性的局面。从收入来看,该村因农业占比较大,农家收入主要以农产品收货程度为准,故而农产品的收成好坏即影响三乡村民的生活质量,故而在农产品歉收的时候,常依赖借贷来维持生计,高利贷成为催生农民生活不堪境遇的又一致命手段"。① 故而,调查者认为改善农村固有之金融体系,改组农村信用合作社及筹备农民银行也就成为当下之急务,以"辅助小农佃户予以通融资金之便利,使农民有改善经济生活之机会"。②

经济商学系黎素菊、杨谦臣、方辉生、张君乔、高济深、张兆祥、康同安的毕业论文以《旧凤凰五凤康乐三村农村经济调查统计报告》为题,对学校附近的旧凤凰、五凤、康乐三村的农村经济状况进行了周密的调查。本次调查以问卷调查和访谈的方式进行,但受限于村民农事活动的繁忙以及对调查工作存在误解和不配合,故而数据资料收集难度大,且显得较为零散,因此摒弃了传统的各村出独立报告的方式,转而采用了三村比较式的方式,作有限的统计分析。通过有限的调查数据,调查者认为:"三村的土地并未完全集中在大地主的手里,自耕农拥有的土地数额占了总数的49.53%,可推知三村的经济状况并不恶劣。"

1949年,华西协和大学文学院社会学系毕业生黄华琳的毕业论文以《一个贫民窟的社会生活》为题,对华西协和大学校址所在地宁村王家菜园52家

---

① 程焕文、吴滔主编:《民国时期社会调查丛编·岭南大学与中山大学卷》(下),福建教育出版社2014年版,第286—301页。
② 程焕文、吴滔主编:《民国时期社会调查丛编·岭南大学与中山大学卷》(下),福建教育出版社2014年版,第306页。

贫民的社会生活状况作了详细的调查。此次调查采用口头调查与问卷调查相结合的方式，共分两个步骤进行。其一，为概况调查。采取口头调查的方式，对数代居住于王家菜园附近居民的生活状况进行调查，同时结合调查者的实地观察，综合整理成报告。其二，为贫民家庭生活调查。主要采取问卷调查的方式，调查者发放调查表格给受访对象，并对收回的调查表格详细查阅，针对其中遗漏或失实的情况，再进行复查，以便数据的真实可靠。该调查涵盖了人口、婚姻、职业、教育、娱乐、社交、卫生等诸多面向，认为"当地教育落后，文盲率偏高，营养不良，卫生条件差，且缺乏正当的娱乐活动，社交圈也极为狭窄，婚姻大多听从父母之言，父母选择儿女配偶的条件，首重家资，对婚姻生活的幸福并不看重"。[①]

## 小 结

正如前文所述，民国时期高校的农村调查活动自 20 世纪 20 年代起已轰轰烈烈地开展起来，虽早期的高校农村调查活动多为教会大学的外籍教师所指导或亲自从事调查，国内学者的参与度低，但这些调查为国民政府了解中国社会的基本状况作了开创性的贡献。如时任清华学校教师的狄特莫教授对北京西郊的 195 家农户的生活费用状况作了调查。上海沪江大学教授美国传教士葛学溥（D. H. Kulp）亦对广东潮州附近有 650 人口的凤凰村进行了调查，对当地人口、健康、种族、经济、管理、风俗、宗教、会社、教育等情形都有详细的分析。这些社会调查均采用西方搜集事实的方法来研究中国的社会现象，为此后中国高校学者独立从事农村调查提供了经验和学术支持，相关研究的调查报告在经验性、描述性研究的基础上，朝向理论化层面发展。此外，高等学校所从事的农村调查，其参与的主体多为高校学生，这无疑也为我国培养社会调查的人才提供了帮助，也推动了我国高校社会调查学科的

---

① 何一民、姚乐野主编，袁学良、龚胜泉副主编：《民国时期社会调查丛编·四川大学卷》（上），福建教育出版社 2014 年版，第 92 页。

建立和完善。

到了20世纪30年代，国内学者逐渐成为高校从事农业调查的主力军，他们调查范围广、调查内容详尽，并且为了调查方便，特别采取在国内设立实验区的形式，如齐鲁大学龙山实验区、燕京大学清河实验区等。这些实验区的建立，一方面为高校师生从事农村调查提供场所，为师生积累了充足的经验；另一方面也便于师生们理论联系实际，为我国农村社会的发展寻求新的出路提供理论依据。此外，各实验区之间以及高校与南京国民政府之间存在紧密的联系。如南京国民政府就曾委托金陵大学对鄂豫皖赣四省及长江、淮河流域的水旱灾害等状况进行调查。特别是在1934年到1936年举行的乡村建设实验报告会议上，高等学校亦派代表参加，更是政府与高校之间紧密联系的实证。

1937年至1949年，整个中国处于长期的战争状态，给国家造成了长期的政治和经济动荡。然而，这一时期由高校主导的社会调查却并未停滞，相反也呈现出一定的发展态势，高校社会学科的组织规模也得到了扩大。主要表现为：至1947年秋，全国大学或独立院校设置社会学系的学校数量增加到22所。其中，设历史社会学系的有2校，设社会事业行政系的有1校，其教员人数计达121人。[①] 从事社会学教学的教师亦有143人，全国社会学系毕业人数亦超千人。此外，西迁至昆明的国立西南联合大学等高校，在云、贵、川等地亦进行了较为广泛的调查工作，扩大了高校农村调查的范围，调查的区域几乎遍及全国。四川大学前身华西大学等学校在四川各地所做的调查，也在一定程度上填补了四川农村调查缺失的空白。

总而言之，民国时期由各高校开展的农村调查活动具有学术性、现实性、客观性等特点。学者们运用现代经济学、人类学、社会学等科学的方法进行农村调查，同时为了确保调查的顺利展开，高校学者特别注意依靠乡村传统的社会关系取得农民的信任，让他们说实话，以获取第一手、真实精确的材料。这些特点，一方面促进了我国高校社会调查人才的培养和各高校社会调查学科的成长壮大，另一方面也有助于借助社会调查形式，为政府部门做决策提供科学的依据，进而更好地为农村发展提供支撑和可行性建议。

---

① 参见孙本文：《当代中国社会学》，商务印书馆2011年版，第239页。

## 第三章
# 民国时期高校农村调查的理论基础和方法体系

民国时期高校的农村调查开展时间早、调查人员素质高、调查范围广、调查技术与方法先进、调查内容详尽、调查时间长久。这些调查活动在借鉴西方社会调查理论的基础上，结合本土农村社会的实际情况及特殊的国情，形成了具有中国特色的调查理论，创造出更适合在中国农村开展调查的方法。

## 第一节 高校农村调查的理论指导

调查研究是探究客观事物规律，认识和改造社会的前提和基础。毛泽东即认为："没有调查，就没有发言权。"[①] 因此，科学的调查必须以科学的方法论为指导。1919年五四运动的爆发，有力地推动了社会学等学科理论在中国的传播。此后，国内各高校相继建立起社会学系，开设社会学等课程，为其开展农村调查提供了理论与人才基础。伴随着社会调查理论在中国的广泛传播，民国时期高校建构起了以"唯实求真，不尚空谈"为思想指导的社会调查宗旨。

### （一）社会调查理论

清末民初，在中国组织开展社会调查的多为当时在国内大学任教的外国

---

① 中共中央文献研究室编：《毛泽东农村调查文集》，人民出版社1982年版，第1页。

教授，主要是社会学家和经济学家，他们把西方社会学中的社会调查方法引入中国。其中，白克令对社会调查的看法代表了当时西方社会学界的主流观点，他认为："社会调查的目的是收集事实，以消除迷信和偏见。……社会调查是要掌握事实，并进行综合分析，进而改善社区生活。社会调查不仅仅是社会的摄影，只描述房屋、卫生设施、工业建设等物质状况，还要发现'社会力'，即影响社会生活诸方面相互作用的因素，包括习俗、传统、宗教思想和理念等，来解释某个城市的独特性。社会调查的结果，应当对改善社区生活起到建设性的作用。"[①]

我国社会学家言心哲先生认为："社会调查就是把社会事实列一个清单，将社会上表现出来的所有的社会状况，如人口、卫生、教育、犯罪、经济、政治、文化等社会基本情况，详细地列出一个菜单，在这个菜单内，我们可以从中找出社会问题存在的优点和缺点，从而保持良好的社会现象，解决社会中存在的问题，作为实施社会建设的理论和指导依据。"[②]

20世纪20年代留学生陆续回国，国内许多大学陆续成立社会学系，我国的社会调查研究开始逐步发展。从1918年陶孟和发表《社会调查》一文起，在接下来的20年间，国内掀起了一场"中国社会调查运动"，逐渐涌现出一批影响比较大的社会调查研究成果，如陶孟和的《北平生活费之分析》、李景汉的《北平郊外之乡村家庭》和《定县社会概况调查》、杨开道和许仕廉的清河调查、卜凯（John Buck）的《中国农场经济》；并且成立了全国性的调查研究机构，包括社会调查所、中央研究院社会科学研究所和清华大学国情普查研究所，这些调查研究机构做了大量的社会调查，尤其注重调查农业经济、农业问题和人口问题。[③]

农村调查之所以在20世纪二三十年代最早由高等院校组织开展，是因为离不开近代中国学者对西方先进理论知识的学习。据孙本文先生考证，最初

---

① 参见［美］H. S. Bucklin, A Social Survey of Sung-Ka-Hong, P. 6—8. 转引自阎明：《一门学科与一个时代：社会学在中国》，清华大学出版社2004年版，第20页。
② 言心哲：《农村社会学概论》，中华书局1939年版，第218页。
③ 参见范伟达、范冰：《中国调查史》，复旦大学出版社2015年版，第68—74、79—82页。

对社会调查方法进行系统性介绍的国人学者为蔡毓骢、樊弘两位先生。蔡毓骢所著的《社会调查之原理及方法》一书，于1927年由北新书局出版（书中标明十五年出版），蔡氏认为社会调查属于实地调查的一种，并将各类实地调查与其社会记录的等级相对应。樊弘著《社会调查方法》一书，于1927年8月由中华教育文化基金董事会社会调查部出版，在书中樊弘将任何社会问题的研究归纳为假定、观察、分析、归纳和求变五个步骤，将社会调查方法分为个体调查、全体调查和标本调查。樊氏认为："社会调查的意义，既然说是以调查社会为对象，何以个体的调查，亦要强称之为社会调查呢？须知个体调查，便是调查一个个体的社会关系。因为一个人生在世上，不外他与他人的关系。"

1928年，国立中山大学农学院的黄枯桐编写了《农村调查》一书，于当年4月间由商务印书馆出版。《农村调查》对今后的农村调查有两个方面重要贡献：第一，这本书用极简单的文字、最经济的篇幅来叙述最复杂的事情，唤醒了不少农村调查的注意者与实行家。第二，这本书很注意调查的方法，他搜集了大量农村调查的材料，并用很简单明了的文字将内容表达出来，读者一目了然。

1930年2月，燕京大学杨开道教授出版了《农村调查》一书，为其所编的"农村生活丛书"之一。据杨氏的意见，了解农村社会生活的方法有三个："一个是历史的方法，去了解过去的农村社会；一个是单例的方法，一个是调查的方法，都是去了解现在的农村社会生活。"[①] 他又说："调查方法就是个例方法的总和，许多的个例，便成了调查的通例。农村社会调查有两个目的：一个是学理的研究，一个是改良的根据；农村社会学者要的是学理研究，农村社会领袖要的是实地改良。"[②]

1933年出版的李景汉所撰写的《实地社会调查方法》即是西方社会调查理论在中国深入传播后的结晶。全书计分16章470页。在该书中，李氏认为：（1）中国的社会调查要特别注意应用，而不要纯为研究学理，求得知识，"为调查而调查"，要举行调查必有一定清楚的目的，使人们根据调查的结果

---

① 杨开道：《农村调查》，世界书局1930年版，第2页。
② 杨开道：《农村调查》，世界书局1930年版，第3页。

来改善社会实际生活,解决社会问题,增进人类幸福;(2)社会调查方法的内容不尽在于编制问题表格、选择标本和统计,更重要的是有辨别真伪的能力;(3)要把社会调查办得圆满成功,最重要的是使一般人尤其是老百姓接受、相信和欢迎调查,甚至到达积极帮助合作的态度;也就是要让人们不拒绝、不反对、不怀疑、不讨厌调查活动;(4)社会调查工作者要具备浓厚的兴趣和强烈的信仰,这样才能取得社会调查的成功。李景汉还总结出社会调查对于中国的十大益处:(1)社会调查能促进产生建设国家的具体办法,能帮助寻找民族自救的出路;(2)社会调查可以尽快使中国成为有条理的现代国家;(3)社会调查能帮助人们正确地认清中国民族社会的特点;(4)社会调查是建立中国社会学的基础;(5)社会调查能帮助人们彻底了解中国的社会问题;(6)社会调查使有志救国者,尤其是青年,多用理智,少用感情;(7)社会调查能使民众具有相当的公民常识,不易受奸人的欺骗;(8)社会调查能提高人们的公共精神,增加合作的效率;(9)社会调查能预防灾祸;(10)社会调查可以免除一些国耻。① 从上可以看出,在李景汉看来,社会调查具有划时代的意义,能够融合东西方的长处,通过借用西方现代科学文明的成就来认识和改造中国传统社会,同时保存中国传统文化的精髓。

总的来看,民国时期出版了多部阐释社会调查的理论类书籍,如表3-1所示。

表3-1 民国时期主要的社会调查类书籍②

| 书籍名称 | 作者 | 出版时间 | 内容概要 |
| --- | --- | --- | --- |
| 《社会调查》 | 张镜予 | 1924年 | 分为两编;第一编绪论,论述了社会调查的目的、方法和沈家行实测的经过;第二编调查,为沈家行实测报告;附录有《调查应用问题》 |

---

① 钱颖一、李强主编:《老清华的社会科学》,北京大学出版社2011年版,第273页。
② 本表所引书目主要参考北京图书馆编:《民国时期总书目:1919—1949,社会科学(总类部分)》,书目文献出版社(今国家图书馆出版社)1995年版,第216—218页。

续表

| 书籍名称 | 作者 | 出版时间 | 内容概要 |
| --- | --- | --- | --- |
| 《社会研究法》 | 杨开道 | 1930年 | 分为社会现象、社会的科学研究、社会研究方法、题目的选择、书目的编制、书籍的参考、问题的分解、材料的搜集、材料的整理等九章 |
| 《社会调查法》 | 于恩德 | 1931年 | 包括社会调查总论、实施社会调查的准备、社会调查的范围和搜求材料的标准、调查材料之整理 |
| 《社会调查方法》 | 言心哲 | 1933年 | 包括总论和分论两编共十六章，主要分社会调查之步骤、社会调查之组织、实地调查方法、调查谈话、人口调查概论、中国全国人口调查之商榷、中国农村人口调查、教育调查、卫生、犯罪、失业调查等内容 |
| 《社会调查概要》 | 雷澄林编 凌绍祖校 | 1933年 | 包括七章，主要介绍社会调查的种类及方法等，附录对美国春田城调查进行了概要性介绍 |
| 《农村实地调查经验谈》 | 张世文 | 1934年 | 分六节，首先简要说明农村进行社会调查的重要性，其次分述步骤、困难、方法，最后介绍自己的调查心得及从事定县调查时用的提纲 |
| 《农村社会调查》 | 张锡昌 | 1934年 | 分九章，主要包括为什么要举行农村社会调查，农村社会调查的种类、方法，调查材料的整理，农村经济、教育、政治调查等 |
| 《农村社会调查方法》 | 张世文 | 1944年 | 分十五章，主要包括社会调查的起源与发展、中国社会调查运动、社会调查的方法、农村社会调查的准备、农村实地调查进行的步骤、农村人口、生活费、工业调查等 |

这些著作成为指导民国时期高校开展农村社会调查的蓝本。西方学者更是盛赞中国20世纪40年代所取得的社会学成就，他们认为："可以说，在第二次世界大战以前，中国是除北美和欧洲以外的世界上社会学发展得最繁荣兴旺的地区，至少在学术质量方面如此。"[①]

## （二）社会统计学的传入

社会统计学同社会调查有密切的关系，"统计学是采用大量观察法研究社会经济现象的数量方面，是一门方法论的科学"。

1900年以后，大批中国人到日本留学。他们开始把统计学理论系统地引进中国，逐渐掀起一股调查统计的潮流。最先把统计学理论带入中国的属于"旧"社会统计学派的横山雅男，他的统计观点和学说在20世纪初对我国有较大的影响。1908年，曾留学日本法政大学的孟森翻译出版了横山雅男的代表作《统计通论》。该书流传广泛，对我国的统计及社会调查皆产生很大影响，认识到统计数字的重要性。书中认为："统计学为以社会与国家动静之现象，依合法之大量观察研究其原因及规律之学科。"1909年1月，横山雅男的学生沈来诚编辑出版《统计字纲领》，其中上卷论述统计学的历史、定义、研究方法、统计的法则、统计及统计学的分类、与统计学有关之诸学科及统计机关等。他认为，"统计学者搜集各种同样社会的现象，以说明此现象具如何形状，有如何关系者也。"

进入民国后，中国统计学的理论来源不再仅限于日本，英美等国的数理统计学对中国的影响愈来愈大，数理统计学译著有：尤尔《统计学原理导论》(1914)、鲍莱《统计学原理》(1938)、King氏《统计方法》(1929)等。

1927年以后，随着统计工作的逐步开展，我国也出现了关于统计学的著作。1931年，我国著名人口学家陈达出版了《人口统计》，其中第二编"人口数量"较为系统地概述了当时西方各国人口统计的理论、方法和有关内容，如人口清查、方法效用与略史；人口清查内容；人口登记；人口估计；生命

---

[①] 参见（英）Maurice Freedman, "Sociology in and of China," British Journal of Sociology, Vol. 13, 1962, 113. 转引自阎明：《一门学科与一个时代：社会学在中国》，清华大学出版社2004年版，第301页。

率；死亡率；自然增加率等，为其后来开展中国的劳工调查提供方法支撑。在陈达看来，通过统计调查收集关于劳工状况的事实和数据在缺乏经验研究的旧中国是一项基础性的工作。换句话说，统计调查是一种结构分析的取径。只有掌握了这些基础数据，才能将劳工问题的各种形态和表现迅速地在这个总体图景中取到定位。这在统计技术引入中国之前是没有的。

1934 年陈毅夫所著《社会调查与统计学》，全书共分三编 38 章。其中该书第二编为社会调查，集中讨论社会调查的步骤、表格、材料样本以及调查实例。他认为，就社会调查的意义而言，社会调查起于对社会组织与生活的变化与复杂的真实情况的了解。这为数理统计在社会领域中的应用，为社会调查提供了有力工具。

### （三）人类学理念的引入

民国时期，较早将人类学的理念和方法运用于农村调查中的学者当属葛学溥。1919 年，由葛学溥指导上海沪江大学学生进行的广东潮州凤凰村的调查，应用了"有机的研究法"，这一方法"先将中国划分为几大文化区域，在每个区域内，按照器物、职业、社会组织及态度和理想等标准，选择有代表性的村、镇或市，作为精密考察的单位；从所考察现象的相互联系中，看社区的功用、历程及趋向，最终认清中国社会的现状及发展趋势"。[①] 此外，葛氏在进行乡村调查时所使用的静态、动态的方法，也是人类学理论在民国时期农村社会调查中的初步应用。

此外，英国社会人类学家马林诺夫斯基所倡导的功能人类学理论和方法也成为我国学者开展农村社会调查运用的又一个重要理论。当代著名学者费孝通先生在人类学功能学派的理论指导下，遵循 R. E. 帕克、R. 布朗等人的研究路径，撰写出《江村经济》一书，该书的出版开启了我国学者运用人类学研究当代农村社会状况的先河。该书"对农民生活中的许多理解和分析便说明了已经逐步摆脱早期社会调查的那种实证主义或自然主义的方法论的思

---

① 转引自阎明：《一门学科与一个时代：社会学在中国》，清华大学出版社 2004 年版，第 19—20 页。

想束缚，走向理解社会学"。①

总而言之，在西方社会学和人类学等理论的指导下，民国时期高校的社会调查工作迅捷地开展起来，调研范围也实现了由小到大，内容也逐渐扩展，调查方法也日益科学化。

## 第二节　高校农村调查的方法体系

民国时期开展的高校农村社会调查将理论与实践相结合，按照调查的主要类型、收集材料的具体方法、调查的分析方法的脉络展开，如下图 3-1 所示。

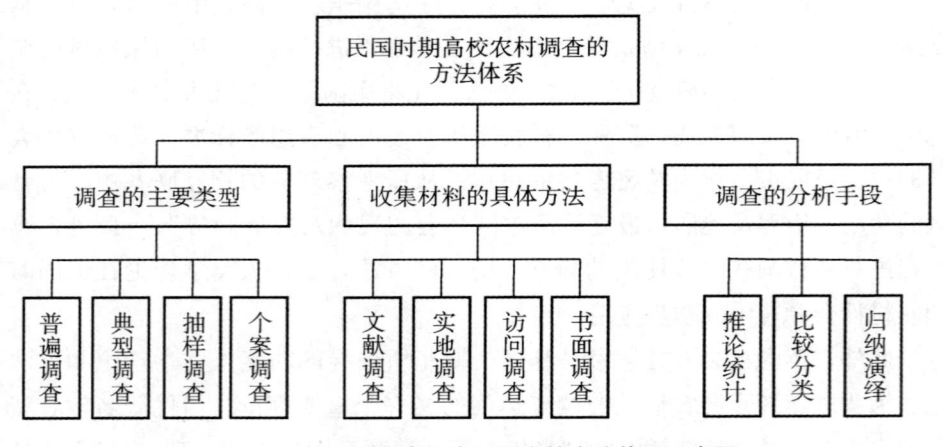

图 3-1　民国时期高校农村调查的方法体系示意图

（一）主要类型：概况调查、专题调查、普遍调查、典型调查、抽样调查、个案调查

社会调查为经世之基础，通过科学系统的方法可求得社会现象之"是"。

---

① 张蓉主编，庄龙玉、王立全、侯婧副主编：《社会调查研究方法》，知识产权出版社 2014 年版，第 32 页。

民国时期高校学者从事的农村调查主要使用的方法包括概况调查、专题调查、普遍调查、典型调查、抽样调查、个案调查等，下文试逐一分析。

1. 概况调查

概况调查也叫综合调查，主要是围绕调查对象的基本状况进行，对全部调查结果进行比较全面系统的反映。这类调查一般是就某一地区或某一单位进行的，往往涉及农村各个方面的基本情况，对调查对象的发展变化、前因后果、来龙去脉作比较详细的交代。例如，如果调查农村的经济概况，其调查主要内容涉及人口、土地耕畜农具、作物、农本生活费用、租佃制度、雇佣制度、借贷制度、田赋税收农产运销、农村组织等，具体到各个调查中则稍有差异。

戴乐仁（J. R. Tayler）主持的5省240村调查，即包括居民之考据（关于耕地面积内居民之密度、人口之年龄及性别之分配、生育率与死亡率、居住之迁徙）、家庭之大小及其组织、宅居、土地占有（守业、守业之大小与家庭之大小的关系、所有权及耕作）、乡村之职业、经济的状况（家庭之入息、华北贫民的界线、一般之经济状况）等方面。[①] 而卜凯教授组织的7省农村调查内容更为详尽，包括田场布置与土地利用（旷田制、农舍、农地的利用、田场面积的变更、地权的获有方法）、田场周年经营状况（田场企业的大小、田场之投资、收入的数量与种类、支出的数量与分配、利润的多寡与计算法）、大小最适宜的田场企业（田场大小和利润多寡的关系、田场大小和生产要素之效能的关系、大小最适宜的田场、田场过小的原因、田场过小的救济方法）、耕地所有权与农佃问题（农佃问题的限度、地租类别、自耕农半自耕农和佃农的经济状况之比较、地主的利润、公允租额与现行租额）、作物（作物制、农艺方式、作物的分布、商品作物、作物产量、作物价格）、家畜和保存地力（家畜的数量与所占地百分比、家畜的密度、田场上肥料的生产、肥料的购进、保存地力问题的重要）、田场的劳力（每一公顷所需的劳力、每一田场所需的劳力、按半月计的人工支配、按半月计的畜工支配、每种作物之人工和畜工的支配及其工作之种类、工值、人工和畜工的效能、田场劳力问

---

[①] 戴乐仁（J. R. Tayler）：《中国农村经济之调查》，见《中国农村经济实况》，北平农民运动研究会出版，1928年。

题之重要)、农家家庭与人口(农家家庭之亲属、家庭之大小、每家之成年男子单位、家庭之大小与田场大小之关系、农村人口之年龄与性别的分配、人口之迁徙、在外家庭之年龄及性别、人口密度)、食物消费(食物之消费量及其来源、食物能力之数量与来源、蛋白质之数量与来源、维他命、矿物质之成分、食物习惯)、生活程度(所用物品之分类、所用物品每项之价值、物品之来源、生活必需费、生活改进费、家具费、医药费、个人嗜好费、杂项开支)等。① 通过概况调查,我们可以对某地农村社会的一般情形有个清晰的了解。

2. 专题调查

专题调查是围绕某个问题进行的,这些调查包括农产集市粮食、手工业、农场经营、农地概况、农佃关系、雇佣制度、农村金融、赋税、手工业农产贸易、乡村城市化集市和物产调查等等。专题调查分项很细,内容也极为丰富细致,例如赋税调查,其调查内容就包括税捐名目、被税物品、纳税人或团体、征收机关、如何征收、在何处征收、何时征收、税率、全年税额、全年征收费、拨解方法、用途、征收之困难、约计全年税额、对于人民的影响、征收弊端等。调查种类包括田赋、契税、牙税、营业税、牲畜花税、屠宰税、花生木植税、地方杂捐。而集市调查中举凡时间(赶集日期、每集所占时间点)、地点及区域(本集所在地、本集所占地面积及各种摊子所占地位、本集交通地势、本集距离大城或其他有关系城镇市集、本集经济活动范围)、组织与历史(成立年代、成立经过及当时成立理由、以后变迁、组织状况、各种市集规程)、市集内人物分析(买者人群、卖者)、市集上货物分析(种类、数量、出产地、购买地、价格、交易额、各种货物总值、批发货物的研究、行市决定地点)、变换制度、金融(种类、通行范围、兑换率、行市决定地)、度量衡制、税制及负担、市集上店铺的关系及比较等,无不在调查之列。②

民国时期农村调查中的专题调查甚多,以布郎教授(H. D. Brown)组织的四川峨眉和成都的农场经营调查为例,该调查的内容包括田区之种类与

---

① 参见卜凯:《中国农家经济》,商务印书馆1936年版。
② 参见黄兴涛、夏明方主编:《清末民国社会调查与现代社会科学兴起》,福建教育出版社2008年版,第217页。

大小、田地之价值及其租费屋字、土地占有及教育、用具、种子、牲畜、家庭工业、果品、地权与人工收入、人工分配税项、肥料置造及修葺食料、人息与开销、泥质与择种、收获与家畜之出售、佣工等等。再如集市调查，举凡集市的时间、地点及区域组织与历史市集内人物、货物、变换制度金融度量衡制、税制及负担、市集上店铺的关系及比较等，这些方面无不在调查之列，足以见得调查分类之细致完善。

随着对调查认识的加深，特别是面对农村中若干具体问题时，都需要进行专题调查。对此，有学者解释："举凡土地之整理分配，业佃关系及其改善，粮食需给状况及人口问题之解决，农业金融之调剂，农民生活之改善，农民知识之提高，均须研究而施行之。调查各种作物病虫害状况以及各地水旱原因与灌溉排水情形，早定预防之策。调查农具种类，施肥情形，品种优劣，种植方法，以为改良根据。调查国有荒地状况，公有私有荒山，各省市县耕地面积及其状况，以为开拓移殖之用。调查农产品进出口数量，各地农产物储藏情形、运输情形，以便施行保证政策。调查各地雇农工价，各处农地地价，以便扶助贫农，俾耕者有其田。调查各地农户每户耕田亩数及其人口，调查各地地主与佃农雇农数目，而为田租纠纷仲裁条例之制定。调查农民经济事项与农业金融机关，成立农民银行及提倡合作事业，期为农民解除痛苦。内忧外患，纷至沓来，赋车籍马，远近骚然，农民失业，愈为众多，农村金融匮乏，瑟瑟露时，宜调查其失业人数损失数目，以求标本兼治之策。夫惩前毖后，探本穷原，欲昭苏其困苦，非先从调查入手不可。"[①]

3. 普遍调查

普遍调查简称普查，又叫全面调查，是指为了了解调查对象的总体情况，对构成总体的所有单位、因素及其相互之间关系做全面调查的方式。如人口普查，即是针对调查区域内每一个人所进行的调查。因此，因调查所涉及的区域有大有小，差异显著，故而普查也即有宏观、微观、中观等类型。简而言之，普遍调查与"中国农村派"学者韦健雄所说的"挨户调查"相似。

具体说来，普遍调查主要有两种方式：一是由调查机构指定普查表，由

---

① 杨季华：《皖北农村社会经济实况》，李文海主编：《民国时期社会调查丛编·乡村社会卷》，福建教育出版社 2005 年版。

下级单位根据已掌握的情况进行填写,这种方式适合于系统性强、材料掌握较为充分的机构。如在挨户调查土地分配情况时所用调查表,见表3-2。

表3-2　土地分配挨户调查表①

户主姓名_____　　告知者_____

(1) 本户基本情形

|  | 现在 | 民十七年 |
|---|---|---|
| 本户共有几人 |  |  |
| 16岁以上有工作能力者几人 |  |  |
| 现家从事田间工作者几人 |  |  |
| 出外工作者几人 |  |  |
| 除种田外兼做何种副业 |  |  |
| 全年副业收入可有若干 |  |  |
| 雇长工几人 |  |  |
| 有耕畜几头 |  |  |

(2) 本户分家情形

| 分家年月 |  |  |  |  |
|---|---|---|---|---|
| 分家前户主姓名 |  |  |  |  |
| 分家后户主姓名 |  |  |  |  |
| 现住本村否 |  |  |  |  |

(3) 至分家时本户所有及使用田亩之增减

|  | 民十七年 | 分家时 | 增减原因 ||||
|---|---|---|---|---|---|---|
|  |  |  | 卖出 | 买进 | 典出 | 典进 |
| 所有亩数 |  |  |  |  |  |  |
| 使用亩数 |  |  |  |  |  |  |

---

① 资料来源——郭人全编:《乡村民众教育》,黎明书局,1934年6月。

续表

|  | 民十七年 | 分家时 | 增减原因 |
|---|---|---|---|
| 租出亩数 |  |  |  |
| 租进亩数 |  |  |  |
| 押出亩数 |  |  |  |
| 押进亩数 |  |  |  |

（4）（分家时）至现在本户所有及使用田亩之增减

|  | 民十七年（或分家时） | 现在 | 增减原因 ||||
|---|---|---|---|---|---|---|
|  |  |  | 卖出 | 买进 | 典出 | 典进 |
| 所有亩数 |  |  |  |  |  |  |
| 使用亩数 |  |  |  |  |  |  |
| 租出亩数 |  |  |  |  |  |  |
| 租进亩数 |  |  |  |  |  |  |
| 押出亩数 |  |  |  |  |  |  |
| 押进亩数 |  |  |  |  |  |  |

二是组织专门的普查机构，由上而下动员起来，并派出专门的调查人员，对调查对象进行直接登记。例如人口普查就是这种形式。[①]

由于普遍调查资料是从总体中的所有调查对象那里收集的，是对全部调查对象逐个进行的调查，包括了各种不同的情况。因此，与其他类型调查相比，普遍调查具有资料内容全面、准确度高、调查结果真实性强的优点。但是普遍调查也存在一些局限性，如由于普遍调查的范围广、对象多、工作量大、耗费时间长，制约了调查选择的指标和内容，容易造成对某些情况了解不到位。正因为如此，普查的应用范围比较狭窄，适应性较小，它只适于全局性的基本情况的调查。例如，1935 年 9 月，私立福建协和学院农业经济系

---

① 参见农业部人事劳动司编：《农村社会调查研究方法》，中国农业出版社 1997 年版，第 10 页。

陈希诚等人对紫阳村的农村建设情况进行的调查，即属于运用普遍调查方法进行的农村调查。调查选取了福州附近的一座具有代表性的村落，对紫阳村174户，共有955人进行了逐一调查。再如1933年11月至1934年5月底，陈翰笙组织对广东农村的经济调查也属于运用普遍调查方法进行的农村调查。由于所选区域在全国农村经济中较有代表性，且调查深入细致，所得资料对于认识中国社会的性质具有十分重要的意义。

4. 典型调查

典型调查就是根据调查目的和要求，在对调查对象进行初步分析的基础上，从众多的调查研究对象中有意识地选择若干个具有代表性的单位进行深入、周密、系统的调查研究，以达到了解总体的特征和本质并借以认识同类事物的发展变化规律及本质的目的。因此，可以说，"典型调查是一种由点到面，由具体到一般的调查研究方法，对于分析某些农村社会经济现象的新生特征，深入而细致地分析一些具体问题以及验证全面调查资料的正确性等方面具有重要的作用和意义"。[①]

与一般调查相比，典型调查由于其所选的调查样本少且具有代表性，故而可以在较短的时间内，用较少的人力物力，对事物作出较为细致深入的研究，并从该事物内部得出对于同类事物具有普遍性的运动规律。因此，典型调查对特殊的调查研究有很强的针对性。然而，典型调查的不足之处则表现在实际操作中选择真正有代表性的典型单位比较困难，而且还容易受人为等主观因素的干扰，导致调查的结论可能会有一定的倾向性，且典型调查的结果一般情况下不易推断整体情况。同时，它要求研究者有较丰富的经验，在划分类别、选择典型上有较大的把握能力。如金陵大学乔启民教授为改良我国农佃制度存在的问题，自1924年起，历时一年对江苏昆山、南通以及安徽宿县三地的农佃制度进行了调查。本次调查所选的昆山、南通及安徽宿县三地，有其典型性。昆山代表了长江以南土地肥美、交通便利的区域；南通则代表了沿江地区实业发达的区域；安徽宿县则代表了长江以北土地肥力贫瘠的地区。通过对这三个区域的调查研究，认识到农村的农佃制度不只是经济

---

[①] 参见农业部人事劳动司编：《农村社会调查研究方法》，中国农业出版社1997年版，第11页。

制度，同时也是一个社会问题。故而，乔氏提出了官方为主，组织地主及佃户公会，实行农垦移民政策，同时鼓励佃户种植经济价值较高之作物的办法。

5. 抽样调查

抽样调查指的是按照科学的原理和计算方法，从研究对象的总体中抽取一部分个体作为样本进行调查，在对样本进行调查后，用所得到的数据以代表总体，对总体的规模、水平、结构等方面做出估计和判断。因此，以农村调查而言，抽样调查适用于对不可能或不必进行全面调查而又需要了解受调查者的全部情况。

总的来看，常用的抽样调查的类型主要有简单随机抽样、类型抽样、等距抽样、整群抽样、多阶段抽样等。抽样调查具有经济性好、实效性强、适应面广、准确性较高的优点。与其他调查一样，抽样调查也会有误差或偏差问题，但这种误差，可以在调查前根据调查样本数量和总体中各单位之间的差异程度进行计算，并控制在允许范围以内。

金陵大学农业经济系 1932 年 9 月至 1936 年开展的《中国土地利用调查》，目的是对当时民间流行的众多农业耕种技术进行总结，为全国农业生产技艺的提高和农业政策的制定提供依据。该项调查所涉及调查范围较广，为保证调查结果的可靠性采用了科学的抽样调查方法，随机抽取样本。将全国的八大农艺区域赋予数字代号，从中按随机原则抽取"一号""六号""八号"三个地区为样本，分布全国 22 个省，308 个县。中选地区又划分为若干田场，给定数字代号，并从中抽取随机"一六""七八六"号田场为样本（22 省田场样本调查次数分布见图 3-2）。根据田场调查表，详细调查田场，至少 100 家农户以上。除以田场调查为主要内容外，尚且包括：（1）就中选村及其邻村选取 250 家农户或以上进行人口调查；（2）就中选村选取 20 家农户进行食物消费调查。[①] 每个进行田场调查的地区，填地区调查表一份。每个进行田场调查的县，各填写调查表一份。农业概况依据以上调查进行估计，与调查个别农家或田场得到的结果相比，更为准确。

---

① 王德发：《中华民国统计史 1912—1949》，上海财经大学出版社 2017 年版，第 33—34 页。

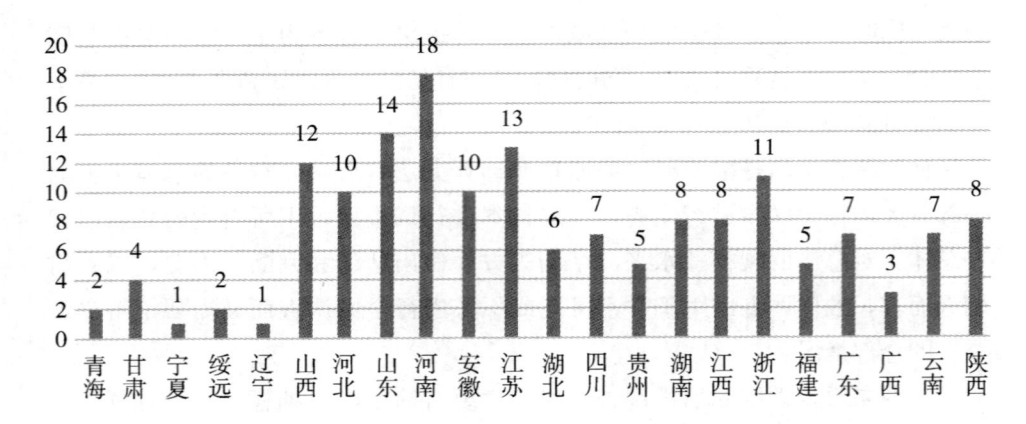

[图表：二十二省田场样本调查次数分布图。各省数据如下：青海2，甘肃4，宁夏1，绥远2，辽宁1，山西12，河北10，山东14，河南18，安徽10，江苏13，湖北6，四川7，贵州5，湖南8，江西8，浙江11，福建5，广东7，广西3，云南7，陕西8]

**图 3-2　二十二省田场样本调查次数分布图**①

#### 6. 个案调查

个案调查法是"以个人或家庭为研究调查的单位，细密的研究一个单例自身的性质与他的环境，要彻底的了解个人在他家庭里的位置，或说他与家庭的关系，再把范围扩大来讲，即他在社会里的位置，或说他的社会关系"。②简而言之，个案调查一般应用于社会、经济活动调查，或对社会生活中的各种社会问题进行专门性的调查研究。

个案调查的特点主要体现在：第一，对特定对象的调查研究比典型调查更为具体深入，把握个案的全貌，掌握其发展变化的情况和规律。第二，个案调查的目的是了解和认识个案本身的问题，因此，既区别于抽样调查，也区别于典型调查。第三，个案调查法在调查时间、安排上具有灵活性，可采取访问、文献等多种调查方法。

个案调查一般可分为四个阶段：第一阶段，根据调查的课题与目的以及调查者的条件选择个案。第二阶段，与研究对象建立良好的信任关系。第三阶段，尽可能全面地收集有关个案的各种资料。第四阶段，分析和研究，为解决实际问题或建构理论做准备。③ 见图3-3。

---

① 资料来源——卜凯主编：《中国土地利用》，金陵大学农业经济系，序言第6页。
② 李景汉：《实地社会调查方法》，北平星云堂书店1933年版，第14页。
③ 吴增基、吴鹏森、苏振芳主编：《现代社会调查方法》，上海人民出版社2018年版，第95—97页。

确定个案 ⇒ 与研究对象建立良好的信任关系 ⇒ 收集资料 ⇒ 分析和研究

**图 3-3　个案调查的四个阶段**

国立北平大学于民国二十一年（1932）在董时进指导下所进行的《河北省二十六县五十一村农地概况调查》即属于高校个案调查的实例。在这次调查中，调查者通过发放表格给河北省各县农村合作社填报，并将错误的数据发回原地重新填写，力求保证数据的正确性和研究的客观性。

**（二）具体方法：文献调查、实地调查、访问调查、书面调查**

民国时期高校的农村调查是一项科学的社会活动，故而遵循一定的方法。具体而言，高校农村调查中所运用的调查方法主要有文献调查法、实地调查法、访问调查法、书面调查法等方法，下文试着逐一分析。

1. 文献调查

文献调查也称历史文献法，指搜集和分析研究各种与调查课题有关的文献资料（如从基层汇总的各种情况汇报、统计报表、各种资料摘编、各种文件以及实地调查获取的资料等），从中选取信息，以达到某种调查研究目的的方法。它所要解决的是如何在浩如烟海的文献群中选取适用于调查课题的资料，并对这些资料做出恰当分析和使用。因此，在选取文献调查法进行农村调查时，要尽可能地广泛搜集各种文献材料，同时亦要根据调查的目的有计划地选取与调查课题相关的文献内容。

在调查研究中，文献调查具有特殊的地位。它是最基础和用途最广泛的搜集资料的方法。任何调查研究前期的课题选择、确定和方案设计，都必须先从文献调查入手，以使调查目的更为明确，使调查内容更为系统、全面和新颖，调查方法更为严谨、系统。即使进入具体调查阶段，仍然需要进行文献调查。

此外，我国是一个有着悠久史学传统的国度，境内保存有丰富的文献典籍材料，特别是修志在古代社会一直备受重视。故而在进行农村调查时，地方志作为详细描述某一地区或某一省份的自然、地理、人文、历史、社会、经济、政治、文化等概况的文献材料，具有全面性和客观性，是调查者在使用文献调查方法时应该着力搜集和使用的材料。

总而言之，文献调查法因其不受时空限制、调查便捷、成本低廉、效率高等优势，使其不仅是一种重要的搜集资料的方法，还可以作为一种独特的研究方法，完成某些课题从搜集资料到分析研究的全过程。例如，华西协和大学文学院社会学系学生伍玉和即采用广泛收集文献资料的方式，对四川省各地农村普遍存在的民间借贷现象进行了较为充分的调查，最终完成毕业论文《四川农村借贷之研究》。

2. 实地调查

实地调查是直接深入调查现场，进入一定情景中去，用自己的感官或借助观察仪器直接"接触"所研究对象，调查正在发生、发展，且处于自然状态的社会事物和现象。它能收集到直观、具体、生动的，且较为真实可靠的第一手材料。然而，实地调查也表现出一些缺点：由于是定性而不是定量的，实地调查中得出的结论只是可能的，而不是客观的、精确的与可以检验的。民国时期高校农村调查运用实地调查法的研究数量众多，如燕京大学社会学系以清河镇为研究对象进行的调查。

3. 访问调查

访问调查又称访谈法、晤谈法，是访问者通过口头交谈等方式直接向被访问者了解社会情况或探讨社会问题的调查方法。其特点是访问者与被访问者需要面对面地双向传导互动，它需要一定的访谈技巧和对访问的控制能力。同时，也需要在访谈前有预定的计划和主题，并辅之以调查表或调查问卷等工具或手段，以方便调查者有针对性地完成调查课题。

访问调查按照访问方式，可分为标准化访谈（或称结构性访谈）和非标准化访谈（或称非结构性访谈）两种形式。标准化访谈即按照统一设计的、有一定结构的问卷所进行的访问；非标准化访问是按照一定调查目的和一个大略调查提纲进行的访问。

访问调查按照调查者与被调查者交流的方式，可分为直接访谈和间接访谈两种形式。直接访谈指的是访谈双方通过面对面的形式，或设定预期地点进行访谈，或调查者深入实地与被调查者交流。这一形式计划性较强，一方面可以便于调查者直观地了解一些间接调查难以获取的信息，如被调查者的行为、特征、动机等内容；但另一方面在直接访谈中受调查者的主观因素影响较大，且被调查者因某些因素的影响，难以做出客观全面的回答，影响访谈结论的正确性。这一现象在民国时期高校调查者直接访谈时屡见不鲜。而间接访谈则主要是通过问卷等形式发放到被调查者手中进行访谈，这一形式使被调查者有充足的时间考虑问题，然而因民国时期高校的农村调查的被调查者主要是受教育程度低的农民，且当时交通不畅，故而能回收的问卷数量受限，结论的可靠性也难以保证。

如1923年秋沪江大学社会调查班的学生对上海沈家行进行的调查就属于访问调查中的标准化访谈，他们参考美国"春田城"的调查模式设计调查表，对沈家行的360位村民逐个进行走访观察。这种直接访谈的形式虽然耗时较久，但通过当面观察和判断，所得材料准确性有所提高。该调查所设计问题共分为宗教生活、地方行政与惩罚制、教育、农工商业、健康与公众卫生、娱乐和居住共七大方面，其中有关居住使用的访谈问题如下表3-3。

**表3-3　调查应用问题——居住[①]（调查表）**

（一）作图

将村中街道之位置及广阔、实业地点及性质，二三层楼房屋或其他特异房屋之位置，皆填写清楚。

（二）居住律

1. 关于乡村居住律的条文抄下。
2. 居住律是否皆一一执行？何人执行该律？
3. 不洁及有害健康的事物如何减少？该方法于近二年内常用否？
4. 村中居民自备之房屋有几家？出租之房屋为何人所有？

（三）房屋之种类

1. 造屋之材料如何？
2. 房屋间之距离如何？
3. 每屋之空地是否占该屋三分之一的面积？
4. 用木地板的房屋共有几家？

（四）光线与空气

---

① 资料来源——［美］白克令著，张镜予译，《社会调查——沈家行实况》，商务印书馆1924年版，附录。

此项可将大概情形报告（惟每户必须调查清楚）。

1. 每室之窗户面积，是否至少等于地板面积十分之一？
2. 每室之四周，可否随时随气候持报纸细看？
3. 屋内共有玻窗几面？
4. 无窗户之室有几？作何用？
5. 室内空气用何法使之流通？

（五）火险

1. 村中房屋用木料及其他易燃之料造成者，约占几何？
2. 楼房有否避火梯？
3. 火起时，居民易从屋中逃出否？
4. 厨中用何种燃料？
5. 烟囱内时起火否？

（六）卫生情形

1. 村中房屋是否清洁卫生？
2. 居民可晓避去蚊蝇之扰害么？用何方法？
3. 鼠多否？对之作如何处置？
4. 厨房之情形如何？此项亦可作概括报告。
   (1) 食物如何保护，使避去苍蝇？
   (2) 洗碗盆之器具是否洁净？
   (3) 地面是否干洁？
   (4) 豕、犬、猫、鸡等，是否喂于厨内？
   (5) 厨内有否烟灰？
5. 饮料来自何处？
6. 户内厕所有多少？是否洁净？用者多否？
7. 垃圾如何处置？
8. 家畜养在何处？
9. 卧室情形如何？
10. 房屋内之布置及家伙，是否具洁美之性质？

（七）关于品性者

1. 村中房屋内室之种种布置，是否可造成完美高燥之空气？

以下列各条，述其大概（每户须调查清楚）。

(1) 每户之卧室，是否有人数之一半？

(2) 几人居一卧室？

(3) 6 岁以上之儿童，是否与父母同一卧室？

（八）街道

每条街道调查毕事，即报告其概括。

1. 阔几何？
2. 阔度是否等于街道上最高房屋之高度？
3. 街道是否砌平？
4. 如何使街道清洁？何人担任此种责任？

4．书面调查

书面调查又称问卷调查法，是按照一定的理论假设设计一系列问题、调查项目等内容，并用书面形式通过向调查者发出简明扼要的征询单（表），由被调查者填写对有关问题的意见和建议来间接搜集研究材料和信息的一种调查手段，多适用于带有普遍倾向性的理论或具有较强学术性又有争议的问题。

由于不同调查者的调查目的、调查内容、调查方式各不相同，所以他们使用的调查问卷也存在差异。各种类型的问卷的特点简要概括如下，见表3-4。

表 3-4　各种类型的问卷的特点①

|  | 报刊问卷 | 邮寄问卷 | 送发问卷 | 访问问卷 |
| --- | --- | --- | --- | --- |
| 调查范围 | 较广 | 较广 | 较窄 | 较窄 |
| 调查对象 | 难以控制和选择，代表性差 | 有一定控制和选择，但回复问卷的代表性难以估计 | 可控制和选择，但过于集中 | 可控制和选择 |
| 影响回答的因素 | 无法了解、控制和判断 | 难以了解、控制和判断 | 有一定的了解、控制和判断 | 便于了解、控制和判断 |
| 回复率 | 很低 | 较低 | 较高 | 高 |
| 回答质量 | 较高 | 较高 | 较低 | 不稳定 |
| 投入人力 | 较少 | 较少 | 较少 | 较多 |

① 参见水延凯等编著：《社会调查教程》（修订本），中国人民大学出版社1988年版，第 206 页。

续表

|  | 报刊问卷 | 邮寄问卷 | 送发问卷 | 访问问卷 |
|---|---|---|---|---|
| 费用 | 较低 | 较高 | 较低 | 高 |
| 时间 | 较长 | 较长 | 较短 | 长 |

总的来看，调查者采用分发问卷的形式，一方面可以使调查不受时间、空间等地理因素的限制，扩大被调查者的范围；另一方面，问卷调查只需要很少的工作人员来完成，故而也可以节约人力成本，效率也能得到保证。因此，其成为进行农村社会调查时收集资料常用的方法之一。此外，鉴于农村调查的对象是有思想情感的行为个体，通过面对面访谈的形式，容易因涉及个人隐私等敏感性问题而使调查遇到障碍，而采用问卷调查的形式，受访者的身份即具有隐匿性，一方面可以消除调查对象的疑虑，另一方面也可以减轻受访者的心理压力，使他们能充分独立考虑需要回答的问题。

然而，问卷调查法也存在一些不可避免的缺陷。由于受民国时期战争频仍，交通不畅客观因素的影响，使得发放出去的问卷的回收数量难以得到保证，故而在问卷回收率难以保证的前提下，调查资料的代表性及价值容易受到质疑。况且，即便收回来的问卷，也常因被调查者主观因素的影响，或被调查者对该项调查的兴趣不大、态度不积极及因时间、精力、受教育程度低下等因素无法准确填表时，这样的问卷即便回收回来，其价值也不大，所得结果也很难真实地反映调查样本的实际情况。此外，对于比较复杂的问题，由于受篇幅的限制，被调查对象不可能只是根据表格或简要的文字对有关问题作充分的阐述，势必造成调查出来的情况不够细致、深刻，所以书面调查常常是作为调查的一种辅助方法。

### （三）分析手段：推论统计、比较分类、归纳演绎

中国共产党早期杰出领导人之一的张闻天在总结农村调查经验时称："收集材料，只是调查工作的第一步，而第二步则是研究。"[①] 他所说的研究，也就是通过对调查得来的资料的分析，并找到解决问题的办法。因此，研究民

---

① 张闻天：《张闻天文集》第三卷，中共党史出版社2012年版，第114页。

国时期各高校的农村调查,不仅其调查实践、调查资料非常重要,而且其分析资料的方法也应成为今天的学者们所关注的重点。这些分析包括推论统计、比较分类、归纳演绎,下面逐一介绍。

1. 推论统计

推论统计是建立在对调查材料进行充分统计基础上,并将所得统计数据之间所蕴涵的社会关系推论出来的一种分析手段。推论的方法一般有两种:(1)参数估计;(2)检定假设。

1948年,华西协和大学文学院学生许纯熙的《崇庆县大划乡农家经济状况调查》,所用到的推论方法就是参数估计。大划乡共有20保,住户2237家,因总数较大,许纯熙无法进行挨户调查,故采用抽样调查法,抽取100户家庭作为样本,按照提前拟定的调查表进行家庭访问,力求了解该地全家各项收支情况,以便于为该地收支不平衡的家庭提供补救措施。

2. 比较分类

人们认识事物总是从区分事物开始的,而要区分事物,就要进行比较和分类。这里所说的比较,指的是把相互联系或质上相同的两个或两类事物进行对比,从而发现其相同点和区别点。① 比较法可以说是认识事物的开始。由此,比较分类法即成为人们认识事物的基本思维方法,也是民国时期高校农村调查经常使用的调查分析手段之一。此外,由于推论统计是利用样本的统计值对总体参数值进行估计的方法,它的可靠度也常受到区间估计的影响,所以需要对诸如比较分类法等分析方法进行使用,来有效地把握事物间的共性与个性,更好地为探索事物的本质和规律服务。然而,因为事物是不断变化、运动和发展的,所以运用比较分析法进行农村社会调查时也要注意辩证地看待事物的发展变化过程,进行新的比较和新的认识。

1949年,岭南大学文学院经济商学系黎素菊、杨谦臣等7人开展的《旧凤凰五凤康乐三村农村经济调查》对旧凤凰、五凤、康乐三村的农村经济状况进行了周密的调查。在分析数据时用到了比较分析法,在统计报告中采用了三村比较的方式,对三村的人口、土地、教育、交通和卫生等方方面面进

---

① 农业部人事劳动司编:《农村社会调查研究方法》,中国农业出版社1997年版,第199页。

行了详细的比较分析，并得到了大量的调查统计表。以三村的人口婚姻状态和教育为例，见表3-5和表3-6。

**表 3-5 各村人口之婚姻状态统计表**[①]

| 分类<br>村名 | 男子 ||||  女子 ||||
|---|---|---|---|---|---|---|---|---|
| | 未婚人数 | 已婚人数 | 鳏夫人数 | 鳏夫人数对已婚男子之百分比 | 未婚人数 | 已婚人数 | 寡妇人数 | 寡妇人数对已婚女子之百分比 |
| 旧凤凰 | 172 | 148 | 33 | 22.29 | 126 | 170 | 65 | 38.23 |
| 五凤 | 190 | 132 | 21 | 15.90 | 148 | 164 | 70 | 42.68 |
| 康乐 | 198 | 142 | 11 | 7.75 | 137 | 179 | 53 | 29.54 |

按：男项——乃指户主及其家属。女项——乃指非家属无家可归，同居者。

依上表估计，三村的寡妇与已婚女子之百分比，皆较鳏夫与已婚男子之百分比为大，可见女子在丧偶后多自行过活，鲜有另择配偶的，而男子则适得其反，每每于丧偶后再择配偶。

**表 3-6 各村人口之职业及教育统计表**[②]

| 村名 | *专务农之男子 | △其他之男子 | 教育 |||||||||||
|---|---|---|---|---|---|---|---|---|---|---|---|---|---|
| | | | 男子 |||| 女子 |||| 男女合计 ||||
| | | | 识字者 | 曾入私塾者 | 曾入学校者 | 能写信者 | 识字者 | 曾入私塾者 | 曾入学校者 | 能写信者 | 识字者 | 曾入私塾者 | 曾入学校者 | 能写信者 |
| 旧凤凰 | 145 | 147 | 178 | 35 | 143 | 150 | 47 | 5 | 39 | 33 | 225 | 40 | 182 | 183 |
| 五凤 | 71 | 129 | 236 | 50 | 173 | 208 | 110 | 13 | 91 | 87 | 346 | 63 | 264 | 295 |
| 康乐 | 122 | 165 | 199 | 61 | 126 | 115 | 56 | 3 | 50 | 15 | 255 | 64 | 176 | 130 |

*凡不专务农者，均列入"其他之男子"内计算。

△"其他之男子"内不包括有职业者。

经调查，三村接近都市，都设有自办的小学，村民也前往邻近的地方上

---

[①] 程焕文、吴滔主编：《民国时期社会调查丛编·岭南大学与中山大学卷》（下），福建教育出版社2014年版，第346页。

[②] 程焕文、吴滔主编：《民国时期社会调查丛编·岭南大学与中山大学卷》（下），福建教育出版社2014年版，第346页。

学，村民知识水准远比一般农村高。旧凤凰村设有一间小学，识字者占该村男女人口总数的 30%；五凤村设有培育小学，该村识字人数占总人口的 47%。康乐村中设有康乐小学，识字人数占比达 35%。从教育水准来看，五凤村远超其他两村。但在当时我国农村教育普遍落后的情况下，三村的普遍教育也不算低了。

3. 归纳演绎

归纳和演绎是民国时期高校农村调查中经常使用的分析方法。归纳是根据对某类事物中具有代表性的部分对象及其属性之间必然联系的认识，得出一般性结论的方法。一般来说，归纳法的论证是由个别推演至一般的过程。而演绎与归纳正好相反，指的是从普遍性结论或一般性事理推导出个别性结论的论证方法，也就是从该类事物的共性、关系、特征出发，来推断出该类事物中的个体也具有相同的共性、关系及特征。

具体而言，归纳亦可分为完全归纳法和不完全归纳法两种。"完全归纳法是列举被研究对象所属各个成员属性，从中找出各个成员之间的共同性或类似性。完全归纳的前提包含着被考察对象的全体，因此，完全归纳法的结论是可靠的，带有必然性……不完全归纳法则是通过对某类对象的部分成员具有的共同属性加以考察，从而推论出该类对象都具有此类共同属性的方法。"[①]

如前所述，虽然归纳和演绎是两个完全相反的逻辑过程，但是二者之间依然存在着可以互相补充、互相渗透的一面。一方面，归纳是演绎的基础，没有归纳就没有演绎。因为，如果没有归纳，就得不出关于事物的一般结论，演绎就因没有前提而无从开始。另一方面，演绎又反过来为归纳提供依据。演绎得出的结论，是关于新的个别事物的知识，从而为进一步的归纳提供了条件。因此，没有演绎也就没有归纳。[②] 此外，二者在一定条件下也可以相互转化。

1923 年秋，沪江大学学生所做的《沈家行调查》是以归纳的方法来求取

---

[①] 农业部人事劳动司编：《农村社会调查研究方法》，中国农业出版社 1997 年版，第 193 页。

[②] 农业部人事劳动司编：《农村社会调查研究方法》，中国农业出版社 1997 年版，第 198 页。

对社会实际状况的了解。例如在研究村民的宗教生活问题时进行了细致的归纳分析，将村民分作两类：本能冲动的及为礼俗所制的。前者为感情所管，乡民聚集同工，完全为他们本能上的满意；后者为乡间遗下之传统所拘。① 在调查实测报告中，对于不易着手调查的家庭这部分内容，则大胆地根据我国家庭的普通状况来进行具体的演绎。研究者把家庭这一章列于各篇专题报告之首，另外加注说明，以使整个实测报告较全面地反映该地区的社会状况。这种做法考虑到了家庭是整个社会的基本组织，要全面了解社会状况，不得不考察家庭。可见，为了实现整个调查计划的宗旨，在条件不足的情况下，适当地采取演绎的逻辑方法应当说是允许的和必要的。

## 小 结

五四运动后，在社会调查、社会统计学、人类学等理论的广泛传播下，以高校为主体的农村调查轰轰烈烈地开展起来，出版了多部有影响的社会调查书籍，成为指导民国时期高校开展农村社会调查的理论依据。在理论的指导下，民国时期高校的社会调查工作迅捷地开展起来，调研范围也实现了由小到大，范围内容也逐渐扩展，调查方法也日益科学化。

总的来看，民国时期高校学者从事的农村调查主要使用概况调查、专题调查、普遍调查、典型调查、抽样调查、个案调查等，具体方法主要有文献调查、实地调查、访问调查、书面调查，并综合运用推论统计、比较分类、归纳演绎等分析手段。这一时期，这些调查与分析方法在高校学者进行农村调查时得到广泛使用，各高校也逐渐构建起科学的农村调查方法论体系，具有浓厚的人类学调查色彩和社会学的学科特性。

---

① 李文海主编，夏明方、黄兴涛副主编：《民国时期社会调查丛编·乡村社会卷》，福建教育出版社 2014 年版，第 12 页。

# 第四章
# 民国时期高校农村调查的主要内容

民国时期高校开展的农村社会调查范围极其广泛,覆盖全国绝大多数省市的乡村,其形成的调查报告、学术论文和学术著作保存了大量弥足珍贵的原始资料和调查数据,同时也凝聚了当时的调查人员对各种自然、政治、经济、文化和社会等问题的分析和思考,以及对理论的创新和调查方法的完善。具体来看,民国时期高校的农村调查主要涉及农工商业、土地、人口家庭、政治组织及权力运行、文教卫生、宗教民俗等方面,这一时期的高校知识分子通过对当时社会现象的敏锐观察,完整生动地再现了民国农村社会的真实图景,为我们进一步了解和深入研究中国农村问题提供了第一手的宝贵资料和十分值得借鉴的思想宝库。

## 第一节 农工商业调查

我国是一个农业人口占绝大多数的国家,农民种植的各种农作物除成为工业等其他产业发展的重要支撑外,也为人民生活提供了基本的生活资料。故而,可以说民国时期农村中农工商业等产业的发展状况一定程度上关系到南京国民政府的政局及其他各项事业的发展。因此,由高校开展的农村农工商业的调查有助于政府及时掌握农村的经济情况，为其制定相关政策提供依据。① 各高校所调查的农村社会的农工商业具体情况如下。

## （一）农业调查②

沈家行村的农业状况也是民国乡村农业发展的一个缩影。在沪江大学师生的调查中，关于农业状况的调查，划分为农夫的普通情形调查和农场的普通情形调查两类。结果显示，全村仅七八十户，人口仅 360 余人，全村只有牛三头，常年从事雇工劳动的亦仅三户，全村自有耕地者亦不足一半，仅有三十余户，农夫数量也仅占总人口的三分之一。显然，当地农业经济基础较为落后。从耕作情形来看，该村雨量充沛，土壤肥沃，对灌溉水源和化肥的需求量不大。种植的农作物主要有谷、麦、棉、豆四种，农作物产量较好，

---

① 对农村中的农工商业进行的调查，因涉及的区域不同，在调查时即呈现出多样性。陈毅夫即对农村中的农工商业调查时的要点进行了说明，主要包括："1. 农民姓名及其经济阶层（如富农、贫民等）、岁入总值、家中人数、耕作者人数、拥有土地状况等。2. 粮食种类——如米、麦、棉花等等。每年各产若干担，或斗、或升，每斗出世时之价值如何。每年盈余若干斗。如有盈余为何原因？由于节省之结果？或生产过剩，市面不景气之结果？每年缺少若干斗。如缺少又系何故，如人口太多，租税太重，或灾荒影响等等。3. 蔬菜种类——如茄子、辣椒、罗蔔等等有若干种。各种菜蔬每年产量若干斤。每年可余利若干元。或每年缺少某种菜蔬若干斤，是否从外购入补充等等。4. 水果种类。每年各产若干斤。每斤价值如何？余者是否售出，如售出，每年可获利若干。如缺少，是否由外购入。如购入约消费若干。5. 畜牧种类——如牛、羊、猪、鹅、鸭、鸡等，每年各产若干头。每头价值如何？每年可余利若干。如不足用。须从外购入多少，价值若干。6. 是否兼营他业——如农作之余兼营商业等等。如兼营他业，须指出其职务。7. 是否雇人耕耘——家中人数能耕者是否足用？如不足用，则须雇若干人助耕？雇用时期为年？为月？或为日？又每年或每月或每日每雇工工资若干。每年工资总支出共若干。8. 是否出佣于人——如果家中土地少而人口多是否出佣于人？如出佣则几人出佣；每人出佣之时期（年月日）如何；每年或每月或每日之工资若干元；每年工资总收入共若干元。9. 岁出——日常生活费（家中油、盐、柴、米、酱、醋、茶、医药等费；租税捐款，应酬、教育或其他意外之费用等等，各若干元）。"参见陈毅夫：《社会调查与统计学》，商务印书馆 1947 年版，第 170—171 页。关于土地问题将在第二节专门探讨。

② 这里的农业调查侧重农业客观基本情况的调查，主要包括农村基本状况、经济状况、粮食供给状况等，与第二节中的土地调查有所区分，二者侧重点不同。土地调查更侧重于研究土地上人的活动，包括作物种植区域的划分以及土地租佃状况等。土地调查属于农业调查的一部分，但在本研究中，土地则是加上了浓厚的人的色彩。

另种植有油菜等油料作物。此外，林地及果园在当地甚少，故而当地农民农事活动的时间主要集中在四月到六月以及十月播种季节。从畜产品来看，当地家畜品种不多，只有鸡、狗、猫等少量饲养，鹅、鸭、猪、羊数量则更为稀少。此外，调查者亦提出了一些有益于该村发展的经验，如该村农夫，应施以农业的新知识，使农产品增加。①

金陵大学农学院自创办时起就重视对农业的调查研究工作。据《金陵大学史料选》载："……调查研究：例如农业经济，农业生产及森林果树类方面之调查研究工作。其目的在了解现实，而加以改进之也。"② 正是在这一理念的指导下，该院卜凯教授等人即对民国时期中国农村的农业经济状况进行了较为细致的调查。关于农家经济，1925 年，卜凯及其学生崔毓俊在《农林丛刊》第 51 号上发表了题为《直隶盐山县 150 个农家的社会经济调查》的调查成果。此次调查涉及河北盐山县 3 个农庄的 150 户农家，农场面积共计 3671 亩。调查内容包括农场的组织与经营、农家与人口、盐山县其他社会经济等问题。经过研究他发现，盐山县土壤贫瘠、水灾频仍，食粮不足且进款很少，农民仅可勉强维持生活。通过分析农场面积大小和农家人口对农场经营的影响，卜凯提出了增大农场经营的方法：（1）增加农场面积；（2）种植较集约之作物；（3）施行较精密之耕作方法。③ 并进而提出，政府应该实行一种预防荒灾的方法，比如预防水灾，这才是改良当地农业的第一要务。

至于具体的农业生产经营及农民收入情况，金陵大学农学院经济系于 1931 年至 1935 年对安徽、湖北、江西三省开展农村调查，作为冯紫岗对浙江省兰溪县农户的抽样调查及张培刚湖北黄安县成庄村的调查的补充。关于负债，由于农业经营只有亏损，农村副业亦不发达，村户周年收支皆不能相抵，乡村人民负债成为必然。2045 家中，总计放款者 160 家，占 7.82％，共放款 56 736 元。而负债者达 1168 家，占 57.11％，共负债 210 908 元。两相比较，

---

① 参见李文海主编，夏明方、黄兴涛副主编：《民国时期社会调查丛编·乡村社会卷》（第一编），福建教育出版社 2014 年版，第 26—34 页。
② 《南大百年实录》编辑组编：《南大百年实录》（中卷）《金陵大学史料选》，南京大学出版社 2002 年版，第 57 页。
③ 李文海主编，夏明方、黄兴涛副主编：《民国时期社会调查丛编·乡村经济卷》（上），福建教育出版社 2014 年，第 168 页。

平均每家负债额 75 元 3 角 9 分。其中半自耕农每家负债最多，为 111 元 2 角 7 分；佃农每家负债 76 元 9 角 8 分，自耕农每家负债 58 元 3 角 5 分次之，佃农兼雇农每家负债 56 元 2 角 4 分，雇农每家负债 43 元 6 角 7 分又次之，地主兼自耕农每家负债 27 元 6 角 7 分，地主每家负债 6 角为较少。① 而佃农、雇农负债比例较低，非为其无需借贷，而是无处可借！正如金陵大学农村调查者所说："借款的人数，大半限于少数有资产的农民，安徽、江西、湖北几乎有百分之二十至三十的佃农，没有资金上辅助的机会。"②

另外，关于粮食供给问题，在乔启明与蒋杰合写的《中国人口与粮食问题》中，对抗战时期中国粮食短期的情况做了客观的论述：以大米、小麦为例，其种植面积最大，对国计民生的影响最大，1937 年，中国人的食料中"米的产量缺少百分之八点五，麦的面积缺少百分之九点四"。③ 乔启明、蒋杰着重分析了产生粮食短期的四个主客观原因：第一，由于帝国主义的经济侵略，农民不得不挨着饥饿用粮食换取不等价的工业品；第二，交通运输的不发达使农民的粮食不能调节丰产和饥荒，而造成有些地方谷贱伤农，而有些地方流亡载道；第三，生产方法太陈旧，不能利用新技术以从事于耕地的改良及大规模的精耕，以增加产量；第四，苛捐杂税的繁重以及奸商地主的剥削，使广大的农民陷于饥寒交迫不能自拔的惨境。针对这些不利因素，他们认为，中国的战时粮食政策，最重要的是力求消费的调节与生产的增加双方并进；同时计划分配的公平，与设立必要的统制机关，施行各种统制方法。为此，蒋杰提出了调解消费、增加生产、平均分配等一系列解决战时粮食短缺问题的基本对策。这种思考为我们探讨如何解决粮食安全、保障粮食生产和供应提出思路。

### （二）乡村工业调查

民国时期的乡村工业多以家庭为单位的手工作坊为主。1923 年，沪江大

---

① 李文海主编，夏明方、黄兴涛副主编：《民国时期社会调查丛编·乡村社会卷》（第二编），福建教育出版社 2014 年版，第 415 页。

② 徐畅著：《二十世纪二三十年代华中地区农村金融研究》，齐鲁书社 2005 年版，第 36—38 页。

③ 乔启明、蒋杰：《中国人口与粮食问题》，中华书局 1937 年版，第 34 页。

学社会调查班的学生对上海沈家行进行调查发现：工业上，沈家行虽邻近大工业中心上海，但该村工业以家庭手工业占主导。从工业规模来看，该村几乎每户都有手工纺纱机，另还有手工织布机 20 余架，榨油机 1 架，石臼数座，以及簸谷机、手摇纺线机、轧棉机等。这些机器多为木石制品，比较笨重，生产效率也较为低下。虽然该村也使用新式机器，但数量少，规模不大。纺线、织布等家庭手工业在当地多为家庭妇女从事，工作时间也较为固定，如在春季多纺线织布，制作棉制品；秋末则开始补衣服，以备寒冬，显然妇女较男子要辛苦。除家庭手工业外，该村亦有手工艺作铺 21 家，按类别来分的话，主要有木匠店、竹匠店、裁缝店、鞋匠店、理发店、染坊店、铁匠店等，只是规模不大，雇工最多的也仅有 9 人，但工资较农夫高，工作时间亦只有 9 小时，自由度也较高，其产品也主要满足该村村民的需求。此外，该村亦有外出在公大纱厂工作的女工 6 名，年龄从 12 岁至 20 岁不等，多为未婚，每日工作十个小时，工资每月二角至五角，月底发放。

1934 年春，方显廷、毕相辉进行坻县乡村工业调查，历时一年，最终形成《由宝坻手织工业观察工业制度之演进》。此次调查涉及宝坻县的环境及手工业，该地区农民生产难以维持生计是促进手织工业发达的原因之一，同时受到西方工业刺激、特殊市场开拓和商业资本兴起的影响，呈现出华北新式乡村工业的兴起、演进及衰落过程。宝坻县是华北乡村手织工业的中心之一，以民国十八年（1929）数据为例，宝坻县生产布匹数量占河北全省的 12%，消费棉纱担数占河北全省的 11%。自民国十二年（1923）起，宝坻手织工业十年间的衰落状况如下表 4-1 所示。

**表 4-1 宝坻手织工业之衰落状况 民国十二年至二十二年（1923 年至 1933 年）**

|  | 织布机数 ||| 所用棉纱 || 织成布匹（千匹） | 售出布匹（千匹） |
|---|---|---|---|---|---|---|---|
|  | 总数 | 散工所用机数 | 主匠所用机数 | 包数（每包400磅） | 价值（千元） |  |  |
| 民国十二年 | 2387 | 8180 | 3207 | 513 140 | 11 239 | 4783 | 4589 |
| 十七年 | 10 158 | — | — | 32 000 | 7417 | 3200 | 3269 |
| 十八年 | 9841 | — | — | 31 000 | 7629 | 3100 | 3010 |
| 十九年 | 8412 | — | — | 26 500 | 5963 | 2650 | 2686 |

续表

| | 织布机数 | | | 所用棉纱 | | 织成布匹（千匹） | 售出布匹（千匹） |
|---|---|---|---|---|---|---|---|
| | 总数 | 散工所用机数 | 主匠所用机数 | 包数（每包400磅） | 价值（千元） | | |
| 二十年 | 7646 | — | — | 21 409 | 5100 | 2141 | 1975 |
| 廿一年 | 6462 | — | — | 18 095 | 3756 | 1810 | 1754 |
| 廿二年 | 4825 | 375 | 4450 | 13 473 | 3464 | 1351 | 1609 |

如上表可见，至民国二十二年（1933）宝坻手织工业织成布匹和售出布匹数量均不足民国十二年（1923）的四分之一，手织工业明显衰落。方显廷等认为，宝坻的布业为农村社会中的新式组织，起始于旧式家庭工业，利用农余时间、本地棉花及土纺棉纱，所织布质自属粗劣，多供家庭之需，如有剩余，即就当地市场出售之。宝坻农民织布为副业，每人皆可从事，彼此竞争激烈，且僻处长城以南，布匹销路不佳，遂致衰落。[①]

### （三）农村商业调查

关于民国时期的农村商业，沈家行村的商业有一定的规模。从数量上来看，据不完全统计即有47家，分属杂货、饭店、酒店、蔬菜水果店、茶店、猪肉店、糖食店、豆腐店、药店、柴店、衣庄店等类型，出售米、酒、油、盐、蜡烛、纸钱、糖、扫帚等满足村民基本生活需求的日用百货，由本地生产的产品较少，不及上架销售的百分之一，棉花及其他农产品也多有销售，主要满足当地及周边农村需求而开办，因而平均资本多在四五百元左右，缺乏规模大的店铺。各店铺的营业时间大体每日从上午6时开业，持续到晚9时，也有开到夜半时分的。总的来看，营业时间与农事活动的忙闲有一定的关联，一般多在4月至9月较忙，此时获利也颇丰。不过，由于商店主人及雇工均非商界专业人士，店内货物种类也不多，尽管营业时间很长，但获利颇少，工资亦较低。

北平清河镇的商业状况也比较典型。1928年秋，燕京大学社会学系以清

---

[①] 李文海主编，夏明方、黄兴涛副主编：《民国时期社会调查丛编·乡村经济卷》（中），福建教育出版社2014年版，第557页。

河镇为研究对象进行为期两年时间的调查。清河是农产品收集、销售、制造的集镇，从调查得知，只有粮店收集农产品，其他商店供给日常生活用品，具体如图4-1所示。

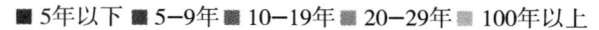

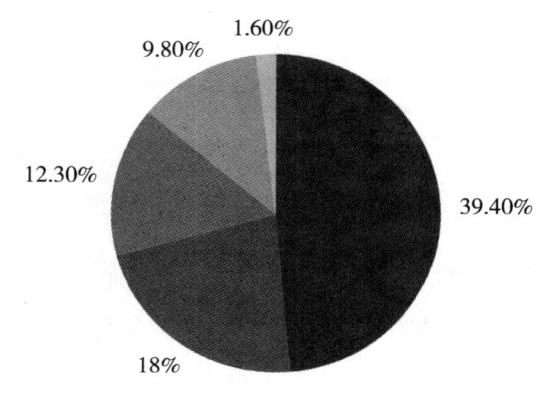

■5年以下 ■5—9年 ■10—19年 ■20—29年 ■100年以上

39.40%
18%
12.30%
9.80%
1.60%

**图4-1　清河镇商店开设年限**①

由上图可见，在调查的122家中粮店有18家，占全数14.7%；其余按数目的多少依次为绒线店、烧饼铺、杂货铺、小店、理发铺、饭馆、茶馆、药铺、羊肉铺、铁器铺。清河商店大小程度不同：小的只有1个人经营，大的雇用18个人，平均每家5个人。这些商店的开设年限各有不同，在此122家商店中，近五年开设的较多，有48家商店，而鲜有百年以上的老店。清河镇虽然是一个贫穷的村镇，但有数家商店的资本超过万元，23%店资本超1000元，资本总计130 545元。商店资本具体情况如下图4-2所示。

---

① 数据来自——李文海主编，夏明方、黄兴涛副主编：《民国时期社会调查丛编·乡村社会卷》，福建教育出版社2014年版，第4—5页。

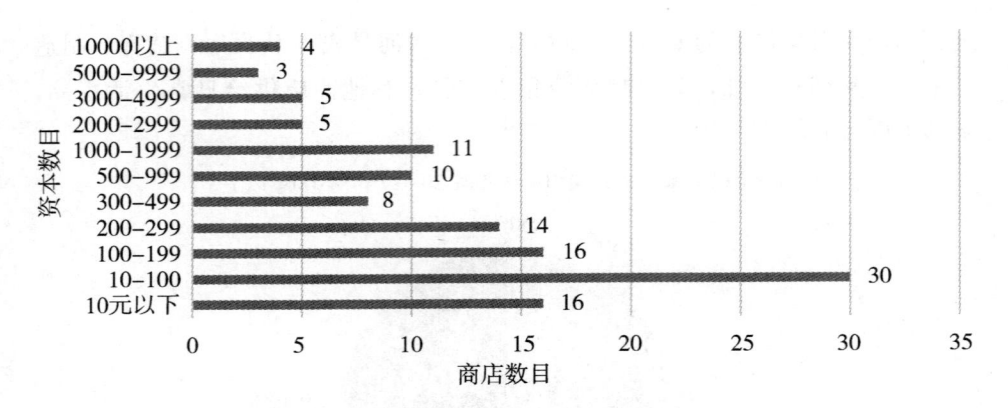

## 图 4-2 清河镇商店资本情况①

| 资本数目 | 商店数目 |
|---|---|
| 10000以上 | 4 |
| 5000–9999 | 3 |
| 3000–4999 | 5 |
| 2000–2999 | 5 |
| 1000–1999 | 11 |
| 500–999 | 10 |
| 300–499 | 8 |
| 200–299 | 14 |
| 100–199 | 16 |
| 10–100 | 30 |
| 10元以下 | 16 |

该村商店中最大的是一个当铺，拥有资本 12 000 元。其次较大的商店为几家粮店：平均每家资本约为 3900 元。再其次为杂货店、绒线店、盐店、药铺、茶叶铺、磁器铺，总共 37 家；平均每家资本为 3224.30 元。这 37 家共有资本 119 300 元，约占清河全资本 91.4%；其余 95 家共有资本 1124.5 元，约占清河全资本 8.6%，平均每家资本仅有 132.3 元。

黄迪在其 1938 年出版的《清河村镇社区：一个初步研究报告》报告中，呈现出清河村镇社区的商业情况。清河社区内各村庄的农家不便于每日到镇上购买日用品，于是各村就有一些小铺子供给他们此类货品。村庄中商店数目多少视村庄大小而定，少者三家，多者二三十家，最多的亦不过 32 家。社区内 41 村共有 256 家店铺，其中主要有杂货铺共 64 家，豆腐铺 22 家，烧饼铺 16 家，鞋作坊 13 家，客店 13 家，肉铺 12 家，粉房 12 家，药房 12 家，煤铺 8 家，大车铺 7 家，其他商店数量较少。此外，黄氏认为："从'交换'的角度看，农家对外经济交换的主要对象，不是其他农家，而是各种商店。农家对外的经济交换，最重要的是以自己所生产的农产品（除留下一部分供给自己消费外），去换取生活上所需要的制造品。此项制造品既大都不是本社区的产物，而一般农家对于它们又有所需求，于是便有一班商人在村中和镇上开设各种店铺，一面将外地货物运销于本地，一面又将本地农民的剩余农产

---

① 数据来自——李文海主编，夏明方、黄兴涛副主编：《民国时期社会调查丛编·乡村社会卷》，福建教育出版社 2014 年版，第 4—5 页。

品，转售于外方。可见商店根本是专为这种交换功能而存在，而这种经济关系的重心也就在于商店了。"①

如上所述，中华民国建立后，农村社会的农工商业均发生较大变革，通过设立农业技术推广机构，创办农林试验场，扩大手工产业规模，改变经营方式，繁荣商业贸易等举措，各地力图推进农工商业的发展，改变农村的落后面貌。然而，因经济体制的制约，加之战乱频仍，农村的农工商业一直处于低水平，发展迟缓。

## 第二节 土地问题调查

土地问题是我国农村最基础的问题之一，其中尤以土地归属问题最为显著。民国时期，关于我国土地利用情况的调查，大概从20世纪20年代末发端。这一时期，中国农村经济日渐破产，由此引发的农村问题也吸引了越来越多学者的关注。正如《太平洋国际学会资助本校作全国土地利用调查》一文所说："整个农村经济之破产，实为今日中国之致命伤，地利未尽，人谋不减，农业衰退，伏根已深，国人侈言农业者，类多昧于农业之现状，欲术其病，须明病源，土地为一切农业之母，故土地利用之研究，实为当务之急。"②对农村中的土地问题所进行的调查，因各地情形的不同在调查时呈现出多样性。陈毅夫即对农村中进行土地调查时的要点进行了说明，他说："在进行农村土地调查时应注意以下几点：1. 地主姓名。2. 地名。3. 面积。4. 土地情形。5. 备考。"③ 总的来看，这一时期高校的农村土地问题的调查以金陵大学和国立清华大学为主，试分述如下。

---

① 李文海主编，夏明方、黄兴涛副主编：《民国时期社会调查丛编·乡村经济卷》（中），福建教育出版社2014年版，第47页。

② 《太平洋国际学会资助本校作全国土地利用调查》，参见《南大百年实录》编辑组编：《南大百年实录》（中卷）《金陵大学史料选》，南京大学出版社2002年版，第270页。

③ 陈毅夫：《社会调查与统计学》，商务印书馆1947年版，第169页。

### （一）土地利用问题

金陵大学农学系对土地利用问题的调查颇具代表性。[①] 在太平洋国际学会等机构的资助下，该系自1929年起，历时五年，在卜凯等先生的主持下，采用抽样调查的方法，将全国划分为若干自然区，对华北之青、宁、甘、陕、豫、晋、冀、绥、辽、鲁；华中之川、鄂、湘、皖、苏、浙；华南之闽、广诸省的土地利用情况进行了调查。共得"某调查表110份，地区调查表150份……人口调查表33 914份，农家食物调查表1657份，生命统计表9519份，及农事、房屋、衣服等调查表各数十份"。[②] 总计对我国22个省、168个地区、16 786个农场和38 256个家庭进行调查研究。

该项调查所涉及范围较广，为保证调查结果的可靠性，采用了科学的抽样调查方法，随机抽取样本。样本为"一六八"地区，其中"一六""七八六"分别为田场，其含义为所选地区根据农艺方式区域而定。农艺方式区域的划分，以各种农作物占用农民劳动力达20%或以上，而其地区达数县或十余县以上为标准。如全国分为小麦地区与水稻地区（具体见图4-3）。

---

[①] 该系是我国最早从事高等农业教育的教学机构之一，于1914年由裴宜理先生创办。后在芮思娄、过探先等诸先生的主持下，获得了初步的发展，最终奠定了该系教学、研究、推广三重事业并重的格局。参见张宪文主编：《金陵大学史》，南京大学出版社2000年版，第22—25，291—310，328—331页。

[②] 《南大百年实录》编辑组编：《南大百年实录》（中卷）《金陵大学史料选》，南京大学出版社2002年版，第271页。

| | 土地总面积 | 耕地面积 | 农业人口 | 田场调查次数 |
|---|---|---|---|---|
| 水稻地带 | 67% | 49% | 59% | 58% |
| 小麦地带 | 33% | 51% | 41% | 42% |

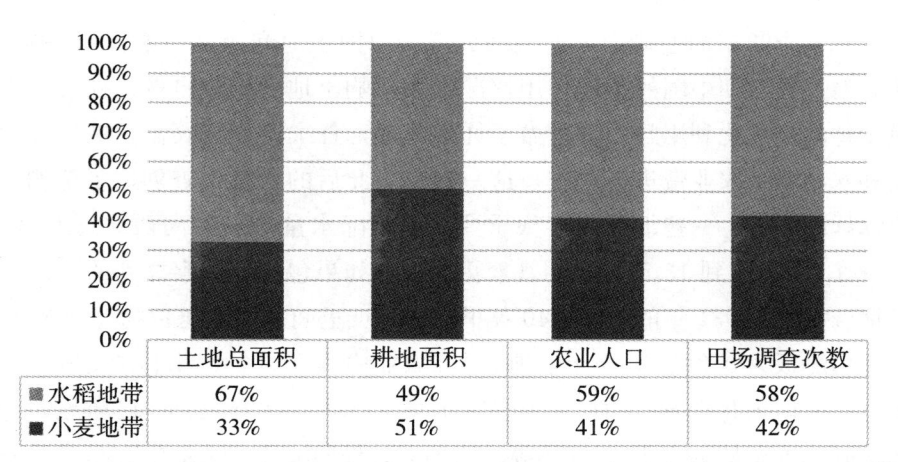

图 4-3 水稻和小麦地带田场调查次数与土地总面积、耕地面积及农业人口的关系[①]

而小麦地区又分为春麦区、冬麦小米区及冬麦高粱区，水稻地区又分为扬子水稻小麦区、四川水稻区、水稻茶区、水稻两获区与西南水稻区共八大农艺区域（具体见表 4-2）。

表 4-2 八大农区田场调查次数与土地总面积、耕地面积及农业人口的关系[②]

| 地区 | | 各区各项所占总额的百分比 | | | |
|---|---|---|---|---|---|
| | | 土地总面积 | 耕地面积 | 农业人口 | 田场调查次数 |
| 小麦地带各区 | 春麦区 | 9% | 7% | 4% | 8% |
| | 冬麦小米区 | 11% | 9% | 6% | 12% |
| | 冬麦高粱区 | 13% | 35% | 31% | 22% |
| 水稻地带各区 | 扬子水稻小麦区 | 8% | 12% | 16% | 23% |
| | 水稻茶区 | 18% | 12% | 16% | 16% |
| | 四川水稻区 | 11% | 14% | 11% | 5% |
| | 水稻两获区 | 11% | 6% | 11% | 7% |
| | 西南水稻区 | 19% | 5% | 5% | 7% |
| 合计 | | 100% | 100% | 100% | 100% |

---

① 资料来源——卜凯主编：《中国土地利用》，金陵大学农业经济系，序言第 4 页。
② 资料来源——卜凯主编：《中国土地利用》，金陵大学农业经济系，序言第 4 页。

在调查数据的基础上，卜凯编成了《中国土地利用》一书。[①] 该书分三册，对民国时期中国的土地利用情况以及影响土地利用的自然、社会因素以及土地的最优化利用问题等都做了详细论述，首次将我国农业区域划分为小麦和水稻两个农业带进行调查，这一划分为此后的农村调查创造了范例，具有深远的影响。一些细节内容很重要，如"降水量自东南向西北逐渐减少，悬殊在85英寸到13英寸之间甚至更少——如果包括本考察之外的沙漠地区的话"。按照1931年的价格，40英里到300英里间挑夫运送货物花费为1.62元，用舢板为0.39元。至于耕地，"在农业中国大约140万平方英里的土地中（不包括东北三省），有34万平方英里，即大约四分之一是已耕地，并不次于其他国家从12%到45%不等的比率。另外四分之三土地中有略多于一半的地生长树木以及作为燃料的苇草。但有五分之一以上的土地为森林，12%是草原。在这部分土地中有十分之一以上为可耕地……整个土地的27%种植了谷物，4.6%为草原，8.7%为森林，余下的59.7%有其他用途或是没有使用价值"。农业区近90%以上的土地种了农作物。占十分之一面积的池塘中的十分之三养了水生植物或鱼类。……草原仅占农业区的1.1%，而在美国则占47%。这是中国与美国和其他西方国家农业的巨大差异。因为人们多食素，因此使已耕地中每平方英里1500人的人口密度成为可能。

1941年10月至1942年1月，国立清华大学国情普查研究所苏汝江等组织人员对云南昆阳的农村经济情况进行了调查。通过这次调查发现，昆阳农村可耕地面积为200 079亩，仅占总面积的27.2%，可耕地数量不足，荒地较多。而可耕地中受地形因素的影响，大多数为水田，占62.5%，呈长条或椭圆形分布，旱地及苗圃占37.5%，水田约为旱地的两倍，耕地利用的集约化程度较高。从土壤肥力来看，当地中等肥力土地占比较大，为46%，上等肥力土地占比最少，为24.5%。从土地所有权来看，当地绝大多数土地属于自耕农与半自耕农所有，地主兼自耕农占比最少，可知土地所有权分配比较均匀。

---

[①] 通过这次调查，一方面培养了国人掌握土地利用问题的调查方法，以备不时之需；另一方面，对中国农村土地、人口等项做了精确的调查统计，为政府农政设施建设提供了依据，同时也弥补了国内缺乏农业精确统计的遗憾。

## （二）土地租佃情况

1926年，金陵大学乔启明对江苏昆山、南通，安徽宿县的农佃制度进行比较研究。根据调查结果，各处收租的方法分为两种，即地主收租与佃户送租。地主收租又可分为两种，即地主亲自出外或派人收租。佃户交租亦有两种，即佃户送至地主家中与送至租栈。按收租法，各处乡俗不同，且随各种纳租法而异。就调查所得，昆山收租地主自收者，占41.4%，佃户交租者，占58.6%。亲自收租与派人收租，多用之纳租谷法，间或有因佃户不交租，而地主往收者。佃户交租法，送至地主家中者不如送至租栈者多。在南通，完全由佃户送至地主家中，不论何种纳租法，均为送租。宿县收租方法，亦分地主自收与佃户送租两种。就纳租金与纳租谷两法而论，两种收租法占比相当，但实行纳租金法与纳租谷法者，尚不及全县10%。粮食分租法在该处占90.5%，即庄稼即将收获时，地主建"仓房"，派人居住在佃户田场监视佃户，避免偷窃。每次打落后所分的粮食堆放在"仓房"内，待打落完毕，佃户将粮食晒干送至地主家中。①

佃户承租地耕种，有一定的租约程序。昆山、南通都有租约，宿具则只限于纳租金及租谷两种。昆山、南通也有地主与佃户两方各出租约为凭，租约程式如下。

### 昆山租约程式

1. 租田券

立承揽某某为因耕种今揽到某某租栈某区某图某字圩田几亩几分同中言明与每年将于洁好米〇石〇斗送至租栈决不拖欠恐后无凭立此承揽为据

中华民国　　年　　月　　日

佃户某某（押）

保租某某（押）

2. 退田券

立退田券某某今因无力耕种今将某区某图某字圩田几亩几分情愿退还某

---

① 参见李文海主编，夏明方、黄兴涛副主编：《民国时期社会调查丛编·乡村经济卷》（下），福建教育出版社2014年版，第605—606页。

某租栈决不把种如有把种情形情愿按法严究恐后无凭立此退田据存照

中华民国　　年　　月　　日

佃户某某（押）
立退佃证人某某（押）

## 宿县租约程式

1. 租田契（租金法）

立承程佃人某某为因耕种今租到某某堂名下地几亩几分同中言明每年每国交租金〇元〇角水旱不除恐后无凭立此租田契为证

中华民国　　年　　月　　日

承租者某某（押）
中人某某（押）

2. 租田契（租谷法）

立承租人某某为因耕种今租到某某堂名下地几亩几分坐落某处同中言明每年春秋两季纳交干洁好租〇斗〇升恐后无凭立此租据为证

计开春租纳麦

秋租纳高粱或黄豆

中华民国　　年　　月　　日

租种人某某（押）
中人某某（押）

由以上两地租约可见，其内容详细实用，也指出了应当严厉杜绝各种弊端。但仍相对简单，对佃户的耕种状况、作物种类栽培等方面没有条件限制。如宿县的佃户喜欢种植红芋来增加粮食产量，但地主多反对，因为红芋不便于贮藏，且耗费的地方较大，因此易发生佃户和地主间的纠纷。

关于农地租佃情形，1932年，北平大学农学院杨汝南在董时进教授的指导下，对河北省26县51个村庄的农地概况进行了调查。调查显示，农地租佃分为租入和租出两部分，本次调查4309家，租入地亩者417家，每家租入亩数1亩至74亩不等，总共4063亩。按租入地亩数组进行分析：租入5亩至

9.9 亩者最多，为 126 家。按租入地亩数而论，则 20 亩以至 29.9 亩者最多，共计 896 亩。若就租入亩数与自有土地及经营亩数比例来看，租入地各占 42.6％及 29.3％，具体如下表 4-3 所示。

表 4-3　按租入地亩数组 417 家租入地亩对于自有亩数及经营亩数之分配①

| 租入地亩 | | | 自有亩数 | 租入占自有亩数百分比 | 经营亩数 | 租入占经营亩数百分比 |
| --- | --- | --- | --- | --- | --- | --- |
| 地亩数 | 家数 | 亩数 | | | | |
| 1—2.9 | 56 | 110.5 | 771.0 | 14.3 | 873.0 | 12.7 |
| 3—4.9 | 87 | 291.5 | 1298.8 | 22.4 | 1496.5 | 19.5 |
| 5—9.9 | 126 | 771.0 | 2330.5 | 33.0 | 3053.0 | 25.3 |
| 10—14.9 | 65 | 705.0 | 1737.6 | 40.6 | 2543.0 | 27.7 |
| 15—19.9 | 15 | 253.0 | 638.6 | 39.6 | 1002.0 | 25.3 |
| 20—29.9 | 43 | 896.0 | 1736.2 | 51.6 | 2769.0 | 32.4 |
| 30—39.9 | 13 | 400.0 | 524.0 | 76.3 | 945.0 | 42.3 |
| 40—49.9 | 4 | 175.0 | 154.0 | 113.6 | 323.0 | 54.2 |
| 50—59.9 | 6 | 320.0 | 329.0 | 97.3 | 682.0 | 46.9 |
| 60 以上 | 2 | 141.0 | — | 141.0 | 141.0 | 100.0 |
| 合计 | 417 | 4063.0 | 9519.6 | 42.7 | 13 828.0 | 29.4 |

在地租形态方面，据金陵大学农学院农业经济系 1935 年 4 月至 1936 年 12 月所做豫鄂皖赣四省的租佃制度调查显示："地租形态，及全部为物租，虽有钱租但所占成数微不足道。""河南谷租 13％，分租占 79％，帮工占 8％，钱租比例极小；湖北谷租占 78％，分租占 9％，钱租占 13％；安徽谷租占 68％，分租占 26％，钱租占 6％；江西谷租占 63％，分租占 29％，钱租占 7％。"② 可见，各省土地租佃多以物租为主，钱租所占比重不大，除了城市郊

---

① 资料来源——李文海主编，夏明方、黄兴涛副主编：《民国时期社会调查丛编·乡村经济卷》（下），福建教育出版社 2014 年版，第 477—478 页。

② 金陵大学农学院农业经济系：《豫鄂皖赣四省之租佃制度》，金陵大学农业经济 1936 年印行，第 40—42 页。

区土地肥沃的菜地，而其他土地很少有钱租。

地租率不仅反映在租佃关系中业佃双方所获得的报酬，也反映出地主对农民的剥削程度。卜凯编成的《中国土地利用》一书中披露了有关土地所有制的情况："在中国，土地几乎全部私有，国家只拥有7%。大部分的土地在私人手中，然而不到1%的一小部分是属于寺庙和家族并出租给佃户。大约不到四分之三的私人土地为农民本身拥有，略多于四分之一的土地被租用。"由王智对甘肃农村经济现状的调查可知，民国时期甘肃农村"普通规例，山地一亩年缴租子一斗至二斗，原地约三斗，川地约四斗至六斗（水田较多，每垧不过二石）。尚有三七成或四六成分束捆者，即收获后将根茎叶颗束为小捆，地主分三成或四成，佃农占七成或六成。"表4-4是对甘肃12个县地租率的统计表。

表4-4 甘肃12县地租率统计表①

| 县名 | 皋兰 | 隆德 | 化平川 | 化平山 | 平凉夏 | 平凉秋 | 静宁 | 固原 | 榆中 | 景泰 | 靖远 | 定西 | 秦安 | 徽县 | 平均 |
|---|---|---|---|---|---|---|---|---|---|---|---|---|---|---|---|
| 纳租古法地主所得 | 3.0 | 0.5 | 1.5 | 0.5 | 1 | | 2 | 0.1 | — | — | — | — | — | — | — |
| 分租法地主所得 | 75 | 12.5 | — | | — | | — | — | — | 20 | 40 | 30 | 30 | 50 | 35.3 |
| 分租法 | 25 | 87.5 | — | | — | | — | — | — | 80 | 60 | 70 | 70 | 50 | 64.7 |

民国时期，中国的土地关系仍然以封建半封建土地制度为基础，小农租佃经营占统治地位，它表明土地权集中和使用分散的矛盾依然尖锐。当时的小农经营主要是小农租佃经营，田场狭小，"靠天"种地，资金匮乏，畜力不足，农具简陋，肥料短缺，技术改良困难，劳力浪费严重，剩余劳动租少，加上苛租、重税、高利的盘剥，必要劳动也被侵占，农民连最起码的生存条件都无法保证。这就是民国时期土地问题的症结所在。

---

① 资料来源——王智：《甘肃农村经济现状的解剖（续）》，《西北杂志》，第1卷4期，第42页。

## 第三节　人口家庭调查

人口，是构成社会的基本元素，建立在人口基础上的家庭，是社会调查需要厘清的基本问题之一。正如许仕廉先生在《中国人口问题》一书中所述："人口是社会与国家的原料，是文化与财富的生产者。所以要研究各种社会问题、经济问题、政治问题、教育文化问题，必从人口入手。"[①] 民国时期高等院校的农村人口家庭调查，对我国这个农业人口占多数的人口大国显得尤为重要。这些高校学者针对民国时期农村的人口性别、婚姻结构、家庭经济状况等所撰写的调查报告，直至今天都具有一定的借鉴意义。

### （一）家庭规模

家庭规模指家庭中平均人口数量的多少。纵观中国数千年的文明历史，长期以农业和家庭手工业为主的经济结构和自给自足的生产方式使家庭人口具有人多优于人少的特性，故中国历来崇尚多子女的大家庭。但是，在20世纪早期缓慢的现代化进程中，家庭户规模日趋缩小，10人以上的大家庭不再具有代表性。1930年春，国立北平大学农学院农业经济系董时进教授组织学生对河北省近25 000户农村住户的经济状况进行了调查。本次调查共计24 568户，136 696人，平均每户5.44人。从性别来看，男性占52.82%，女性占47.18%，显然男性占比较大。其家庭大小及分配如下表4-5所示。

---

[①] 许仕廉：《中国人口问题·序》，转引自：《一门学科与一个时代——社会学在中国》，清华大学出版社2004年版，第102页。

表 4-5  家庭大小及其分配[①]

| 每户人数 | 户数 | 各类户数占总户数之百分率 |
|---|---|---|
| 3 及 3 以下 | 6956 | 28.31 |
| 4—5 | 8094 | 32.95 |
| 6—10 | 7805 | 31.77 |
| 11—15 | 1299 | 5.29 |
| 16—20 | 293 | 1.19 |
| 20 以上 | 121 | 0.49 |

从表中调查数据来看，当地每户人数多在 10 人以下。

1932 年，北平大学农学院农业经济系学生杨汝南在该校教授董时进的指导下，对河北省 26 县 51 个村庄的农地概况进行了调查，其家庭大小及分配情况如图 4-4 所示。

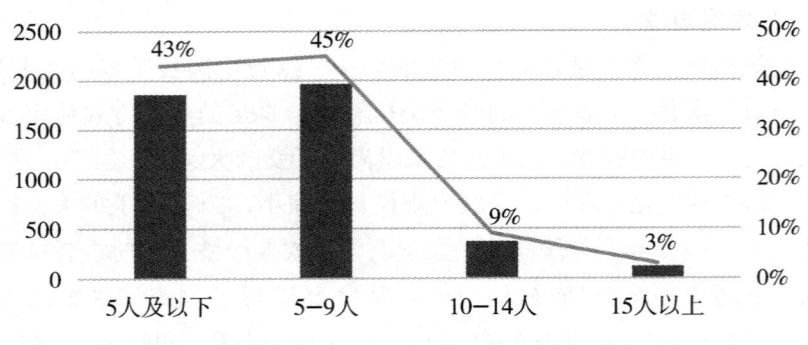

图 4-4  河北省 26 县 51 个村庄家庭大小及分配情况[②]

如图所示，人口之分配明显集中于 5 至 9 口之家庭，计 1965 家，人口共计 12 484 人；其次为 5 口以下之家庭，计 1859 家，人口共计 5482 人；再次者为 10 至 14 口之家庭，计 372 家，人口计 4208 人。

---

① 这一数据参见李文海主编，夏明方、黄兴涛副主编：《民国时期社会调查丛编·乡村经济卷》（上），福建教育出版社 2014 年版，第 179 页。

② 参见李文海主编，夏明方、黄兴涛副主编：《民国时期社会调查丛编·乡村经济卷》（下），福建教育出版社 2014 年版，第 470 页。

1935年8月至10月，国立浙江大学农学院农业社会系在嘉兴县政府支持下，由冯紫纲教授等组织学生九十余人，对浙江嘉兴县农村的人口家庭情况进行了调查。调查显示，嘉兴县的农村居民中外来人口较多。在参与调查的5113户中，外来人户有751户，占总户数的14.69%。这些外来人户主要来源于浙江、江苏、福建、湖南、安徽、河南、河北七省，从每户的人口数来看，嘉兴家庭组成人员较少，平均每户为4.19人。其中以地主兼自耕农口数较多，平均为4.82人。雇农口数最少，平均仅为2.37人。显然，占有土地的多寡，对于户均人口数的影响较为显著。

1939年，华西大学文学院社会学系毕业生田其敏对所属成都县第一区的茶店子村274户农家的基本概况进行了调查，其家庭组织情况如下表4-6所示。

表4-6 茶店子每家人口数及家数比例表①

| 全家人口数（人） | 家数（户） | 总人数（人） | 家数百分比（%） |
| --- | --- | --- | --- |
| 1 | 11 | 1×11＝11 | 4.01 |
| 2 | 32 | 2×32＝64 | 11.68 |
| 3 | 40 | 3×40＝120 | 14.6 |
| 4 | 49 | 4×49＝196 | 17.88 |
| 5 | 52 | 5×52＝260 | 18.97 |
| 6 | 41 | 6×41＝246 | 14.96 |
| 7 | 20 | 7×20＝140 | 7.3 |
| 8 | 7 | 8×7＝56 | 2.56 |
| 9 | 8 | 9×8＝72 | 2.92 |
| 10 | 5 | 10×5＝50 | 1.82 |
| 11 | 2 | 11×2＝22 | 0.73 |
| 12 | 4 | 12×4＝48 | 1.46 |

---

① 参见何一民、姚乐野主编，袁学良、龚胜泉副主编：《民国时期社会调查丛编·四川大学卷》（上），福建教育出版社2014年版，第202-203页。

续表

| 全家人口数（人） | 家数（户） | 总人数（人） | 家数百分比（%） |
|---|---|---|---|
| 13 | 1 | 13×1=13 | 0.37 |
| 14 | 1 | 14×1=14 | 0.37 |
| 15 | 1 | 15×1=15 | 0.37 |
| 总合 | 274 | 1327 | 100 |

从上表中可以看出，（1）茶店子村每家人口数以 2 至 7 人居多，合计占家数百分比的 78%，可见大家庭制度已经日渐消失，小家庭制度已经渐具雏形。（2）每户平均人口为 4.8 人，与当时全国每户平均为 5.5 人相差 0.7 人，可见茶店子农民离村现象日益严重。[①] 此外，在此次调查的 1327 人当中，男家主 267 人，女家主 7 人，男家主占大多数。

1941 年夏，受农林部及陕西省政府的委托，西北农学院组织农业经济系三年级学生黄士杰、万元钦、邵太炎、尚际连等十六人对陕西省的农业经济情况进行调查。在决定调查地点时，出于交通便利和节省经费的考虑，调查人员主要选取了关中地区的临潼、兴平二县为调查点，抽取了两县六个乡镇十个村坊的 236 户农户为调查对象。从调查结果来看，236 户农村家庭中，平均每户人数在 5.4 人，其中兴平家庭户均人数较临潼略多。从性别比例来看，男性占比较大，为 55.1%。

1941 年 10 月至 1942 年 1 月，国立清华大学国情普查研究所苏汝江等组织人员对云南昆阳农村经济状况进行了调查。通过调查昆阳的户口及家庭情况，调查者发现"昆阳户口自民国二十一年（1932）以后迭有增减，至民国三十一年（1942）为 11 282 户，69 073 人，平均每户为 6.12 人。从农户的类别来看，以半自耕农所占比例最高，占户口总数的 53.1%，地主兼自耕农所占比例最少，仅有 3.8%"。[②]

由此可见，民国时期的人口家庭调查主要涉及家庭大小和亲属关系两部

---

[①] 参见何一民、姚乐野主编，袁学良、龚胜泉副主编：《民国时期社会调查丛编·四川大学卷》（上），福建教育出版社 2014 年版，第 202—203 页。

[②] 相关数据参见李文海主编，夏明方、黄兴涛副主编：《民国时期社会调查丛编·乡村经济卷》（上），福建教育出版社 2014 年版，第 966—970 页。

分调查。家庭人口数普遍为 4 至 9 人，10 人口以上家庭占比较低，可见家庭制度已开始逐渐由大家庭制度向小家庭制度转变。大家庭制度是我国原有且独有的一种家庭制度，其组织以家族中最有权力的家长为中心，掌管一家的财产、婚姻、立嗣等大权，其妻子子女等亲属均受其支配。大家庭制度富有互助合作精神和良好的道德观念，但因同居、遗产和婚姻专制等缘故，而增加家人无谓冲突、养成家人依赖性和造成不适意的婚姻等不幸福的现象时有发生。

总之，大家庭的存在害多于利，现在已经有日暮穷途之象。以前社会组织以家庭为单位，大家庭制度兴盛，现在社会多以个人为单位，大家庭制度衰败。更重要的是，随着经济组织的变迁，交通越来越便利，每个人都有谋求职业的机会和经济独立的能力，所以分居的现象日益发生，由此大家庭制度逐渐被以一夫一妻为单位的小家庭制度所取代。此外，从调查的情况来看，平均每户人口数为 4 至 6 人，且占有土地的多少，对于家庭户均人口数的影响较为显著，乡村家庭人口数量与其土地拥有量成正比，地主兼自耕农户均人口数大于雇农。可见，农民离村现象较为严重，农村中耕地少、人口多，副业又多破产，所以农民的生活自然难以维系，只能抛弃农业逃亡到城市成为工人。

### （二）性别比例

民国时期，生育中重男轻女的性别偏好十分严重，使存活子女性别比例严重不平衡。1928 年秋季，燕京大学社会学及社会服务学系对清河的农村社会情况进行了调查。从性别比例来看，经过调查，将家庭人口之性别用表 4-7 指明如下。

表 4-7　各年龄段家庭人口性别比例[①]

| 年龄组 | 人口总数及百分比 | 男子总数及百分比 | 女子总数及百分比 |
| --- | --- | --- | --- |
| 0—14 | 528/29.1% | 304/31.8% | 224/25.9% |
| 15—49 | 954/52.4% | 510/53.5% | 444/51.5% |

---

[①] 这一数据参见李文海主编，夏明方、黄兴涛副主编：《民国时期社会调查丛编·乡村社会卷》（二编），福建教育出版社 2014 年版，第 3 页。

续表

| 年龄组 | 人口总数及百分比 | 男子总数及百分比 | 女子总数及百分比 |
| --- | --- | --- | --- |
| 50— | 335/18.5％ | 140/14.7％ | 195/22.6％ |
| 总数 | 1817/100％ | 954/100％ | 863/100％ |

由表 4-7 可知，在上述三种人口中，中年人占人口一半之多。幼年组中男性百分数最高，老年组中男性百分数占比最低。至于女子年龄组数目之差异，则不甚显著。此与男子出生较多而女子平均享高龄之学说正好吻合。若是采用惠普勒（Whipple）计算人口增加的标准，则清河的人口当算为静止。

1935 年 8 月至 10 月，冯紫纲教授也对浙江嘉兴县农村的人口家庭的男女比例情况作了分析，所调查的 5113 户中，共有 21 428 人，其中男子 11 193 人，占总人口的 52.54％，女子 10 235 人，占总人口的 47.46％，性别比例为 109.4，可见，男性占比也相对较大。

1941 年 10 月至 1942 年 1 月，国立清华大学国情普查研究所苏汝江等组织人员对云南昆阳农村经济状况进行调查，结果如下图 4-5 所示。

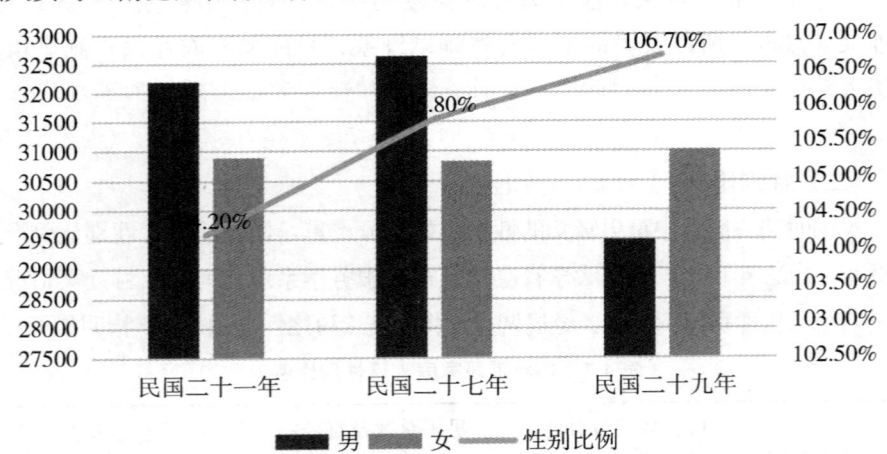

图 4-5　云南昆阳农村历次调查性别比例①

从性别比例来看，根据历次调查，民国二十一年（1932）男 32 196 人，

---

① 这一数据参见李文海主编，夏明方、黄兴涛副主编：《民国时期社会调查丛编·乡村经济卷》（上），福建教育出版社 2014 年版，第 966—970 页。

女 30 890 人，性别比例为 104.2；民国二十七年（1938）男 32 632 人，女 30 826 人，性别比例为 105.8；民国二十九年（1940）男 29 499 人，女 31 024 人，性别比例为 106.7。可见，昆明地区性别比例较为稳定，大体呈现递增的趋势。

总体来看，民国时期农村男与女的性别比例在 104％至 110％之间。分年龄段来看，0 至 20 岁都是男孩多于女孩，主要是由于在中国的习惯中，男孩比女孩宝贵，所以对男孩照顾较为小心，有些家庭生了女孩就抛弃了，部分 16 至 20 岁的女子，迫于家庭经济原因成为早嫁新娘。这部分女子因产育而死的百分率以及所生出的孩子的死亡率相对较高。21 至 30 岁的男女比例是平衡的，这时男子多已婚，未嫁的女子也出嫁了。由此以后，男子与女子数量相差不大，呈现出男子出生较多而女子平均享高龄的说法。

**（三）婚姻结构**

在冯紫纲教授的人口家庭情况调查中，对于婚姻结构也做了客观的介绍："从婚姻结构来看，当地男子平均结婚年龄以 20 至 24 岁者为最多，达 47.94％；女子的出嫁年龄则以 15 至 24 岁占比最多，为 81.78％。其中经济状况越差，女子出嫁年龄越早，而男子经济状况越差，结婚年龄越大。"[1] 显然，女子达出嫁年龄后，大多数即以出嫁，而男子则因经济地位的差异，在结婚年龄上出现一定的延迟。

在燕京大学对清河农村社会情况的调查中，基于所调查的 371 家中，有三口者 66 家，有四口者 57 家，有五口者 57 家，有六口者 45 家，有两口者 44 家。清河人口之结婚状况，以 16 岁为适当结婚年龄。不过因为各地风俗法律之不同，所以结婚年龄亦不同，约有 14 至 16 岁。兹将清河家庭可婚的人口，列表如下。

---

[1] 这一数据参见李文海主编，夏明方、黄兴涛副主编：《民国时期社会调查丛编·乡村经济卷》（上），福建教育出版社 2014 年版，第 384—402 页。

表 4-8　各年龄段家庭可婚人口比例①

| 可婚性 | 总数及百分比 | 男子总数及百分比 | 女子总数及百分比 |
| --- | --- | --- | --- |
| 16 岁以上可婚者 | 1260/69.3% | 630/66.0% | 630/63.0% |
| 16 岁以下不可婚者 | 557/30.7% | 324/34.0% | 233/27.0% |
| 总数 | 1817/100% | 954/100% | 863/100% |

在 1260 可婚者中有 804 人已结婚一次，若加上已寡居者及再婚者，则已有 1003 人系已婚者。在 1003 已婚人中，555 人系女子，448 人系男子。此数可以说明寡居之情形，计清河有寡妇 134 人，鳏夫 40 人，其比例为 3.35∶1。其原因大约有两点：一、女子寿命较长，常较丈夫多活数年；二、妻死之后多数男子再娶，而寡妇则少有再嫁者。在清河有 20 人系再婚者，18 男子 2 女子。未婚者中 175 人系男子，73 人系女子。此种现象之原因亦有二种：一因男子结婚较晚，二因男子多独身。清河家庭人口之结婚率（商店人口不计算在内）为 9.9%。若合商店及家庭人口平均言之，结婚率为 10.7%。清河男子平均结婚年龄为 20.3 岁，女子平均结婚年龄为 19.3 岁。比较夫妇之年龄，在 697 次中，61.4% 夫大于妻，25.4% 妻大于夫，13.2% 夫妇年龄相同。平均夫大于妻之年龄为 4.8 岁，妻大于夫的年龄为 2.4 岁。

1948 年，华西协和大学文学院许纯熙对崇庆县大划乡及所辖大划场的农村家庭的经济状况展开了调查。在本乡调查的 470 人中，在场 15 岁以上未婚女子最高年龄为 19 岁，男子为 29 岁，而乡下未婚女子最高年龄则为 24 岁，男子为 34 岁。就一般人的看法，中国人是早婚，但在大划场的乡下人，因为经济不平而无力结婚，这种人虽不是多数，却亦不少。场上经济因为比较活动，以男人立场说，需要主妇比乡下需要来得迫切，所以未婚年龄最高才 29 岁。15 岁以上未婚年龄男女数列表于下。

---

① 这一数据参见李文海主编，夏明方、黄兴涛副主编：《民国时期社会调查丛编·乡村社会卷》（二编），福建教育出版社 2014 年版，第 4 页。

### 表 4-9　15 岁以上未婚年龄男女数①

（甲）场上 15 岁以上未婚年龄男女数

| 年龄组 | 未婚人数 ||
|---|---|---|
| | 男 | 女 |
| 15—19 | 18 | 5 |
| 20—24 | 3 | 0 |
| 25—29 | 1 | 0 |
| 总合 | 22 | 5 |

（乙）乡下 15 岁以上未婚年龄男女数

| 年龄组 | 未婚人数 ||
|---|---|---|
| | 男 | 女 |
| 15—19 | 12 | 6 |
| 20—24 | 7 | 2 |
| 25—29 | 0 | 0 |
| 30—34 | 1 | 0 |
| 总合 | 20 | 8 |

据调查，大划乡 93 个结婚的男子中，夫妻年龄关系比例如下图所示。

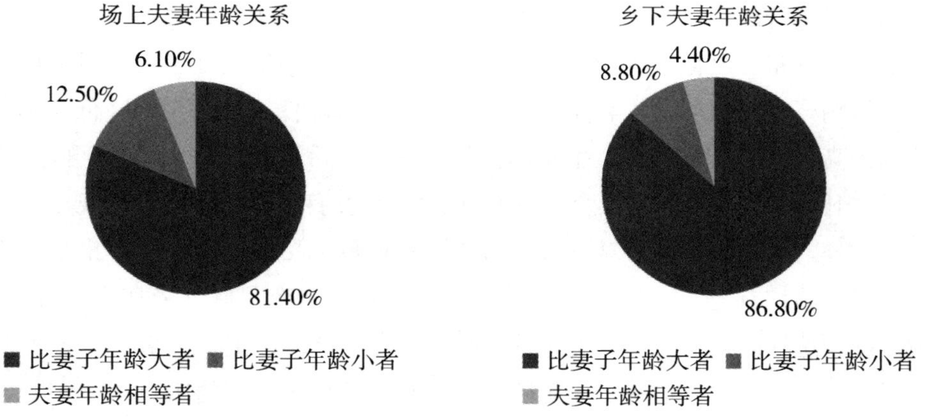

场上夫妻年龄关系
- 比妻子年龄大者 81.40%
- 比妻子年龄小者 12.50%
- 夫妻年龄相等者 6.10%

乡下夫妻年龄关系
- 比妻子年龄大者 86.80%
- 比妻子年龄小者 8.80%
- 夫妻年龄相等者 4.40%

图 4-6　大划乡夫妻年龄关系比例②

在乡下比妻子年龄大者与在场上相比高 5.4%，比妻子年龄小者低 3.7%，夫妻年龄相等者低 1.7%。因此看来，中国俗语说："男子可以长十，女子不能大一。"这话在大划乡结婚年龄中正合其意，且在乡下表现得更为明显。

---

① 这一数据参见李文海主编，夏明方、黄兴涛副主编：《民国时期社会调查丛编·乡村社会卷》（二编），福建教育出版社 2014 年版，第 459 页。

② 这一数据参见李文海主编，夏明方、黄兴涛副主编：《民国时期社会调查丛编·乡村社会卷》（二编），福建教育出版社 2014 年版，第 460 页。

根据以上几次调查结果可得，女子出嫁时的年龄幼于男子，而男女婚嫁的平均年龄相较于西洋社会早很多。譬如 1909 年，英国的男子平均在 28.88 岁娶亲，女子平均在 26.69 岁出嫁。较早婚嫁，于个人的经济、教育及生育方面，多有不利。

**（四）灾荒对人口的影响**

在灾害学研究里面有一个假说，叫人口死亡的补偿机制，就是说一个地区在遭受大灾荒之后，老百姓会拼命生孩子，结婚的比率会增大，之后生育率也会增大。蒋杰的《关中农村人口问题——关中 1273 农家灾荒与人口之调查研究》调查报告印证了这一点。他通过对关中东部的三原、蒲城、华阴三县的 618 户农民，与渭河以西的鄠县、武功、凤翔三县 655 户农民受灾荒影响的情况进行对比研究，统计分析了两个区域的灾前人口、灾后人口、死亡人数及其分布、生育率等状况，编制出版了报告，详细论证了灾荒对人口数量的影响，提出灾后的生育率突然升高，死亡率降低。死亡率的降低，生育率的提高，反而会形成一个生育的高峰，就是人口增长的一个高峰。同时提出了"凡经过灾荒欲多的社会，其人口质量退化的程度亦欲深"[1] 的观点。

此外，为了改善灾害对农村人口质量等问题的影响，蒋杰还提出了一系列改进措施：首先，实行生育革命，使人口政策与育儿制度皆切实合理化，应以社会选择政策来代替自然选择。这种社会选择政策主要包括：（1）严禁早婚；（2）打破"不孝有三，无后为大"与"重男轻女"的旧观念；（3）废除娶妾娼妓及贩卖妇女等恶习；（4）节制性欲与生育。其次是从旁的补救，包括：（1）慎防旱灾，重要措施有造林防灾、兴修水利、建仓积谷等；（2）普及教育；（3）改进农业；（4）促进农村经济组织；（5）开发实业；（6）整理交通；（7）提倡副业；（8）开垦荒地；（9）注意医药卫生；（10）改除吸食鸦片、缠足、蓄辫、迷信等恶习。[2] 这些补救办法对于当今农村社会仍有适用

---

[1] 蒋杰：《关中农村人口问题——关中 1273 农家灾荒与人口之调查研究》，国立西北农林专科学校，1938 年。

[2] 蒋杰：《关中农村人口问题——关中 1273 农家灾荒与人口之调查研究》，国立西北农林专科学校，1938 年，第 227—234 页。

性，可为解决现阶段农村人口问题提供参考依据。

通过对上述调查报告的解析，我们不难看出，民国时期，由于中华大地战争频繁、社会动荡，农村人口家庭状况呈现三个方面的特征：1. 人口质量也在不断下降，人口高出生率，高死亡率，低增长率。2. 家庭在成员范围和规模上，多数家庭、家户是等同的，也有一些家庭大于家户，家户大于家庭相对较少。3. 由于受到出生人口性别比长期偏高和人口流动性别选择性问题的影响，家庭中男女性别比例失调，男多女少，造成了许多社会问题。

## 第四节 社会组织及其权力运行调查

施坚雅在《晚清之城市》一书中指出："村庄之上的社会组织是一个相当复杂的研究课题。过去 10 年来的研究著作清楚地表明初级市场体系的内部结构比我 1964 年文中所揭示的特征更为复杂多样。市场之下的村际组织亦五花八门，如结构严密的宗族、水利社会、看清会、政教合一的会社等，不同的守护神及寺庙亦有自己的辖界。这些组织中的大部分具有多种功能，组织原则也不止一个。"[①] 村际组织就是村与村之间为了社会的、经济的、政治的合作而自发或有目的而形成的社会组织。高校调查也涉及村际组织的权力运行情况，这些农村社会组织主要包括农会、青苗会、哥老会、守菁团等组织。

### （一）农会

农会作为农村的一个重要组织，首先诞生于西欧，由于工业革命的发展，农业生产的规模与效率也日益扩大，农产品的贸易竞争也日益激烈，为了求得生存发展，合作性的组织也就自发产生了。从最初的基层组织到逐步扩大，最后形成全国性的农民自助合作组织。

---

[①] 参见［美］施坚雅：《晚清之城市》，转引自［美］杜赞奇著，王福明译：《文化、权力与国家——1942 年的华北农村》，江苏人民出版社 1996 年版，第 15 页。另施氏市场体系理论参见所著《中国农村的市场与社会结构》一文。

我国农会在晚清设立，起初士绅设立农会原因是期待发挥同商会类似的功能，如一切蚕桑、森林、渔业、畜牧等在农会的组织下逐渐发展起来并创造利润，但创立之后仅仅局限于求学讲学，并没有发挥农会应有的作用。中华民国成立后，农会得到了很大发展，规模、数量大幅增加，如表4-10所示。

表4-10　各省市农会数目（截至1940年1月底）[①]

| 省市别 | 农会数 |
| --- | --- |
| 总计 | 26,844 |
| 江苏 | 5,369 |
| 浙江 | 2,180 |
| 安徽 | 555 |
| 江西 | 203 |
| 湖北 | 238 |
| 湖南 | 69 |
| 四川 | 1,565 |
| 西康 | 33 |
| 河北 | 5,833 |
| 陕西 | 43 |
| 甘肃 | 358 |
| 青海 | 8 |
| 福建 | 789 |
| 广东 | 699 |
| 广西 | 120 |
| 云南 | 414 |
| 贵州 | 318 |

---

① 中国第二历史档案馆：《中华民国史档案资料汇编》（第五辑 第二编 财政经济〈八〉），江苏古籍出版社1994年版，第24页。

续表

| 省市别 | 农会数 |
| --- | --- |
| 察哈尔 | 445 |
| 绥远 | 125 |
| 宁夏 | 8 |
| 南京 | 28 |
| 上海 | 15 |
| 重庆 | 7 |

有关农会的政治权力及运行状况，根据民国三十二年（1943）金陵大学农学院对四川省农会的相关调查，农会的活动主要有：编制每年该区农业状况的报告给主管官署；向主管官署建议农业改良进行事宜或回答主管官署关于农事上的咨问；荒歉之岁将荒歉状况调查及救济方法呈报主管官署；省农会须设农产品陈列所供参观；府县农会须派人巡讲农事改良技术；设立冬期学校教授农民农学大意；等等。其政治权力包括：其一，掌握行政权。在行政决策权方面，按县和县以下采取了不同的策略。在县一级，农民协会组织与旧县政府分享政权，"凡事取决于县长和革命民众团体的联合会议"，从而限制了县长的行政决策权，也使"警备队、警察、差役，一概敛迹，不敢下乡敲诈"。在县以下，农民协会利用掌握的区乡政权，铲除吸食鸦片、赌博等各种恶习；开展筑路修桥、开荒造林；破除封建迷信，反对旧礼教，反对歧视妇女；大力兴办小学，普遍举办农民夜校等公益活动。其二，控制司法权，镇压敌对势力对农民运动的阻挠和破坏。其三，建立农民的武装。在农民武装方面，地主阶级的武装常备队、团防局等被接收，由各级农协建立农民自卫军。其四，推翻族权和绅权。农民协会"推翻祠堂族长的族权和城隍土地菩萨的神权以至丈夫的男权"。[①]

这一时期，政府通过颁布法令，从人员构成、组织、经费、活动等方面加强了对农会组织的管制。通过立法，农会的性质也发生了很大变化，它既

---

① 《南大百年实录》编辑组编：《南大百年实录》（中卷）《金陵大学史料选》，南京大学出版社 2002 年版，第 319 页。

不同于清末的单纯经济咨询性机构，也不同于大革命时期具有很强政治性的阶级斗争工具的农民协会。可见，在国民政府的指导和控制下，农会已变成了具有协助政府发展经济和控制人民职能的政府附属机构。

### （二）青苗会

华北地区青苗会的产生最早可追溯到 19 世纪初期，且 19 世纪中期以降，青苗会的职能已经由单一的看青发展成为支应官差、经管公产、办理河工、维持村庄秩序等多种职能，担负起了应对来自朝廷、地方政府的差徭等官治以及村庄范围内的自治事务。[①] 而正是鉴于"两万五千人口的生产形态、日常生计、人生仪礼、宗教信仰、交往、集市贸易的同质性、整体性和清河镇的向心力"，[②] 青苗会即进入了调查者的视野。20 世纪 30 年代，燕京大学社会学系学生万树庸即开始对北平清河镇黄土北店村的青苗会组织进行了调查。

根据万树庸的调查，黄土北店村的青苗会大体可分为两个时期：其一是庚子（1900）以前的地保时期；其二是庚子（1900）以后的会首时期。大略来看，地保一般为县政府指派，在村内应酬官差，显然地保即是警察制度产生以前的乡村地方政治领袖，承担了与县、乡等各级机构的沟通桥梁，并借此逐渐成为青苗会的早期领袖。伴随着会务的增多，人事也日益繁重，青苗会迎来了改组，逐渐过渡到会首时期。

从组织形式来看，青苗会的机构分为两个部分，其一为总委员会，其二为分委会。其中总委员会由 20 名会首组成，是青苗会的领导机构，但会首为义务职，其中的 6 人分三年轮值，每年两人，执行主席职务，同时充当村长副（一人管账，一人管钱）。2 人以外，设司账 1 人，管理会中地亩账及一切出入账，并另设司库 10 余人，负责管理会中金钱。分委会没有固定机构，多为因事临时设置。

20 世纪 30 年代以后，国民政府开始自上而下地推行地方自治制度，并督

---

[①] 岳永逸：《社会组织、治理与节庆：1930 年代平郊的青苗会》，《文化遗产》，2018 年第 2 期，第 113—120 页。

[②] 赵承信：《社区研究与社会学之建设》，《社会学刊》，第五卷第三期（1937 年），第 17 页。

促各村设立村公所，然而其结果却大相径庭。以黄土北店村来看，该村只是将青苗会改成为村公所，而该村村公所也与青苗会共用一个办事处，村长副既是青苗会有权限的会首，同时也是村公所的领导者，实质上换汤不换药。故而，村民们仍称"村公所"为"青苗会"，把"村公所"的办公人员称作"会头"。显然，"青苗会既是专门负责维持社会秩序的一种'政治组织'，还是'一种杂形的地方政府'"。①

青苗会的会员基本涵盖了黄土北店村范围内一切自耕农及佃农家庭，其人身财产等皆受青苗会的保护，入会手续也比较简单，即每年旧历的四月二十八日会首齐集关帝庙办公处，所有种地的人家均到司账面前报告种地的亩数，亩数入账之后，该地青苗即归本会照管，按照地亩缴纳地亩钱，由全村量出为入，平均摊分。不种地的人家缴纳住户捐，数额每年5角至2元不等。

此外，作为一种组织，青苗会除有主事的会头、会员之外，亦雇佣有员工若干人。按照类别，大致有三种。其一为看庙的老道，多从村中孤独的良善之人选择，留在庙内做扫地、泡茶等杂事，每年可得衣食费约百元；此外还有青夫与保安团团丁，青夫一般由种地少而有闲工夫的人充当，大秋常例，每年6人，每年总计可得工钱22元左右。另还有罚偷青的酒钱以及会员主动赠予的渣子等物。保安团为应付内战的不安定局面而设，雇佣团丁2名，月薪6元，负责服装；另亦有轮流守夜的义务职位，每夜20人为一班，多雇佣村中退伍士兵为教练，义务者多系该村种地30亩以上者子弟一人。

青苗会亦规定有严格的奖惩措施，主要分为三种类型，即针对人、钱财、酒席的处罚。人的处罚依照盗窃者的身份分为游街示众与吊打两种，针对本村人则采用游街示众的方式，外乡人则使用吊打的方式，两种方式均较为严酷，故而偷青的人极少。钱财的处罚则主要应用于牲畜践踏青苗或儿童偷玉米等情形，依据家主的情形来决定处罚力度，2元以上者名香钱，归会中公用；2元以下为酒钱，送给青夫喝酒。酒席的处罚则是针对财主等家资丰厚的

---

① 岳永逸：《社会组织、治理与节庆：1930年代平郊的青苗会》，《文化遗产》，2018年第2期，第113—120页。

人所设，多为处罚酒席若干桌及购买香烛等物。①

作为农耕文明产物的青苗会，其最初的职能只是为了保护农田里的庄稼，保证农民的收成。此后，陆续衍生出保障村民生命财产及承担一部分社会管理、组织公共活动等方面的职能。此外，青苗会亦承担了负责管理庙产等收入，应付上级机构的摊派，给青夫和团丁等发放工资收入的经济组织职能，还将用黄表纸所写的收支清单张贴于庙墙，供会员监督。虽然青苗会的势力范围只在本村，但其在村内的政治效能却大于县、乡政府，乃是"地方实际政治生活的重心"。②

### （三）哥老会

哥老会是活跃于四川地区的一个民间组织，约产生于春秋时期，在明清时期发展壮大，盛行于民国时期。有学者通过调查认为："'哥老'者，乃系以化除家族之私念，标忠义之信条，以为人生行为之轨范，无分贵贱，一般皆以哥弟称呼之。"③

据华西协和大学文学院社会学系毕业生邹良骥、吕思奎的调查，哥老会成员组成成分复杂，除有识之士外，还包括惊、培、飘、猜、风、火、爵、耀、僧、道、隶、卒、戏、解、幻、听（以业而分）等类，在四川当地亦有称之为袍哥者。其会员资格的取得较为严格，一般而言，需取得恩、承、保、引四大盟兄后，方具备会员资格。在入会之后，其成员或充当侦探，查探敌人秘密；或负责传递消息，充当信使；或参与调查，汇总消息。如此种种，不一而足。

就其组织形式而言，甚为庞大。其首领称为龙头，一般为虚职，实际负责者，一般为副龙头，两者互为助益。其下，另设置香长、盟证、总印、坐堂、正堂、护印、礼堂、执堂、新福、圣贤、桓侯、承行、执法大管事、红

---

① 参见李文海主编，夏明方、黄兴涛副主编：《民国时期社会调查丛编·乡村社会卷》（第一编），福建教育出版社 2014 年版，第 86—89 页。
② 黄迪：《清河村镇社区：一个初步研究报告》，《社会学界》，第十卷（1938 年），第 408 页。
③ 何一民、姚乐野主编，袁学良、龚胜泉副主编：《民国时期社会调查丛编·四川大学卷》（上），福建教育出版社 2014 年版，第 31 页。

旗大管事、黑旗大管事、帮办大管事、中点子、六排、八排、九排、十排、幺排等若干人，负责会内各大小事务。①

就其会规而言，也较为严格，以伦理纲常思想为协调各会员关系的重要支撑，强调忠义。总的来看，其会规随着时代的变迁，主要分为"十余条与三要；十款；十要；五伦（管事片条）；六条（护律片条）；八德（纪纲片条）；九章（挂牌片条）；十禁（辕门片条）等内容"。②

作为古代社会民间组织的哥老会，其早先以灭清复明为指导思想，以忠义为先，确也起到过一定的积极作用，然而现今之哥老会弊端百出，其所作所为，对国家民族，已是百害而无一利，故需要对其加以限制和改正。邹良骥提出了具体的改进策略："其一，积极普及教学，由高级暨各地方政府，严饬各中小学校，于公民课程时，讲述'哥老'祸国殃民之毒害，并于社会科学教材中，略加关于取缔'哥老'之材料，以根绝其来源；其二，对'哥老'成员暂停其活动，消极从旁而控制之，待其觉醒；其三，减少或取消茶馆，破灭其巢穴；其四，规定加入会社的年龄须在十六岁以上，具备基本的认识社会的能力。"③

### （四）守菁团

守菁团是活跃于广东等地的一种民间政治组织，其由来甚久，约产生于明清时期。通过中山大学毕业生林纬的《龙村社会调查》，可以大略知其运行状况。

简而言之，这一组织是建立在宗法血缘关系基础上，为了更好地管理龙村社会而产生的。其组织一般设有菁首二人，南北两社各一人，菁丁20人，南北各10人。菁首的产生，一般经由南北二社之族长即议会议员于南北二社中聘请有声望、有地位之村民担任，并被赋予一定的权利，其任期为一年。

---

① 参见何一民、姚乐野主编，袁学良、龚胜泉副主编：《民国时期社会调查丛编·四川大学卷》（上），福建教育出版社2014年版，第12—14页。
② 何一民、姚乐野主编，袁学良、龚胜泉副主编：《民国时期社会调查丛编·四川大学卷》（上），福建教育出版社2014年版，第15—19页。
③ 何一民、姚乐野主编，袁学良、龚胜泉副主编：《民国时期社会调查丛编·四川大学卷》（上），福建教育出版社2014年版，第31—32页。

就任后，即分别于南北二社中选取有胆量、能决斗的体格健壮之 10 人为菁丁，任期也为一年，一般从当年元月持续到当年十二月，可连选连任。守菁团产生后，除担负维持村中风化、社会秩序、社会安全、保障村民财产等任务外，还负责为村中迎神、演戏时搭戏台、搭神厂、扛神像出游等任务。菁团成员每年薪金为谷 4 石，其经费来源由每年晚谷收获后向村民征收之谷物。对菁团成员的管理也较为严格，发现有不尽责时，全村村民有权指责攻击，但却不能随意解散，菁首也不能对菁丁任意裁撤，避免权力滥用。同样，菁丁犯法与村民同罚，并增加数倍罚款数额。[①] 可见，守菁团是植根于封建宗法制度下，以血缘亲疏关系结成的保卫村民安全的政治组织。

民国时期的村际组织并不是脱离于国家统治的孤立的民间组织，这其中族权与政权相互渗透，家族与保甲密不可分。虽然家族与保甲所扮演的角色不同，但目标基本一致。族权与政权的结合，不仅是维持乡村传统社会秩序的天然力量，更是国家治理乡村社会可以凭借的政治手段。

## 第五节 文化教育调查

在中国古代社会，受教育是地主阶级及社会上层人士的特权，普通下层民众鲜有获得受教育的机会，故而地主阶级等社会上层可通过接受文化教育，在垄断仕途的同时也享受相应的特权，并借此继续奴役下层民众。中华民国建立后，处于社会底层的下层民众也在一定程度上获得了接受教育的机会，然而底层民众难以接受教育的现状并未得到根本性的改变。可以说，在民国时期接受教育仍是地主阶级、大买办资产阶级等社会上层所掌握的特权，农民等基层民众不识字的现象非常普遍。这也正如民国时期著名社会调查家晏阳初所说："中国社会的根本问题是'愚、穷、弱、私'，根源则在于'教育不能普及'，特别是广大农民没有受教育的机会；主张用教育手段来改造农

---

[①] 参见程焕文、吴滔主编：《民国时期社会调查丛编·岭南大学与中山大学卷》（下），福建教育出版社 2014 年版，第 507—508 页。

村、进而改造中国、复兴中国。"① 而其所说的"愚"即指的是中国农民知识水平的低下。因此，为了发展农村教育，即首先要对当时农村中的文教事业进行调查，所以在民国时期各高校也相应开展了针对文教卫生事业的各项调查活动。

**（一）村民受教育情况**

1922年夏，在金陵大学农林经济学系教授卜凯（J. L. Buck）指导学生进行的安徽芜湖附近102个田区的经济和社会情况的调查中，对102个田区的农民教育情况也进行了详细的调研。总的来看，芜湖102个田区完全未受教育者所占比例较高，占总数的百分之五十六。然而，尽管亦有百分之四十四的受教育者，但平均受教育年限只有四年半。从教育的内容来看，芜湖102个田区农民所受教育仍多为旧式的教育，因而对耕作用处不大，故而体现在收入上，未受教育的农民则在平均收入上略高于受教育者。受教育者中，占比较大的为自耕农，其次为半租农，最差为佃户。尽管自耕农受教育比例最大，但其人工入息及家庭入息均为最少。②

1923年秋，沪江大学对上海沈家行村民子女的受教育状况进行了调查，其中发现，尽管当地村民的经济状况不佳，但当地村民极为重视子女的教育，想方设法为子女延请较好的教师。从调查结果来看，当地原有旧式私塾1所，学生9人，以旧式四书五经为教育内容。后因沈家行公民小学的设立，不久即停办。在沈家行公民学校开办之前，当地亦建有沪江道学书院，然因教授新式教材，彼时未受当地村民喜好，不久即停办。此后创办的沈家行公民小学于1921年9月开学，彼时共有教师1人，学生9人，行政委员3人，每年预算费用300元，因教学效果良好，至1922年，学生人数即增加到39人。之后，因办学规模的扩大和新校舍的修建，遂于1923年10月9日颁布了《沈家行公民小学校章程》，对该校的办学章程、组织机构、学制规模、入学

---

① 转引自吕秉善、田鸿钧、李维生、陈炳炎主编：《新编中国革命史》，吉林人民出版社1992年版，第131页。

② 参见李文海主编，夏明方、黄兴涛副主编：《民国时期社会调查丛编·乡村经济卷》（上），福建教育出版社2014年版，第53页。

章程、校规校纪等内容进行了明确规定。如在入学年龄上即规定该校为三三制学校，即初级小学三年，高级小学三年，共六年。入第一学年者年龄为 6 至 9 岁，第二学年者为 10 至 12 岁。开设的课程为新式课程，包含国文、算术、公民常识、图画、手工等科目，所用教科书均为商务印书馆出版的新学制教材。①

1926 年夏，成都大学经济系教授布朗博士组织学生调研了四川峨眉山 25 个田区农民的受教育状况。通过调查发现，这 25 个田区只有一所设在寺院的小学校，学生年龄在 7 至 12 岁左右，人数较少，只有 9 个。从学习内容来看，只是临摹由寺院里一个寓主所写之纸片，内容单一。从学费来看，平均为 4.93 元。从识字比例来看，各田区总计的 151 人中，仅有 19 人识字。更糟的是，成年人识字比例仅有百分之二，一定程度上反映出四川峨眉山区农民教育程度的落后。

1926 年夏，成都大学经济系教授布朗博士（H. D. Brown）组织学生对四川成都平原 50 个田家进行了调查。其中，对这些田家农民的受教育状况也作了详细的调查。通过调查发现，当地受教育者较少，即便是地主阶层，也仅有约 20% 识字。从教育费用来看，所有田区的教育费，每家平均为 38.4 元。然而，因耕田者不同，且入学阶段也存在差异，故而教育费用差别较大，最低的为每年 1 元，最高者亦可达 460 元。

1934 年，燕京大学社会学系学生万树庸对北平清河镇黄土北店村的学校教育状况进行了调查。从调查结果来看，该村现有的小学为南北二庙的私塾合并而成。合并之前，学费由学生家长负责承担，合并以后，学费则由青苗会从地亩钱内支取，共 206 元。合并后的学校校址 1928 年建于天齐庙前院，共有房屋四间，其中一间为教工休息室，三间为教室，同时也有空屋 4 间，供教室扩充之用。学生数量，据 1931 年统计，全村读书 1 年者共 35 人，其中有女子 4 人；读书 2 年者 49 人，其中有女子 4 人；3 年者 70 人，其中有女子 5 人；4 年者 69 人，其中有女子 4 人；5 至 8 年分别为 95 人、76 人、31 人、28 人，均为男性；9 至 12 年者共 7 人，总计读书者为 460 人，占全村

---

① 参见李文海主编，夏明方、黄兴涛副主编：《民国时期社会调查丛编·乡村社会卷》（第一编），福建教育出版社 2014 年版，第 20—23 页。

1373人的33%。其中男子读书者有478人，占全村男子的70.8%，可见该村教育程度相对较高。学校设校长一人，称董事，董事以下另有教师一人，主要开设国语、算术、常识、三民主义、音乐、体操、手工、图画、作文等九门课程，此外还另有习字与珠算课。①

从1930年起至1931年夏，金陵大学农学系乔启民教授对江宁县淳化镇乡村社会的教育状况进行了调查。通过调查发现，淳化镇的教育状况较为落后。全镇56个村即有34个村兴建有旧式私塾，占总村数的51.8%，而其数量也有36个，占该镇学校数量的87.8%。讲授的内容也以传统的四书五经为主。虽然新式学校也在江宁县政府及一些开明人士的支持下逐步发展起来，但其数量仅有5所，教师人数也仅有7人，远未形成规模。从学生数量来看，该镇总有学生1064人，其中接受新式教育的学生总数为299人，占该镇学生总人数的28.1%，其中男生233人，女生66人。

1933年底，金陵大学农学院学生蒋杰参与了该校农学院乡村教育系乡教161班设计主持的江宁县乡村教育调查，撰写完成了《江宁自治实验县乡村教育初步调查》的报告，报告对调查区域、教职员情况（包括年龄、省籍、婚姻状况、学历、任职年限、进修、薪俸等级）、学生概况（包括入学年龄、各级留读学生、性别、毕业生及其出路）、学校的课程、教学设备、教育经费以及江宁县教育行政（包括行政组织、中心小学设立及任务、私塾、校区划分、视导办法）等均作了细致的论述。同时，对于当地政府首取乡村小学为乡村建设中心机关的办法，调查组给予了肯定，称这一教育途径"实为乡村教育一种新动向""实为最有价值之实验"。②

1935年8月至10月，冯紫纲对浙江嘉兴县农村情况的调查报告中，对受访者的受教育程度做了分析，在受调查的21 428人中，受教育者有1738人，仅占8.11%。具体如下图4-7所示。

---

① 参见李文海主编，夏明方、黄兴涛副主编：《民国时期社会调查丛编·乡村社会卷》（第一编），福建教育出版社2014年版，第83—87页。
② 章之汶、辛润堂、蒋杰：《江宁自治实验县乡村教育初步调查》，《农林新报》，1934年第2期，第35—48页。

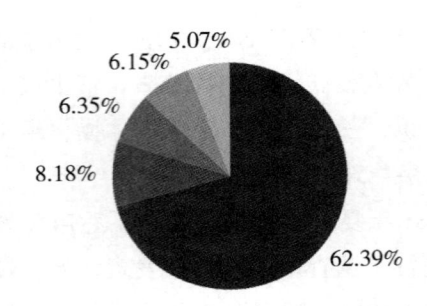

**图 4-7 受教育者分布情况**[①]

从读书程度来看，地主及自耕农中多有受过高中、专科、大学甚至留学教育者，其他村户则仅受过小学教育或私塾教育而已。[②] 显然，受教育程度与居民的经济状况有很大关联。

我国工业落后，一向以农业为主，所以政府对于工人阶级多有忽视，1948年华西协和大学文学院毕业生张国纬对一百个劳工的家庭生活进行了研究。经过调查，100个劳工的教育程度，受过高中教育者仅1人，其他受过初中教育者3人，职业皆为技术工人与邮差，受过小学教育者24人，多为公差，私塾者36人，文盲者36人，多为工友与力扶车夫（附图4-8）。

---

[①] 这一数据参见李文海主编，夏明方、黄兴涛副主编：《民国时期社会调查丛编·乡村经济卷》（上），福建教育出版社2014年版，第414页。

[②] 这一数据参见李文海主编，夏明方、黄兴涛副主编：《民国时期社会调查丛编·乡村经济卷》（上），福建教育出版社2014年版，第414页。

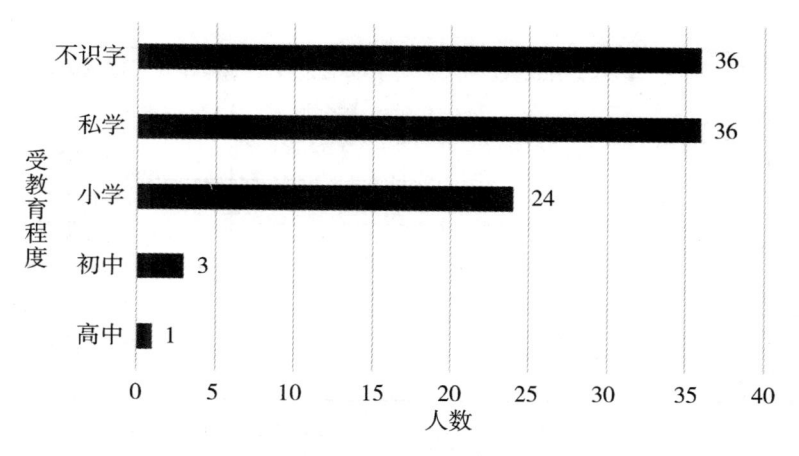

第四章　民国时期高校农村调查的主要内容

图 4-8　100个劳工受教育程度①

由此可看出，受教育程度的高低与其职业的高低成正比，受正式教育者很少，由农村来到都市以后，大多数人直接或间接的受很多非正式的教育，使他们勉强能适应环境。

### （二）受教育者的性别差异

从1930年起至1931年夏，金陵大学农学系乔启民教授从江宁县淳化镇乡村社会的教育状况中注意到了性别差异。从学生数量来看，该镇总有学生1064人，其中男生941人，占学生总人数的88.4%；女生123人，占学生总人数的11.6%。可见，在该镇受教育者存在明显的性别差异。

万树庸对北平清河镇黄土北店村的学校教育状况调查中也记录了性别差异。据1931年统计，全村女子读书情况如下表4-11所示。

表 4-11　全村女子读书情况②

| 读书年限 | 全村读书总数 | 女子读书人数 | 女子读书人数占比 |
| --- | --- | --- | --- |
| 1年 | 35 | 4 | 11.42% |
| 2年 | 49 | 4 | 8.16% |

---

① 这一数据参见李文海主编，夏明方、黄兴涛副主编：《民国时期社会调查丛编·乡村经济卷》（上），福建教育出版社2014年版，第189页。

② 这一数据参见万树庸：《黄土北店村社会调查》，《社会学界》，第六卷，1932年。

151

续表

| 读书年限 | 全村读书总数 | 女子读书人数 | 女子读书人数占比 |
| --- | --- | --- | --- |
| 3 年 | 70 | 5 | 7.14% |
| 4 年 | 69 | 4 | 5.80% |
| 5 年 | 95 | 0 | 0% |
| 6 年 | 76 | 0 | 0% |
| 7 年 | 31 | 0 | 0% |
| 8 年 | 28 | 0 | 0% |
| 总计 | 453 | 17 | 3.75% |

从调查结果来看，学生数量，据 1931 年统计，全村读书 1 年者共 35 人，其中有女子 4 人；读书 2 年者 49 人，其中有女子 4 人；3 年者 70 人，其中有女子 5 人；4 年者 69 人，其中，有女子 4 人；5 年至 8 年分别为 95 人、76 人、31 人、28 人，均为男性；显然，在该村女性受教育者数量不足，存在比较严重的性别差异现象。

1935 年 9 月，私立福建协和学院农业经济系陈希诚等人对紫阳村的教育发展情况进行了调查。紫阳村是福州附近一座只有 174 户的村落，共有 955 人。从初等教育来看，紫阳村因人口较少，经济发展水平较低，故而全村只有一所初级小学。这所小学，为一所四级制小学，教职工共三人，共开设国语、算学、自然、社会、美术、体育等课程，学生年龄在 6 岁至 15 岁之间，共 73 人。[①] 从一般教育来看，紫阳村的一般教育较为落后，农民 40 岁以上者多受私塾教育，而 30 岁以下即便受过学校教育的训练，然而时间甚少。总而言之，该村"尚有 308 人文盲，女占 204 人，男占 104 人"。[②] 通过调查，显然农村中男女受教育比例也存在较大差异。

1935 年 5 至 8 月，国立浙江大学农学院与浙江兰溪实验县政府合作对兰溪县的教育情况进行调查。就所调查的 390 个村子加以统计，人口共有

---

[①] 这一数据参见李文海主编，夏明方、黄兴涛副主编：《民国时期社会调查丛编·乡村经济卷》（上），福建教育出版社 2014 年版，第 1109 页。

[②] 这一数据参见李文海主编，夏明方、黄兴涛副主编：《民国时期社会调查丛编·乡村经济卷》（上），福建教育出版社 2014 年版，第 1112 页。

95 059 人，其中识字者为 17 688 人，约占总人口的 18.61%，而且以上的识字人数中，曾在各级学校毕业者不足一半，而在中等以上学校毕业的人数仅占 2.95%，由此可见兰溪县教育水平普遍较低。另外，在就学儿童群体中，以男子为主，女子较为少数，究其原因大概是重男轻女思想严重，仍未改变。统计到就学的男性儿童占比为 42.50%，女性儿童为 14.02%，明显看出兰溪县就学儿童的性别差异十分显著。

民国二十七年（1938），国立清华大学国情普查研究所组织人员对云南昆阳农村的适龄儿童接受教育情况进行了调查。通过调查，该县 6 至 12 岁的学龄儿童，男 5453 人，女 4497 人，合计 9950 人，其中入学者男 2416 人，占总人数的 44.3%，女 1045 人，占总人数的 23.2%。合计男女学龄儿童入学者，仅占总人数的 34.8%，未入学者竟有 65.8%。再次，通过民国二十九年（1940）对该村受教育情况的调查数据来看，在该县男性人口 29 499 人中，识字者仅有 6937 人，占 23.5%，女性人口 31 024 中，识字者 696 人，仅占 2.2%，显然说明了当地识字人口性别差异显著，同时也表明云南昆阳农村人口识字率低下，文盲率高。①

**（三）农村学生失学率**

从 1930 年起至 1931 年夏，金陵大学农学系乔启民教授对江宁县淳化镇乡村社会的教育状况进行了调查。通过调查发现，该村新式教育发展严重滞后。其原因在乔启民看来，主要有四点："其一，乡村农民，脑筋极其顽固，对于现在之新式小学，均视为洋学堂、读洋书，绝不生信任心理，所以不入学校，愿到私塾；其二，现在所定之课程与科目，不能与乡村农民生活发生密切关系，因所学与所用，往往绝不相类，而农民所感觉的或适得其反；其三，关于交通方面，与教育也有极大的关系。交通不便，外村的学生，因为路远的原因，基本不到学校读书；其四，办学经费不足，影响新式学校规模。该镇 299 个学生，日常经费仅有 126 元，除去教工薪水开支外，剩余经费显然难以提供足够的支撑，且教师薪水偏低，即便养家糊口也较为艰难，何谈

---

① 这一数据参见李文海主编，夏明方、黄兴涛副主编：《民国时期社会调查丛编·乡村经济卷》（上），福建教育出版社 2014 年版，第 968 页。

发展乡村教育？"① 显然，上述四因素揭示了新式学校教育发展步履维艰的原因，同时也间接地指出了农村学生失学率居高不下的原因。

1935年，华西协和大学文学院社会学系毕业生李彬文将调查的重点放在了常为学界所忽略的乡村学生的教育状况上。通过调查，李彬文发现在部分乡村学生失学率很高，往往因为家庭经济状况等方面的原因不得不到工厂做工，而且要承担远超于年龄的重负，既没有足够的营养支持身体成长，同时也失去了在校园读书，改变自身命运的机会，进而使学生的思维理念落后于当前时代，最终陷入一种恶性循环。故而，从最根本上讲，改变制约乡村新式教育发展的交通、经费、教学内容、教学方式等因素尤其显得势在必行。

## 第六节  卫生健康调查

民国时期，相较于清末，通过乡村卫生建设的开展，医疗环境有了改进，传染病在一定程度上得到了预防，但受限于乡村民众的认识水平，凋敝的经济状况，村民居住条件仍然较差，房屋多为干打垒砌成，稻草盖顶；少数富足人家建有青砖瓦木结构房子，大部分房屋中光线不充足，空气亦不流通，且不整洁，容易传染疾病，病后很多村民不能得到有效医治，得病的人死亡率较高。

### （一）居住环境与卫生条件

1936年12月，湖南省立衡山乡村师范学校的张世文用了两个星期的时间对衡山县师古乡人口、教育、农业和卫生等方面开展了实地调查。其中卫生及健康方面，对师古乡住居及其环境进行了详细调查。师古乡一般的农民除佃农外，多自有房产；普通佃农向地主租田，地主多借出房屋给佃农居住。普通农家及贫农的住房样式如下图4-9、4-10。

---

① 李文海主编，夏明方、黄兴涛副主编：《民国时期社会调查丛编·乡村社会卷》（第一编），福建教育出版社2014年版，第105、123页。

图 4-9　普通农家住宅①

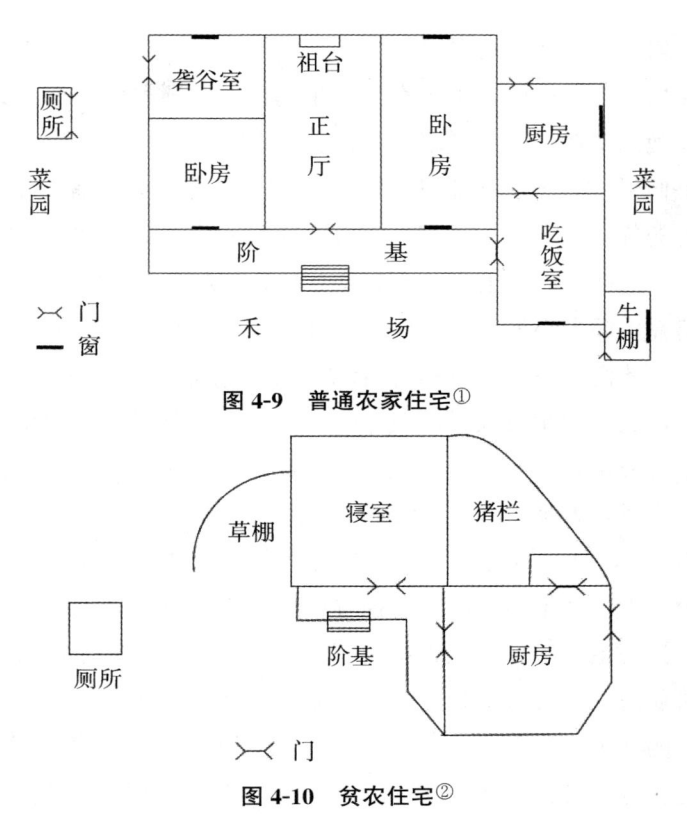

图 4-10　贫农住宅②

从房屋的建筑材料来说，大多数的房子都是土砖和稻草的；火砖瓦屋建筑的很少。房屋四壁用土筑成，里面空间狭窄，窗少而小，光线不足，空气不通。厨房中没有烟囱，整日烟熏火烤，灰尘多，气味浊。房屋四围大多没有院墙，家中亦无院落；有些房屋只有天井而已。厨房普遍都靠近卧房，也有和卧房相通的。内设炉灶锅台，长约六七尺，宽约四尺，上砌大锅二三口不等，中间另砌小汤罐两个。另外有安放碗筷的柜子。加上一张方桌，两三条长凳，就成了家人聚食之处。至于喂猪槽、狗食盆、鸡鸭食盆……都放在里面，厕所及草肥沟也在附近，夏季苍蝇多。据调查，厨房和厕所的距离普

---

①　这些调查内容主要参考李文海主编，夏明方、黄兴涛副主编：《民国时期社会调查丛编·乡村社会卷》（第二编），福建教育出版社 2014 年版，第 890—892 页。

②　主要参考李文海主编，夏明方、黄兴涛副主编：《民国时期社会调查丛编·乡村社会卷》（第二编），福建教育出版社 2014 年版，第 890—892 页。

遍都不远，对于卫生极有妨碍。

乡间厕所有连房屋的，也有在菜园里的。女厕所普遍多不另设，白天男女共用，夜晚则多在卧房中黑暗的角落里放一便桶。有些农家白天就在门侧或墙角放一便桶，男子就在那里便溺，女子则多另有小坐桶，都不必到厕所去，其恶劣的气味，实令人难当。一般普通的农家，只是在地下挖一五六尺长，三尺宽，三四尺深的土坑，坑上面架以木棍或盖以木板，当中留一长孔，人就可以蹲在上面大小便，外面围以竹杆或柴草而已。要等粪尿把那个坑填满了之后，方才淘取一次。① 由此作者认为本乡急需加强医药和疾病预防，如创办卫生所，训练卫生员及助产员，举行卫生捕蝇活动，讲卫生常识，普遍实施接种牛痘疫苗，推行学校卫生。具体而言，建议在本乡师古桥设立规模比较大的卫生所，为疾病治疗与预防，实施卫生教育等提供场所。

1948年5月，华西协和大学文学院学生张国纬在导师指导下完成了对华西坝一百个劳工家庭生活的研究，探寻改善劳工家庭生活及其问题，使劳工安心工作，提高生产率。该调查中关于劳工的住宅情况显示，劳工家庭住宅大都有拥挤现象，因为成都地方房荒问题非常严重，房租很高。百个劳工家庭中，劳工的职业为学校工友者，住于学校，为工厂工人者，住于工厂中，所以无房屋者有11家。房舍为两间者，有36家，多数劳工家庭厨房即卧室，子女居住一起，拥挤不堪，此类情形以车夫力夫为多。房舍3间者，有7家；4间者，有9家；5间者，有两家。劳工房屋建筑多为草房，设备简陋，一部分居住沿河一带棚户，环境较差，住瓦屋者很少。房屋中光线不充足，空气亦不流通，且不整洁，容易传染疾病。可见劳工住宅环境亟待改善。②

**（二）居民健康情况**

中国以农业经济为社会经济的基础，所以国家的生产者皆为农民，农民占全人口80%以上，因此农民的健康问题居于非常重要的位置，可惜我国从

---

① 主要参考李文海主编，夏明方、黄兴涛副主编：《民国时期社会调查丛编·乡村社会卷》（第二编），福建教育出版社2014年版，第890—892页。

② 参见何一民、姚乐野主编，袁学良、龚胜泉副主编：《民国时期社会调查丛编·四川大学卷》（上），福建教育出版社2014年版，第188—189页。

来未对农民卫生问题引起重视，以致关于农村卫生统计的文献异常缺乏。1939年，华西大学文学院社会学系田其敏对成都县第一区所属的茶店子村274户农家的卫生状况进行了调查。农民因与土地相亲，常沾染泥水，所以受到寄生虫和风土疾病的伤害极大，根据此次在茶店子村的调查结果，乡村中的患病者有下列几种，见图4-11所示。

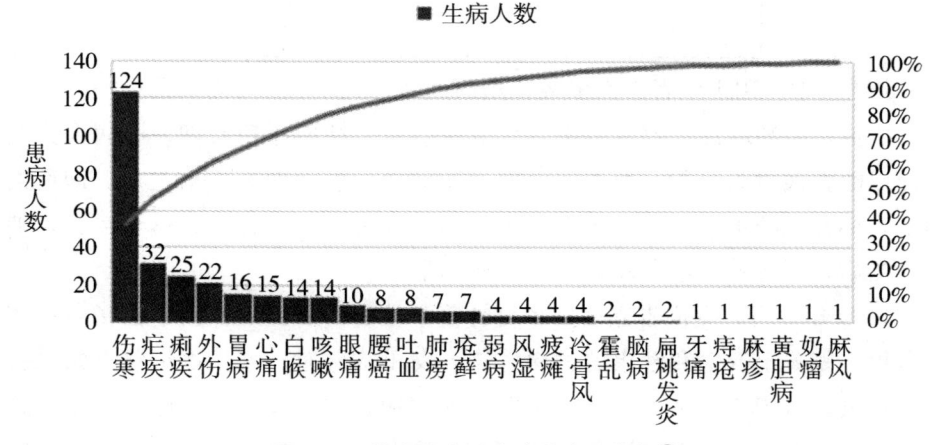

**图 4-11　茶店子乡民患病种类及人数**[①]

在274家中，有254家曾经患病，当中除21家或因经济困难或因病势不重未曾医治外，其余233家，看病所付的医药费用进行统计，医药费用由1元到1.99元者有48家，占20.66%，是家数中最多的；其次为由0角到9角之33家，占14.13%；最少者为7元到7.99元、34元到34.99元、36元到36.99元、40元到40.99元，均各1人，占0.47%。这254家的医治方法如下表4-12所示。

**表 4-12　254家医治方法一览表**[②]

| 医治方法 | 家数 | 百分比 |
| --- | --- | --- |
| 中医 | 228 | 89.76 |

---

① 数据参见何一民、姚乐野主编，袁学良、龚胜泉副主编：《民国时期社会调查丛编·四川大学卷》（上），福建教育出版社2014年版，第215—216页。

② 数据参见何一民、姚乐野主编，袁学良、龚胜泉副主编：《民国时期社会调查丛编·四川大学卷》（上），福建教育出版社2014年版，第219页。

续表

| 医治方法 | 家数 | 百分比 |
| --- | --- | --- |
| 西医 | 2 | 0.78 |
| 中西兼用 | 21 | 8.22 |
| 未曾医治 | 3 | 1.24 |
| 总计 | 254 | 100 |

254家中，用中医者占大多数，用西医者占极少数。"而所谓中医，类多星卜之流，粗知脉理而略晓病况者，其医病也，纯抱碰巧心理，以病人为儿戏而以图骗钱财为目的，故农家最好不患病，一患病即有不治之危。即所谓西医，亦皆江湖术士，或曾于都市中西药房学习略懂药性者，每至乡村，即悬壶治病，假药欺人，乡人无知，每为其所骗。"

1939年3月，湖南省立衡山乡村师范学校的一二五班在新宁白杨乡调查时获得一些关于卫生和健康的材料。该乡女子临蓐时，家长烧纸钱点蜡烛去祷告神灵，希望产妇平安，小孩很轻快地堕地，同时请接生娘施行接生。这些接生娘，多为贫苦无知识的成年寡妇，没有受过卫生教育，都是依平常的经验来行事，因此经常误事。产妇难产时，他们迷信认为有"难产鬼"作祟，遂请女巫或道士，做法设醮，作为驱鬼的良方。此举不但毫无效果，反弄得产妇头晕脑胀，甚至死亡。贫苦人家的产妇生产后，三朝未满就下床工作，因劳动过度而死者不在少数。小孩出生后，因生母未受教育死亡率较高，1岁的儿童有260名，到5岁时活着的便只有160人了。该村普通的乡民，小病不认为是病，直到病重才进行医治。医治疾病多请中医，多数的家庭更求神请巫、烧香许愿、做法事、收魂等，无法得到有效医治。大多数乡民不注重卫生，病前不知预防，病后没有得到有效医治，得病的人死亡率较高。据县政府户籍室从金石镇桃林乡等4乡镇5月份死亡报告的材料统计，死亡率每千人中每年约有36人，从一定程度上可以得出新宁人民死亡率高是不可否认的事实。针对该乡的卫生情况，调查者认为推行卫生教育、完善医药设备已经刻不容缓，主要包括卫生药箱、卫生所和卫生院三种卫生机关的组织设施，使乡村村民求诊有所，将大病化小病，小病化无病，从而健康快乐地生活。

此外，还有针对贫民卫生的调查。1949年，华西协和大学文学院黄华琳对校址所在地宁村王家菜园52家贫民的社会生活状况作了详细的调查，这些贫民居住在金城银行背后的一个角落的草房里，他们面色惨白、衣衫褴褛，过着十分艰苦的生活，终日与饥饿挣扎。52家不讲环境卫生也无力维持营养，以致感染疾病的可能不小，有49人，占总人口的29.35%，即在4人中就有1人生病。大概因男子较劳累而女子生活较为安定，以致男子患病人数比女子多。他们所患的病，以呼吸疾病为最多，占20.4%；其次为胃病，占16.32%（详见表4-13）。

表4-13　52家49人所患疾病①

| 疾病名称 | 男 | 女 | 共计 | 百分比 |
| --- | --- | --- | --- | --- |
| 呼吸疾病 | 8 | 2 | 10 | 20.4 |
| 胃病 | 3 | 5 | 8 | 16.32 |
| 肺病 | 6 | 0 | 6 | 12.24 |
| 全身疼 | 2 | 2 | 4 | 8.16 |
| 腹疼 | 1 | 3 | 4 | 8.16 |
| 头疼 | 1 | 2 | 3 | 6.12 |
| 寄生虫病 | 1 | 2 | 3 | 6.12 |
| 痔疮 | 3 | 0 | 0 | 6.12 |
| 腰疼 | 0 | 2 | 2 | 4.08 |
| 心脏病 | 0 | 2 | 2 | 4.08 |
| 脚疾 | 1 | 1 | 2 | 4.08 |
| 眼疾 | 1 | 0 | 1 | 1.04 |
| 耳疾 | 1 | 0 | 1 | 1.04 |
| 总合 | 28 | 21 | 49 | 100 |

一旦病作，他们多听天由命，任疾病侵袭，服药治疗的人很少，有12人，仅占24.48%。其中以服中医所开之药者为最多，占58%；服西医所开之药者次之，占25%；服自寻或自配之草药者为最少，仅占17%。

---

① 数据参见何一民、姚乐野主编，袁学良、龚胜泉副主编：《民国时期社会调查丛编·四川大学卷》（上），福建教育出版社2014年版，第89—90页。

总之，民国时期农村的卫生健康状况令人堪忧。李廷安《中国乡村卫生问题》一文指出："我国乡村经济犹逗留于中古时代，无论民智建设，均远在各国之后，财力不足、技术缺乏，环境卫生之状况，甚为简陋。"① 这一客观现实造成农村传染性疾病广泛传播，死亡率高，期望寿命短。"在 80% 的中国人口居住环境与欧洲几个世纪前相似的条件下，农民营养不良，卫生条件极差，农村地区存在的苦难疾病和巨大需求仍难以解决。因此，挽救民族危亡就是要提高农村卫生质量，乡村卫生事业就等同于救亡事业。""要想使中华民族强盛起来，必先增进民众健康，增进民众健康，除了发展医学卫生事业外，别无他法。"②

## 第七节　宗教风俗调查

美国学者杜赞奇在其所著《文化、权力与国家——1942 年的华北农村》一书中利用社会学和历史学相结合的研究方法，对民国时期华北乡村社会中的宗教情况进行了研究，并进而根据乡村宗教组织规模将乡村宗教分为四个类型。

其一，村中的自愿组织。这一类型的宗教组织，规模较少，成员多本着自愿参加的原则，故而没有全村规模的宗教仪式和活动。其二，超出村界的自愿组织。这一类型的宗教组织虽也采用自愿参加的组成模式，但其所组织的活动规模较大，多超出了村界。故而，可以说它是一种"超村庄"组织中的一部分，其基本活动受来自庄外的主导，为跨村界的纵向或横向联合组织，可能与市场体系相符，也可能不相符合；可能有严格的等级关系，也可能是无领导中心，只是同类团体之间的松散的横向联合。其三，以村为单位的非自愿性组织。从规模来看，这一类型的宗教组织与村界相符。然而，因当时多数村庄除了以村庙为中心的宗教组织之外，再无其他全村性的组织，所有

---

① 李廷安：《中国乡村卫生问题》，商务印书馆 1935 年版，第 10 页。
② 薛建吾：《乡村卫生》，正中书局 1936 年版，第 2 页。

村民被自然而然地包括在宗教组织之中，而非本村人则排斥在该组织之外，故这一类型的宗教组织则带有一定的强制性，庙产归全体村民共有。其四，超村界的非自愿性组织。显然，这种类型的宗教组织即兼具第二、三种组织的特点，组织范围超过村界，且全体村民作为一个整体强制性地加入该组织，并被强制性要求参加所有的活动。此外，村公会亦被视为该组织的一个分支，负责全村的活动并同上级联系。[①] 总而言之，这些以宗教信仰为中心的自卫组织发展的速度均很快，渐组成比较紧密的团体。

从各高校所进行的农村中的宗教组织调查情形来看，亦为上述四种模式的具体化。在沪江大学对上海沈家行村民的调查中，从宗教信仰来看，信众主要分为宗教民众和僧尼两种类型，其中宗教民众较多，而僧尼数量较少，主要分布于该村所建立的四个神庙里，其中两座神庙由男性僧人管理，一座神庙为从事耕作的女尼负责，另外一座神庙无人问津。宗教民众又可以分作两类：本能冲动的及为礼俗所制的。前者为感情所管，后者为乡间遗下之传统所拘。有时乡民聚集同工，完全为他们本能上的满意，有时则他们所作，完全为乡俗所要求怎样的。至若以理性量度之社会组织及群众运动，该乡得未曾有。在当地最显著的神灵是"土地""门将""送子神娘""财神"及"田神"等。在当地村民眼中，"土地"是他们的审判者和保护者，"门将"则是照管他们田野的守护神，"送子娘娘""财神"等神灵主要是满足当地村民的生理及生活需求的。因此，显而易见，当地村民崇拜神灵的功用，大体可分为三类，即生物学、经济、社会的，用以满足他们的基本生活需求。从宗教仪式上来看，以祈祷为主。[②] 显然，沈家行村的宗教活动属于第一种自愿组织的类型。

---

① 参见［美］杜赞奇著，王福明译：《文化、权力与国家——1942年的华北农村》，江苏人民出版社1996年版，第112—119页。

② 这些调查内容主要参考李文海主编，夏明方、黄兴涛副主编：《民国时期社会调查丛编·乡村社会卷》（第一编），福建教育出版社2014年版，第12—13页。

**图 4-12　民国时期土地庙**

　　从 1930 年起至 1931 年夏，金陵大学农学系乔启民教授对江宁县淳化镇乡村社会的宗教风俗状况进行了调查。总的来看，淳化镇乡村社会的宗教生活状况较为复杂，其中既有各村庄独立存在的各种小神庙，如土地庙、财神庙、龙王庙等外，还有一些较大村庄因共同的生活环境、经济、政治、教育等因素的作用，同时也出于活动经费数额大的因素的影响，共同联合组织的社庙活动也并不鲜见，如一起敬拜菩萨的香会活动等。

　　村庄单独的宗教活动，以宋墅村为例，主要有土地会、财神会、娘娘会、三茅会等形式。其中土地会以祭祀"土地菩萨"为主要内容，分别在每年的阴历二月初二和七月初二举行。在这两天里，当地农户每户出资 2000 文，用来购买鸡、鱼、肉等"三牲祭礼"来祭祀土地菩萨，寄托了当地农人们对于"五谷丰登"和"人口平安"的强烈企盼。

　　财神会则是在每年的阴历正月初四至正月初六为集合期，其中的参与者主要由该村的数十家农家来组成，各家轮流担任头领，此外参与者只限男性，每人约分摊 2000 文购买猪、鸡等物来奉祀财神，一年共需要花费约 40 000 文。显然，财神会寄托了农人们对于求财的向往。

　　娘娘会则是一个由已婚女子组织的集会活动，加入该组织的程序较为简单，只需要在上庙拜祭时以铜元 50 枚为注册费，至日每人再携带米 1 升，铜钱 300 文即可。故而当地加入该组织的已婚女子极多，约占当地女子人数的

60%。这一集会主要在每年的阴历四月初十和九月初十两日举行，举办地在宋墅村护国庵内。在举办的两天时间里，人们盛装出席，并购买香烛纸爆等物品，焚香拜神，娘娘会主要是已婚女子求子的一种集会行为，寄托了人们对于滋生人丁，增加劳动力的需求。

三茅会由该村敬香的农户发起，公举4大头及24小头共同办理一应事务。会员不分男女，皆可参与，故而其会员占据了该村人口的大多数，几占全村人口的70%。参加者每人每年需要缴纳会费2元，全会每年共计收取会费200余元。活动的举办地为茅山，会期从每年阴历的二月十一持续到二月十六，共六天。人们在会期的六天时间里在茅山举行隆重而盛大的游神敬香等活动，寄望来年风调雨顺、生活安康。

联合村庄的社庙活动，在淳化镇里主要有八种，分别为松岗庙、宗镜庵、三官庙、古松庵、朝真观、四里庵、林庙、云居寺等。然而，各个社庙的规模各不相同，最大的松岗庙，其即覆盖淳化镇48个村庄，形成了多达2300余户、12000余口的规模，而最小的四里庵则只涵盖淳化镇3个村庄，只有63户、369口的规模。虽规模不同，但其社庙活动却大同小异，下文即以松岗庙的社庙活动情形作一简要说明。其中，松岗庙是淳化镇信徒最多、规模最大的社庙，该庙以祠山大帝为主神，另外还供奉有龙王、雷公等多位神祇。同时作为淳华镇最大的社庙，其组织形式也较为庞大。据统计，该庙共有48个团体，每一团体为一"社"，每社均有"社的菩萨"，来寄托当地村民对美好生活的向往。从组织形式来看，各社规模大体相同，组织也较为严密且距离不远。以宋墅村为例，该村共分六社，由48家组成，每社有头家一人，共六人，普通称为大头家。此外，另由每社推举年长者二人，共十二人，为小头家，协助大头家处理事务。每年庙会的费用主要由六个大头家承担，其余社内各家，只出铜元两枚，作为香资。社务由各大头轮流处理，权利义务一律平等。从会期来看，固定为每年阴历三月十一至三月二十，计十天。在这十天里，信徒们来庙里敬香拜神，同时也举行一定的娱乐及经济活动，方便香客购买生活必需品，故而这一原先以自卫而组成的集会已经逐渐演变成包含宗教及娱乐活动等因素在内的群众性集会活动，显然经历了历史的变迁。①

此外，在淳华镇亦存在有村民信仰礼教、伊斯兰教和基督教会的情况，只是人数较少，且分布于不同区域。据调查，"三种信仰人的数目，礼教有83人，回教（伊斯兰教）24人，耶教（基督教）30人"。② 然而，因信教群众所住位置分散，且距离较远，导致组织形式较为松散，教徒的归属感也不强，因此教会规模不大也就可想而知了。

20世纪30年代初，燕京大学社会学系学生万树庸开始对北平清河镇黄土北店村的宗教和民俗情况进行调查。调查发现，该村多数信仰佛教，几乎每个大的房屋都有佛堂。据统计，该村中有佛堂者占40%，家庭经济困难的，则用纸佛一张贴于墙上。另外，该村还有庙宇两座，一为关帝庙，在街道北侧，于道光十四年（1834）重修。其正殿供奉有关帝、关平、周仓等，东西则有六位配像，分别为阎王、土地、二郎神、火神、马王神、财神，这些大多寄托着农耕社会里公众对风调雨顺的美好生活的向往和对于财富的追求；另一座为天齐庙，又称东岳庙，位于街道的南侧，为道光二十五年（1845）重修。东岳大帝即黄飞虎，司职生死，前殿亦供奉有火神、瘟神等12座神像，后殿则为村中妇女供奉的司天花的天仙圣母，治疗眼部疾病的眼光娘娘以及司职子嗣的送子娘娘。显然，天齐庙则是村民个人奉祀的对象。

---

① 这些调查内容主要参考李文海主编，夏明方、黄兴涛副主编：《民国时期社会调查丛编·乡村社会卷》（第一编），福建教育出版社2014年版，第109—110页。

② 参见李文海主编，夏明方、黄兴涛副主编：《民国时期社会调查丛编·乡村社会卷》（第一编），福建教育出版社2014年版，第111页。

**图 4-13　民国时期关帝庙中的关帝像**

烧法船是该村超度水鬼的一种仪式。每年农历七月十五日，村工会负责出钱扎一纸船，船长二三丈左右，宽五尺，高三尺，预先放置在村公所场上。船上载着地藏王菩萨诵读经书，待五位和尚放完焰火于夜班时分烧船，以超度水鬼，避免再找村民的麻烦。这显然是一种迷信活动。

然而，作为农耕文明产物的青苗会，亦组织有多种形式的节庆活动。其中，六月二十四关公诞、谢秋等是两个比较盛大的公共活动。调查者黄迪就曾对这两种祭祀仪式进行过调研，他说：

六月二十四日为关公生日，照例由青苗会或乡公所领袖，在老爷庙（即关帝庙）主祭，同日又在村外设神桌贡品等祭鼋神。每年麦秋大秋结束时，青苗会即将村中一切开支，按各家地亩摊派。这日各农户便携带应交摊款，至会所（在庙宇内）缴纳并吃面。由看庙老道和会中办事人预备钱粮、纸马及贡品等，并由村长及青苗会会头在村中各庙代表全村致祭，这叫"谢秋"。[①]

此外，万树庸也对黄土北店村"谢秋"时的"聚会"场景做了一番描述，

---

① 黄迪：《清河村镇社区：一个初步研究报告》，《社会学界》，第十卷（1938 年），第 398 页。

他说：

> 麦秋谢秋无定日，约在四月二十八日。谢秋之日一切种地的人家都带一份斋钱，约一角五分，到关帝庙前吃一碗打卤面；先交地亩钱然后吃饭。麦秋地亩钱约每亩三分。同时，会首则特别忙，一面忙着写账，一面又忙着祭礼关帝。祭礼关帝是在午后二时左右，村长即代表全村将供在桌上的黄表纸印就长约三尺至五尺，宽约五寸的纸筒子取下，写上全村的名字，封入筒内，在阶前焚化，并依次叩头。在关帝面前叩头已毕，更由老道率领全村会首到村内一切庙宇焚香上供叩头。关帝庙与一切庙宇都是供两份，一份贡品在神位前面，一份点心在门外。在神前者归老道，在门外者由会首收回碟子，即将点心被孩子们一抢而空，祭礼于是告终。①

虽只是寥寥数语，但也将作为祭祀神明、聚餐等仪式的谢秋活动这一盛大的机会活动展现出来，这即是青苗会作为一种乡村基层组织功能的体现。

1934年3月31日至4月15日，河南省立淮阳师范学校师生偕同杞县实验区人员对淮阳的太昊陵庙会进行了调查。淮阳太昊陵庙会是淮阳一带人民纪念伏羲氏而组成的"朝祖进香"大会，会期长达月余（自阴历二月初一起，至三月三止），每日赴会者，日均十余万人。可见，太昊陵庙会当为豫东地区较为重要的民间庙会。

从淮阳太昊陵庙会的举行目的来看，依然是中国传统的以烧香磕头的奉祀为主。但其形式并不像基督教、伊斯兰教或婆罗门教一样以零星前往或以家庭为单位进行奉祀，反而以一种永久性的组织形式存在，比较典型的如"朝祖会"或"烧香会"等。这类组织有比较完善的组织形式，其领袖称"会首"，是全会的总负责人。"会首"之下，设有司账两人，负责全会的出入账事宜。同时亦设有执事人员，负责一切杂务事项。剩下人员则为会友，统称为"老斋公"。会友人数多寡不一，一般为30至80人之间，且无男女之分，年龄通常以40岁以上居多，80岁以上会员也不鲜见，足见当地人们信仰伏羲氏的虔诚。在庙会的停留时间，一般为三至四日，通常每日早、中、晚三次

---

① 万树庸：《黄土北店村社会调查》，《社会学界》，第六卷（1932），第28页。另：万树庸燕京大学的硕士毕业论文《黄土北店村的研究》第62—63页，第79—80页中对六月二十四日的起秋和麦秋谢礼仪式的记载大略相通，亦可参考。

进庙烧香磕头，带有游艺的，则每日义务到庙前玩耍助兴。显然，淮阳太昊陵庙会即属于第二种类型的宗教组织。

**图 4-14　民国时期烧香会庙内烧香祭拜的百姓**

从各烧香会的经济来源来看，由各个会员均摊。一般以缴纳实物为主，集钱比例较少，通常每人均摊小麦一斗，无麦的也可折价交钱。小麦上交之后，待全部售卖出去，将所获银钱房贷出去，以其本金和利息作为来年庙会的盘费，年年循环往复。在庙会时，通常每会亦会携带几面铜锣或带鼓乐手，除在磕头时敲奏以外，亦会跪唱祝歌，抑扬顿挫，有如场曲，节奏明快，分工细致。女性会员角色多样，除一般的唱念磕头外，通常还要做"挑花篮"。由三五个妇女在大殿前，随唱随作各种走式，形成一字形，飞奔跑动，飘飘欲仙，达到娱神的功能。①

庙会举办过程也在无形中为民众提供了康乐教育、生产教育、娱乐教育、道德教育、语言文字教育、艺术教育、卫生教育的机会。以艺术教育为例，商家广告上的图画，来往客人的奇装异服，书店中的画屏和游艺中所表现的

---

① 李文海主编，夏明方、黄兴涛副主编：《民国时期社会调查丛编·宗教民俗卷》（第一编），福建教育出版社 2014 年版，第 263—265 页。

美景，这些东西，使人民在无意识中，可以鉴赏得艺术的风味。这种教育，并不是固定的学校式的教育，亦不是刻板式的教科书中的教育，乃是在大自然的生活环境中，无意识中领到的一种无形的教育。①

1935年9月，私立福建协和学院农业经济系陈希诚对紫阳村村民的宗教信仰和风俗状况进行了调查。调查发现："紫阳四村的风俗和习惯跟福州各乡相差不多，村民还是很迷信的，婚丧礼节，还是墨守成法，但在农隙时，各村举行的'半段'（半段是福州农民一种节期名词），时间还保存他们独立的习惯。徐家村定阴历九月初三，俊伟村八月十二，砌池村十月初八，讲堂前村九月初七。考各村'半段'所以还是保持独立习惯的原因，是为着住民的姓氏不同，宗族思想在农民脑子里还是印得很深。"② 显而易见，20世纪30年代的福建农村，仍然保留有浓厚的宗族思想。

1935年，国立浙江大学对兰溪县宗教情况进行调查。宗祠在宗法社会中有无上之威权，随后日渐衰落，但在兰溪县还可以看到宗祠之伟大。兰溪宗祠，按照其重要程度排序，分别名为家庙、祠堂、厅堂等等；兰溪县家庙最大者有赵郑严郭诸姓氏，而以赵姓为首。宗祠之数量甚多，在城镇，在乡村，随处可以看到，根据在城关10镇以及148乡镇调查的结果，即共有255所，房屋3505间，田产15 099亩有余，其势力可以想见。寺庙的祭祀，各庙皆有不同的时节；宗祠的祭典，每年一次或二次，会在清明和冬至进行；依据各家族的盛衰，定礼节之繁简。在所谓世家大族，普通参与祭祀之人，皆须有相当功名，如前清秀才，现今学校毕业的学生；祭毕分赠馒首与肉，依个人资格与地位之不同，因而分得的赠品数量也有所不同。

兰溪县的寺庙，也有很多座。所敬畏的神灵，更是异常繁多，比如关公、禹王、徐王、胡公大帝、观音菩萨等，皆到处立有大小庙宇，或庙之中，供祀许多神像，如关公、观音、土地等，皆可聚于一堂，共享祭奉。每年的庙会，如农历二月二、二月十九（观音菩萨诞节）、三月三、四月八、五月十

---

① 李文海主编，夏明方、黄兴涛副主编：《民国时期社会调查丛编·宗教民俗卷》（第一编），福建教育出版社2014年版，第414页。

② 李文海主编，夏明方、黄兴涛副主编：《民国时期社会调查丛编·乡村经济卷》（上），福建教育出版社2014年版，第1094页。

三、六月初八、七月三十、八月十三（关公诞节）、九月一日诸大会，皆能盛极一时，为乡村不可多得之热闹场所。惟庙宇虽多，产业每不及宗祠，纯无田产之庙亦比纯无田产之宗祠要多了几倍；于此可征庙宇之势力比宗祠为弱。

民国二十五年（1936）8月，浙江省立民众教育实验学校林用中、章松寿等教师在该校陈校长的支持下，对杭州城外的老东岳庙会进行了调查，以期作为研究当地民俗、宗教、社会、心理状况等问题的材料。杭州的东岳庙，共有三处，分别在城内吴山、城外八盘山、法华山下，其中以法华山下的东岳庙香火最为旺盛。东岳庙的主要神祇是东岳大帝，其庙内供奉有东岳大帝的太后、太子、驸马和地藏、观音、关帝、三官、地母、五路财神、伽蓝、判官等三百余座偶像。总的来看，该次调查采取了实地调查与问卷调查相结合的方式，先后六次实地调查，同时也拜访了当地的小学校长、乡长、保长以及公安机关，以随时了解各班户的香客、庙内的道士、测字先生等的情况，并借助攀谈的形式，借以明了庙会的实际情形和当地的社会状况等内容。此外，调查组也注重对庙会周边布告、会启、石碑等实物资料的收集工作，力求全面了解老东岳庙会的情况。

从组织规模来看，东岳庙会的办公机关规模比较大，大多为仿照明清衙门的机构设置。主要有科、房、厅、班四级，下设吏户礼兵刑工等六科，最低层次的班即有七八十种，足以见其组织严密，职能分工也十分明确。从举办时间来看，东岳庙会的时间春季从旧历二月初一起，至四月初八止，其中以三月廿八日香火最盛。秋季从旧历六月三十日起，一直到七月十五日止，每日取一个字号为代表，在半个月的时间里，几乎有近十万的信众往来不绝，通过进香、送牌位、投文、解缴冥饷、许愿还愿等行动来祈求消灾避难，也直接或间接地影响了东岳庙附近的居民收入。例如东岳庙第一保居民 140 余户，并不从事农业，主要依赖香会方面的收入来维持基本生活。显然，香客的消费，与当地民众的利益息息相关。从形式来看，东岳庙会除朝山进香、引神赛会等传统形式以外，另外还有审疯癫、送牌位、大帝朝审等特殊的形式。①

---

① 上述内容主要参考李文海主编，夏明方、黄兴涛副主编：《民国时期社会调查丛编·宗教民俗卷》（第一编），福建教育出版社 2014 年版，第 340—351 页。

图 4-15　民国时期东岳庙内烧香祭拜的百姓

从民国时期高校的宗教风俗调查可知,在各地城市及知识分子中,宗教信仰之风虽有所弱化,但在广大农村中却仍信神重祀,对各种神祇膜拜不已。此时,村中的神灵膜拜表现在庙会和常年供奉神像等方面。庙会往往和人们祭祀土神、各行业祭祀祖师以及佛教和道教的宗教活动紧密结合。

# 小　结

通过对民国时期各高校深入农村调查的关于农工商业、土地、人口家庭、政治组织、文教卫生、宗教民俗等方面的调查成果进行总结和整理,可以分析出民国时期各高校的社会调查者在充分借鉴西方传教士在中国进行社会调查的方法和经验的基础上,从批判传统治学的立场出发,针对中国农村在农工商业、土地、人口家庭、政治组织及权力运行、文教卫生、宗教民俗等方面的实际情况进行了长达三十多年接续不断的调查研究,积累了丰富的调查资料,为实现在中国建设一个真正基于民主和科学的社会提供了充足的实践基础,对于民国历史及高校农村调查的研究来说,是一项极为重要的基础性工作,同时也为社会学、经济学、人类学等其他人文社会科学的研究提供了资料上的强大支持。

# 第五章
# 民国时期高校农村调查的意义与局限

民国时期高校的农村调查最初是在一些在华院校的外籍教授的指导或主持下进行的。随着社会学、人类学研究方法在中国的进一步传播,再加上农村问题日益严峻,更多国内的学者开始运用西方社会学研究方法对农村经济进行调查。这些调查不仅内容详细,而且调查形式方法多样,为近代中国"三农"问题的解决提供了有力的数据支撑和智力支持。但不可否认,由于调查目的、政治观点、社会背景等方面的差异,这一时期的高校农村调查也具有一定的局限性。

## 第一节 民国时期高校农村调查的意义

中国自古以来以农业立国,认识中国社会,必须要从认识中国农村和农民开始,认识农村农民,就离不开对他们的实地调查。如当时的学者李景汉即认为通过社会调查,"一方面可以了解我国社会的长处,凡是对人民生活有益之点,皆应保存。另一方面,可以找出种种使人民不得其所,或阻害人民发达之处,再探讨改良的方法"。[①] 因此,高校作为民国时期重要的调查力量,其进行的农村调查活动,对认识农村的实际情形具有极为重要的作用。这也

---

[①] 转引自阎明:《一门学科与一个时代——社会学在中国》,清华大学出版社 2004 年版,第 52 页。

正如民国时期著名社会学家李景汉先生总结的社会调查对中国的十大益处："（1）社会调查能促进产生建设国家的具体办法，能帮助寻找民族自救的出路；（2）社会调查可以尽快使中国成为有条理的现代国家；（3）社会调查能帮助人们正确地认清中国民族社会的特点；（4）社会调查是建立中国社会学的基础；（5）社会调查能帮助人们彻底了解中国的社会问题；（6）社会调查使有志救国者，尤其是青年，多用理智，少用感情；（7）社会调查能使民众具有相当的公民常识，不易受奸人的欺骗；（8）社会调查能提高人们的公共精神，增加合作的效率；（9）社会调查能预防灾祸；（10）社会调查可以免除一些国耻。"[①] 知识分子在这段时期内的农村调查活动以及由此得出的关于造成中国农村问题的原因及解决方法的认识，在学术上和社会上都产生了广泛而深刻的影响。此外，知识分子深入农村社会、实地调查农村的做法也在一定程度上改造了中国知识分子。社会实践调查是实现运用科学方法改造社会的基础，成为建设新中国的一个重要工具，同时也是为中华民族找到出路的先锋，是立国之本，其所具有的意义是深远且深刻的。大致来看，主要包括以下五个方面。

### （一）使"唯实求真，不尚空谈"的理念渐入人心

民国时期，面对诸多社会问题，在知识分子心目中，根深蒂固的传统知识观，"惟书惟上"已逐渐让位于注重社会实践的观念。他们开始逐渐信奉理论与实践相结合的观念，坚持真知来源于实地考察与研究的原则。

费孝通在1937年的一封信中说："以前的学者认为学问是在书本上，这种见解有两点是很不正确的。第一点，他们假定我们所需的知识是已经为前人所获得；第二点，他们假定前人所获得的知识是已经写在书本上了"，"获得知识必须和知识所由来的事物相接触。直接的知识是一切理论的基础。在自然科学中，这是已经不成问题，而在社会科学中还有很多人梦想着真理会从天外飞来"。对于这种错误认知，费孝通指出，我们若不认为我们的知识已为前人所获得，不认为知识都已写在书本上，那么"自然应该另开新路。实

---

[①] 参见李景汉：《实地社会调查方法》第一章"社会调查与今日之中国"，转引自钱颖一、李强主编：《老清华的社会科学》，北京大学出版社2011年版，第273页。

地研究包含着几个重要的意思：知识是人对事物的认识，事物本身是常在变迁的，所以任何人类已有的知识却需要不住地修改和增添"。①

1935 年，我国人类学先驱学者李安宅在为他所翻译的英国学者马林诺夫斯基的著作《巫术科学宗教与神话》写译者序时说："我们吃了中外两种八股的亏，这是谁都知道的。但八股底特征是什么呢？不过是为说话而说话，为书本而书本，并不曾针对实在界加以直接体验的功夫而有所对策，所以充满了脑筋与笔墨的只有不自觉的二手货，而无创作力量的头手货罢了。"对于这一现象，李安宅认为必须进行调查，方能了解社会，尤其是了解社会问题，离开社会调查是万万不可能的。他说，不但研究社会学、人类学的人，就是其他一切学科的学者，凡"打算在这个时代有世界公民的资格"，"非有洞观内外那样的新国民底训练"，这种训练就是"实地研究，实地工作"，这才是"针对八股习气所下的订门针"。②

"唯实求真，不尚空谈"的理念渐渐在民国时期的知识分子中被广泛接纳。1918 年 3 月，最早批判传统书写方式和治学方法，提倡实地调查的陶孟和先生有感于中国缺乏对人民生活的记录，遂撰写成《社会调查》《我们政治的生命》等文，以试图从社会调查出发，解读社会事实，从而解决社会问题。陶孟和认为，中国的历史没有一部是描写人民的历史，是写真实情况的历史。中国人民是哑国民，人民的欢乐，人民的冤苦，人民一般生活的状态，除了少数诗歌小说外，绝未有记载出来。因此，陶先生主张把中国社会的各方面调研记录一番。这样做，"一方面可以了解我国社会的长处，凡是对人民生活有益的指点，皆应保存。另一方面，可以找出种种使人民不得其所，或阻害人民发达之处，再探讨改良的方法"。③ 陶孟和先生指出社会调查对于社会改造的指导作用，以及推进社会进步，为人民谋得福祉的深远意义。

与陶孟和一样，许多从事实地调查的学者正是秉持着这一信念深入中国农村，不断探究农村问题，以寻求解决之道。吴景超在谈到英国社会调查先

---

① 费孝通：《关于实地研究》，《费孝通文集》第一卷，第 405 页。
② [英] 马林诺夫斯基著，李安宅译：《巫术科学宗教与神话》，中国民间文艺出版社 1986 年版，译者序第 1 页。
③ 陶孟和：《孟和文存》卷二，亚东图书馆 1925 年版，第 25 页。

驱蒲司的调查工作时，对其注重事实不尚空谈的调查精神大加赞赏，称这种精神在今日混沌之中国社会中最可效。他指出："蒲司所调查的，是世界上一个大城，非有财及有毅力的人办不到，但调查中国一个农村，该不是一件极困难的事罢？中国今日之学生，大半是从农村中来的，但有几个人，已经懂得他农村中的情形？谁能把他自己农村中的家庭状况，经济生活，教育程度，宗教信仰，娱乐方法等等，对他人侃侃而谈，如数家珍？假如自己的一个农村，还没有懂得清楚，如何能懂得全个的中国？"吴先生笃信："实地研究，胜于据椅高谈，闭起眼睛来瞎说，不如放开眼光，去调查一个社会。"[1] 毛泽东在《农村调查》的序言和跋中也特别强调了实地调查工作的重要性，他说："要了解情况，唯一的方法是向社会作调查，……有计划地抓住几个城市、几个乡村，……作几次周密的调查……只有这样，才能使我们具有对中国社会问题的最基础的知识。"[2]

民国时期对农村的调查，无不体现着"唯实求真，不尚空谈"的理念，知识分子们开始运用实际调研及真实情况开启研究，真正开始了理论与实践相结合之路，不仅促进了我国农村的发展，更激发了知识分子的研究热情，纠正了"读书唯上"的思想观念。

### （二）推动了社会学中国化的进程

20世纪二三十年代之前，中国所用的社会学课本皆为洋文原本或译本，缺少本国的材料。中国的史书多半是朝代兴亡的记载，极少注重当时的社会状况和人民生活，即使有也是零零碎碎，且不可靠。陶孟和、李景汉、孙本文、吴文藻、费孝通等一批留洋归来的社会学者开始眼光向下，关注平民，发出到民间去的口号，他们标榜要以精确的调查和统计，来客观地反映事实，揭示社会问题，并以此来验证和发现学说理论，构建中国化的社会学。

卜凯、陈翰笙、李景汉、晏阳初等人开始从事农村社会的调查，用他们在调查研究中得出的结论指导着探究中国农村社会密码，解决中国实际问题。在这个过程中，他们都形成了各自的社会学理论体系，推动着社会学的中国

---

[1] 吴景超：《几个社会学者所用的方法》，《社会学界》，第3卷，1929年。
[2] 毛泽东：《毛泽东选集》第3卷，人民出版社1991年版，第789页。

化和本土化。卜凯的两次农村调查被认为是西方学者利用实证方法对我国农村进行调查和研究的典范。陈翰笙及其领导的中央研究院从马克思主义的观点出发，运用阶级分析的方法着重研究生产关系，并得出了中国社会半殖民地半封建性质的结论。陈翰笙在中国社会调查史上的地位，就是找到了将马克思主义社会分析方法与西方经验研究相结合、分析、了解中国农村实情的途径。李景汉根据定县调查资料写成的《定县社会调查概况》一书，被称为我国近代爱国知识分子以西方社会学方法与技术进行的、以县为单位的社会调查的一个代表作，是中国社会调查史上具有里程碑意义的代表作。晏阳初在河北定县从事平民教育运动，形成了一整套适用于中国落后农村和不发达国家的平民教育及社会改造的理论与方法。他直接提出，"要想使社会调查顺利进行，仅仅掌握了现代科学调查理论与方法是不够的，还必须注意结合中国农村的生活状况。""社会科学和自然科学不同，不能依样画葫芦般地抄袭应用。必须先知道中国社会是什么样，才能着手于科学的系统之建设。"理论必须从中国社会实际中产生，然后再"以中国的社会事实一般的学理原则，促立中国化的社会科学"。[①] 这一社会调查理论对社会科学中国化有直接的积极意义。正是在卜凯、陈翰笙和晏阳初等人所建立的新的理论体系中，产生了中国本土化的社会科学——农村社会学和农业经济学。

明确提出通过精确的调查建立中国化社会学的学者还有吴文藻。他在燕京大学任教时，看到社会学课程主要由外国人教授，不仅教材是外国书，而且课堂讲的也是外国语，于是呼吁学术界同仁要一起努力，建立适合中国国情的社会学教学体系和科研体系，使中国化的社会学"扎根于中国的土壤之上"。吴先生指出，社会学要中国化，最主要的是深入民间，研究中国国情，即通过调查中国各地区的村社和城市的状况，提出改进中国社会结构的参考意见。[②] 此外，社会学家许仕廉也于1925年在《社会学杂志》上发表了《对于社会学教程的研究》一文，该文从当时中国社会学教育和研究中存在的问题入手，明确提出了建设"本国社会学"的理念。之后，社会学家孙本文也明确地阐释了社会学本土化的理念，即构建"中国化"问题，并在学界发起

---

[①] 晏阳初：《定县社会概况调查》，中华平民教育促进会1933年版，第1页。
[②] 刘慧英：《冰心作品新编》，人民文学出版社2009年版，第343页。

倡导构建"中国化的社会学"的活动。特别是在1931年2月举行的中国社会学社第一次年会上，孙氏做了题为"中国社会学之过去现在及将来"的主题演讲，明确提出了"(我们)应该建设一种中国化的社会学。如能采用欧美社会学上之方法，根据欧美社会学家精密有效的学理，整理中国固有的社会思想和社会制度，并依据全国社会实际状况，综合而成有系统有组织的中国化的社会学，此诚今后之急务"。① 这一发言标志着社会学本土化运动在中国正式兴起发展。孙氏也提出了建设中国化的社会学的具体步骤，他说："在中国社会学的建设时期，应当依据有系统的计划，努力切实进行。首先，要有系统地介绍世界名著及欧美重要学说及方法，厘定译名，编辑社会学词典，编纂大学社会学教本及参考用书；其次，整理中国固有的社会学史料；第三，实地研究中国社会之特性，建设一种适合于中国国情的应用社会学，详细研究中国社会问题，加紧探讨中国社会事业和社会行政，切实研究中国社会建设方案。"②

在这些有前瞻意识的社会学学者的推动下，大量社会精英将改进农民生活为目标，以构建中国化的社会学体系为宗旨，取得了丰硕的调查成果。这其中比较成熟的成果主要有：杨开道的《农村调查》（上海世界书局1930年版）、于恩德的《社会调查方法》（北平文化学社1931年版）、言心哲的《社会调查大纲》（上海中华书局1933年版）、李景汉的《实地社会调查方法》（北平星云堂书店1933年版）、张锡昌的《农村社会调查》（上海李明书局1934年版）、陈毅夫的《社会调查与统计学》（上海商务印书馆1935年版）、《定县社会概况调查》《中国土地利用》《江村经济》等。在这些调查成果的基础上，也涌现出如杨开道的《农村社会学》、言心哲的《农村社会学概论》、冯和法的《农村社会学大纲》、李景汉的《实地社会调查方法》、乔启明的《中国农村社会经济学》等一批社会学教材，以此形成的一整套调查理论和方法，如吴景超的发展都市救济农村理论、潘光旦的民族优生和民族复兴理论、

---

① 参见孙本文：《中国社会学之过去现在及将来》，载《中国人口问题》，世界书局1932年版。转引自杨雄、李煜主编：《社会学理论前沿》，上海社会科学院出版社2016年版，第155页。

② 参见孙本文：《当代中国社会学》，商务印书馆2011年版，第296—298页。

陈达的马克思主义观点社会学理论以及吴文藻基于英国功能学派理论提出的社区功能理论等。这些理论的提出，助力中国社会学科理论体系的建立，开辟了社会学中国化的新途径，推动了社会学中国化、本土化的进程，同样也成为中国传统学术实现现代转型的重要标志。

同样，实地的社会调查也培养了一批社会学人才。"在中国，采用科学方法，研究社会状况，只不过是近十年的事。从前我国的士大夫，向来秉持半部论语治天下的态度宗旨，对于现实的社会状况，毫不注意。"当时一批批的留学生、大学生、教授、学者、医务人员纷纷奔向农村，深入到田间地头进行实地调查。他们离开大城市，走到条件艰苦的乡村，与贫苦农民生活在一起。对于知识分子来讲，起初深入农村是存在一些困难的。李景汉曾指出，调查者往往会因为农村人的气味、房屋的卫生、食品的粗劣等情况而百般抵触。面对诸多困难，知识分子还是坚持将农村调查进行到底，这种精神值得学习。

民国时期高校及社会各界学者对于农村社会调查的研究极大地加快了社会学中国化的进程，推动更多具有中国特色、符合中国实际的社会学书籍出版，摆脱了中国仅依靠翻译外文的社会学学习状况，对于我国建设新中国以及社会学在中国的发展都具有积极促进作用。

### （三）增进了人们对当时农村及一系列社会问题的认识与研究

从调查意义而言，对于农村的调查大致可分为两种：一种为学理研究，一种为改良根据。前者是肯定一个宗旨，分析农村社会内之一种现象或一个问题，属于专门研究。后者是记载农村社会的重要因子，预备充分材料，以求有系统有计划地去建设农村。民国时期对农村的调查经历了一个从学理研究为主到以应用为主的发展过程，在这个过程当中也经历了学理与应用并重的阶段。民国时期农村调查兴起之时，其调查目的基本是属于学理研究，如狄德莫教授指导学生对清华园附近农户生活费的调查。1924年，兰姆森指导杨树浦附近农家调查时指出："主要目的在了解工业化对于农村影响的情形。"他们基本上是应社会学的教学需要，把西方的社会调查方法施用到中国社会，进行实地调查，求得经验，并达到认识乡村的目的。因此，这些调查一般多在学校附近，因为交通比较方便，与农民交流较易。其后，随着农村问题的日益突出，任何人在进行农村调查时都不能不回答农村面临的问题。因此，许多院校在注重学理研究的同时，开始更多地关注如何使调查成果成为改良农村的根据。如1935年，金陵大学农学院的《京郊农村调查》一书中就指出，社会调查之要义在实地搜集材料，应用科学方法，加以分析统计，以察知社会病态所在，而后对症施药；研究农业科学不仅在书本上之死知识，应以理论证诸实际，在实际中发现理论，真正做到理论联系实际。

民国时期的学者在调查过程中，他们往往通过具体的统计数字认识农村社会事实，来探寻农村社会发展的客观规律。例如言心哲的《中国乡村人口问题之分析》，作者通过周密的调查得出："中国北方农村，平均每家全年收入约218元，食品费占总支出的比例平均约64%，杂费占14%；中东部地区平均每家全年收入约316元，食品费占总支出比例平均约56%，杂费平均约占21%。"① 这说明当时中国农民的生活程度极低，因各地人口、经济、物价等不同，生活程度也有差异，中部和东部地区比北方要高一些。又如1929年陈翰笙主持的无锡农村经济调查，调查团历经三个多月，深入农村最底层，挨户调查了22个村，并且还调查了55个村的概况、8个市镇的工商业、1204户农户的经济生活，这些都得到了详细记录，所得材料的可靠性约在90%以上。通过调查发现："借贷、押当、起会、放账等高利贷资本和商业资本在无锡农村中具有雄厚的势力，百分之八九的农户差不多都负有债务。近年来，因为战争和农村骚动的影响，乡村资本愈益趋向城市。农户借贷，更加困难。"② 这表明当时的中国是个落后的农业国，农民受到帝国主义以及封建势力的双重压迫，生活困苦，已处于破产边缘。

民国时期高校的农村调查集中体现了当时的农业问题专家对中国农村最直接的分析、透视，他们提出的关于解决农村社会危机的方法，对于国民政府、中国共产党以及其他关注中国农村问题的团体或个人来说，都具有非常重要的意义。民国知识分子的多数农村调查不只是为了调查而调查，更多的是为了社会的实际需要。他们的调查成果对国共双方在农村的政策产生了一

---

① 言心哲：《农村家庭调查》，商务印书馆1935年版，第140—148页。
② 陈翰笙：《四个时代的我：陈翰笙回忆录》，中国文史出版社2012年版，第46页。

定影响。随着高校学者农村调查的深入，民国政府开始关注并重视农业问题。1933年5月，南京国民政府成立农村复兴委员会，复兴委员会主要是通过开展农村调查与研究，为行政院制定农村政策提供参考依据。在农村复兴委员会的提议下，设立了中央农业实验所和中央农业银行，进行有关农村产销、金融等状况的调查，陈翰笙、孙晓村等人当时还参与了国民政府的调查活动。作为南京国民政府的农业技术顾问，卜凯曾提出了一整套共108条改进农业经济的建议。如果说以卜凯为代表的技术学派的观点曾成为国民党政府制定农业政策的基础，以陈翰笙为代表的分配学派的观点就成为共产党社会革命的理论基石。"陈翰笙在中国社会调查史上的地位，就是找到了将马克思主义社会分析方法与西方经验研究相结合分析、了解中国农村实情的途径。"在20世纪30年代，陈翰笙组织调查团通过几次大的实地调查，以大量的调查数据，证明了中国半殖民地半封建的社会性质，说明了当时中国农村中存在着严重的封建剥削。这即是以陈翰笙为首的中国农村派调查研究的理论指导。陈翰笙等人用调查事实论证了中共进行土地革命的正确性和合理性，为中共进行土地革命提供了一定的借鉴。

实践的意义不仅在于得出结论，更重要的是将得出的结论更好地运用于指导实践中去，高校对于农村社会一系列问题的研究，揭示出当时社会存在的问题及弊端，为社会问题的解决提供了数据支撑。

### （四）推动了调查方法的改进和调查经验的积累

卜凯、费孝通和李景汉等人领导的农村调查在学术上有重大价值。其一是调查数据的搜集与保存。卜凯、费孝通和李景汉等人都接受过系统的西方科学的训练，他们以正确的社会学理论、科学的调查方法领导调查团进行的农村调查及其调查成果，为我们研究当时农村社会留下了大量客观、系统、精确的农村资料。这些数据都是民国时期的社会科学学者经过深入的实地调查，并经过系统标准的加工整理之后得到的。这些调查资料以及依据资料创作的成果，不论对当时还是现在来说都是一大贡献。

如韩明谟称定县社会调查成果是"20世纪30年代中期社会调查研究发展

到高峰时期具有代表意义的一部调查成果"。① 李景汉把自己的调查比作是"矿工把山间一块一块的矿石开出来，送给化验师们去化炼，由他们随便炼出什么有价值的东西来。凡是注意农村问题的人们，大概都可以从本书中得到一些有价值的矿石"。他在《定县社会调查概况》一书序言中写道，他不希望本书"有什么特殊的贡献"，但"至少可以帮助人们对于中国一般的农村情况有一个鸟瞰的认识，尤其是从这些数字里可以发现许多的农村社会问题，得到许多社会现象的线索"。②

进行全国性的农村调查是当时学者的最高目标，但是以当时有限的技术、人员和经费等都不能进行全国性的调查。所以，费孝通、李景汉等人便只好退而求其次，选择具有一定典型性的地点，从事小范围的地区调查。他们在调查的组织实施、调查的设计与规划、调查的方式与方法、调查资料的整理和分析等各个方面，发现问题，积累经验，从而使源自西方的现代社会调查更加适合中国社会的实际状况，建立起中国自己的社会调查体系，也为更大范围的国情普查奠定方法论的基础。比如调查表格的使用，"是现代调查方法的突出特点，这种形式简单明确，易于统计和分析"。再比如定县调查为减少农民的误会，调查表格在措辞上还格外注意。比如本应"户口调查表"，改为"拜访乡村人家谈话表"，因农民害怕听"调查员"而写"拜访者"等，都属于定县调查的独创。在调查过程中广泛使用个案法、抽样法、普查法等，都是当时西方社会学界所通行的方法。李景汉还创作了一部专门介绍调查方法的著作——《实地社会调查方法》，论述了社会调查的意义、种类、起源和发展、调查步骤以及在中国调查的困难和应对办法等内容，将自己实地调查的经验编著成书。这些调查经验与方法，为以后进行大规模的调查提供了参考。

**（五）对新时代乡村振兴也有一定的历史启示意义**

当前，中国农村正处在急剧变革之中。在这一历史进程中，中国传统的古老农业文明正在逐步地消逝，新兴的农业文明正在迅速发育和生长。可以

---

① 韩明谟：《中国社会学调查研究方法和方法论发展的三个里程碑》，《北京大学学报》（哲学社会科学版），1997年第4期，第5—15页。

② 李景汉：《定县社会概况调查》，上海人民出版社2005年版，第13页。

说，当今世界没有什么比中国农村的变迁还迅速和复杂的例子了。以民国时期的农村调查来看，调查热潮触及了在整个思想领域上关于如何着手认识、解决中国农村问题的观念，许多专家学者针对当时农村出现的一系列问题提出了很有价值的对策和建议。例如李景汉、晏阳初领导的定县实验区的社会调查工作，调查者站在平民教育运动的立场上，"是要以有系统的科学方法，实地调查定县一切社会情况，特别注意愚、穷、弱、私四种现象"。[①] 针对农村社会愚、穷、弱、私四大通病，晏阳初相应提出了四大教育：以"文艺教育"作为攻愚的利器，以养成"知识力"；以"生计教育"作为攻穷的法宝，以养成"生产力"；以"卫生教育"作为攻弱的良方，以养成"健康力"；以"公民教育"作为攻私的火炮，以养成"团结力"。如今，农村不少地方民智尚未完全开化，仍然存在愚、穷、弱、私的现象，而这些村落要从传统农业社会中走出来，建立民主、富裕的现代化农村，可以从定县实验中循迹，晏阳初的做法对新时代乡村振兴也具有很大的适用性。

总的来看，许多调查主体之所以从事农村调查，既有出于认识和改良农村的需要，又有出于发展学术的目的，也可能是两者兼而有之。主体的倾向、目的决定其调查的重点与结论是否客观等。在民国高校从事教育和研究工作的各类学者，有着比普通人优越的生活条件和社会地位。他们的调查更多的是从学术研究出发，通过实地调查获得第一手材料，当作学理的研究，以充实调查之经验，施展学术之体用。当然，在调查走访过程中，他们多次看到农村社会的衰败，也希望通过调查发现解决农村实际问题的方法，进而达到改良农村的目的。同时，这些农村调查推动了中国农村调查研究的本土化进程，使我们对民国乡村社会及其诸多问题有了更为深入的了解，同时也对现阶段的新农村建设具有重要的现实借鉴作用。

此外，调查还为当今的知识分子深入农村社会提供了经验，同时也对现阶段的新农村建设具有重要的现实借鉴作用。如知识分子深入农村社会，将自己所掌握的先进的农业技术教授给当地农民，从而促进农业经济的发展。而且将学术研究与实际生产生活结合起来，将农村大环境作为高校、科研机构的天然实验室，使科学研究更贴近农村实际情况，更好地为农村社会服务。

---

① 李景汉：《定县社会概况调查》，上海人民出版社2005年版，第13页。

认知与改良：中国高校的农村调查活动研究（1912—1949）

## 第二节　民国时期高校农村调查的局限

　　民国时期各个高校所进行的广泛的农村社会调查，在客观上具有积极的意义，不但为解决中国当时的农村社会经济危机，为中国传统小农经济模式的改造提供了思路、方法，而且也为认识和把握当时中国的社会性质，为中国革命提供了有力的实证依据。但不可否认，由于各个高校在调查目的、政治观点、本身的社会背景等方面的差异，从而导致他们在调查结论、解决农村危机的具体方法上产生了明显的分歧，而且也深深地打上了时代局限的烙印。

　　民国时期著名的社会调查学者李景汉先生在所著《实地社会调查方法》一书中对当时从事社会调查工作遇到的困难进行了归纳，主要有十六条：其一，调查人才缺乏；其二，参考材料缺乏；其三，公私机关大半不愿意帮忙合作，不支持调查；其四，人民的怀疑与害怕；其五，各种数量单位不统一，如货币单位混乱，制钱的一千文或一百文的实际数目各处不同，各时代亦不同，各地各时期铜元兑换数目不一致，银子的成色、行市、纸币的折价不一致，度量衡混乱，尺有木尺、布尺等，斗与石的种类很多，斤的种类有肉斤、粮米斤、棉花斤，秤有买物称和卖物称等分别，亩有大亩小亩的不同；其六，各地方民性之殊异；其七，各地方言不同，阻碍交流，对外乡人来调查，易产生误会与怀疑；其八，中国人模模糊糊的习惯，含糊、笼统而不准确，这是调查精确事实的最大致命伤之一；其九，麻木不仁的状态，回答问题时非常缓慢；其十，秩序混乱的习惯，社会调查注重系统的科学方法，而中国人的日常生活与科学性相反，例如开会、赴宴多不守时，街上行人、车马乱走无序，饭馆内高声谈话；其十一，文字的不准确，中国文字之特点：（一）单字与名词一向无精确的定义；（二）文字长于言情，而不适于说理；（三）文章喜用借喻的形容法，而实际毫无意义；（四）言过其实且喜夸大；其十二，过于讲面子，不顾真假是非；其十三，旁观的态度，社会调查是件必须求人帮忙合作，而尤须得到人们同情，方能办到的事；其十四，延缓性，填写一张表格，须用数次极长的时间，方能得到比较满意的结果；其十五，敷衍虚伪，缺乏直爽与诚意，不肯办的事，不愿直说，或是缺乏勇气不敢直说，或是推故托病不见，或是谎言搪塞，或满口应承而心中别有主见，表面上叫你过得去，而实际毫无帮助；其十六，不彻底性，重道德而轻法律，知足、无为、消极。①

此外，农村调查的调查方法具有了多样化的特征，不仅有 Booth 式调查，还有社会学调查，以及以马克思主义阶级分析为指导的调查方法，不同方法指导下的农村经济调查，产生了风格迥异的调查成果，得出了不同的结论。如李景汉对定县农村调查事实不做任何评论，甚至连详细的解释都不做，竭力保存调查报告的本来面目。然而，这种调查方法却遭到了燕京大学社会学系的批评。陈翰笙等则把调查方向直指农村中的生产关系，他明确指出，一切生产关系的总和，造成社会的基础结构，这是真正社会学研究的出发点，而大部分的生产关系是属于农村的。

但另一方面，对广大农民而言，社会调查还完全是陌生的东西。农民既难以理解调查的意义，也不愿意积极配合，往往使调查难以获得理想效果。因此，调查之前如何使农村中的被调查者不反对，并接受社会调查以至帮忙合作，是调查工作里的一道难关，而打破这道难关就需要借助乡村中的传统社会关系。对此，李景汉认为，若要使地方人士对于社会调查有充分的，或至少相当的认识，可以从两方面入手进行：一方面是适当地宣传，宣传的目的是要使地方的各界人士了解社会调查的意义。又一方面是举行与他们生活真有利益的实际工作。因于社会调查本身是一种工具、手段，不是目的，难以马上就能给人民能见到的显然利益，因此社会调查不易单独进行，而应在其举行前后及过程中，最好与一种其他易见到利益的社会事业联系起来，共同进行。同时，举行社会调查之前要先得到民众信任，而不可伤民众的感情。事实上，民国时期的农村经济调查大多是借助乡村中传统社会关系才能顺利进行。在利用乡村中传统的社会关系取得农民信任后，调查者就可以运用现代调查技术实施调查。采用的方法大致有概况调查、挨户调查、选样调查、

---

① 李景汉：《实地社会调查方法》，上海书店出版社 1991 年影印版，第 29—35 页。

通讯调查，而在具体调查过程中每一步都可以看到现代技术方法的运用。比如调查人员的选任就有 17 种标准之多；而调查工具的准备就包括印好的各种表格、文具、记录簿、统计纸、绘图纸、绘图仪器、测量器、带尺、算盘、计算器、照相器、自行车、留声机、电影以及一切日用品和特殊器具；还有调查表格及统计学方法的广泛应用，更显现现代技术手段在实地调查中的作用。正是由于现代调查技术方法与乡村传统社会关系的结合，才使得民国时期农村经济调查顺利进行，并有比较可靠准确的调查成果。

因此，民国时期的农村调查热潮同样也存在上述一些问题。简而言之，由于受当时条件、环境、技术等因素的限制，农村调查不可能在全国范围内发起，我们也就很难把握和了解民国时期中国农村社会的整体状况。同时，作为一个学科的发展，需要不断开拓基础理论和应用研究的新领域，需要不断更新社会学调研方法论和各种专门技术，以求更好地、科学地认识对象。[①]但在当时条件下，这些都是难以做到的。特别是资料的缺失，更加剧了高校农村调查的困难。民国时期，国内民众对调查的认识不足，所以时常不情愿供给调查者资料，即便是政府机构及国家机关保存的资料，调查者也很难获取，以至于民国时期的农村调查在基础理论和研究方面存在很多局限，大量的经验调查材料有待于进一步归纳和总结，有些调查水平低下，方法和技术也不够科学，调查者主观意愿影响太大，也给调查留下一些遗憾。这也正如近代乡村建设运动的倡导者之一的晏阳初先生，在为李景汉《定县社会概况调查》一书的序言中所说：调查者的技术固须训练，被调查者也同样的须受技术的训练。譬如我们为调查农民家庭岁入和岁出的情形，而要他们记账，便须先训练他们能写，能算，就是说，他们信仰你，而愿意帮助你，但是帮助你的能力，还须你先替他们培养起来。这是一切中国建设事业的共同问题，一切从事中国建设事业的人都应体会——我们正在要建盖房子，本来招工，购料，就可开始，但是我们现在的中国啊，正是工料全无。我们须得先栽树，烧砖，训练工人。[②]

---

① 吴怀连：《从农村社会学的发展看社会学中国化道路》，《理论月刊》，1993 年第 5 期，第 14—18 页。
② 参见李景汉：《定县社会概况调查》，中国人民大学出版社 1986 年版，晏序，1—4 页。

## 小 结

  民国时期的高校农村调查使得"唯实求真,不尚空谈"的理念渐入人心,也间接地推动了我国社会学科的发展壮大,并鼓舞了一大批青年才俊加入到农村调查中来,这对于深入了解我国农村的社会问题具有极大作用,对新时代乡村振兴仍能提供历史借鉴,同时也对调查方法的改进和调查经验的积累具有促进作用。然而,民国时期各高校所从事的农村调查仍存在一定的缺陷。简而言之,就是由于受当时条件、环境、技术等因素的限制,农村调查准确和科学地把握和了解民国时期中国农村社会的整体状况,这些都是难以避免的。特别是基础文献资料的缺失,更加剧了高校农村调查的困难。民国时期,国内民众对调查的认识不足,所以时常不情愿供给调查者资料。即便是政府机构及国家机关保存的资料,调查者也很难获取。以致民国时期的农村调查在基础理论和研究方面存在很多局限,大量的经验调查材料有待于进一步归纳和总结。尽管如此,我们在发掘和借鉴民国时期有关"三农"研究的学术史料时,农村调查依然是不可或缺的。学习这些调查成果,不仅可以大大拓宽我们的学术视野,使我们对民国时期的乡村社会进行更切实与更深入的理解,而且对当前乡村治理与建设、农村政策制定以及农业科学研究也具有重要的借鉴意义。

# 结 论

  清末西方社会学著作的介绍和引入，为内外交困的中国带来了先进的社会学理论，同时也为当时因农村经济破产、农村崩溃而迷茫困扰的中国学者带来了启发，提供了解决问题的思路和方法。也正是因为社会改良的迫切需求以及社会学思想与中国固有的社会思想的共融之处，才能使社会学如此迅速植根到中国思想文化土壤中，指导中国的社会调查实践。民国时期高校的农村社会调查热潮，既是社会学本土化的一次质的飞跃，也是社会调查在中国的广泛应用和实践。也是在这个时候，随着对社会学的关注和学术重点向研究农村问题的转移，社会调查成为了我们了解中国农村社会最基本最有效的方式。中国农村社会依附中国五千年的文明而生，历经发展、繁荣、危机、破产，现在更是成为中国现代化进程中建设和改革的关键，农村复兴正当其时。而农村的复兴离不开对社会问题的深入了解，与社会调查密不可分。农村社会调查贯穿于近代以来中国发展的各个历史阶段，从民国时期的社会调查热潮到延安时期中国共产党大型农村调查活动到如今新时代大兴调查研究之风，诸多有识之士都能切身体会到调查研究对于社会发展与进步的重要作用。

  民国时期高校的农村调查活动为我们展现了当时中国农村农业、经济、社会结构等方面的真实面貌，为当时的国民政府解决农村矛盾、破解农村难题、制定农村政策提供了珍贵的第一手资料。选取这一课题进行研究，既是基于完善相关历史研究的目的，也是旨在向大众展示社会调查的必要性和重要性。① 中国特色社会主义进入新时代后，党和国家依然将"三农"问题定位为工作的重中之重。乡村振兴战略提出后，更是要求我们加深理解，明确思路，深化认识，切实把农村工作做好，促进农业全面升级、农村全面进步、农民全面发展。而调查研究作为谋事之基、成事之道，对于我们实现乡村振兴、农村现代化弥足珍贵。

民国时期的中国农村饱受帝国主义侵略之苦，战乱不断、天灾人祸引发农村危机，农民饱受经济凋敝之苦。一个世纪以后的今天，中国农村逐渐走上复兴道路，逐渐重现往日繁荣。但新时代的农村建设并非一帆风顺，在摆脱了侵略和战乱的困扰之后，如何实现农村现代化改革，实现乡村振兴成为了当前的关键所在。民国时期"复兴农村"的呼声与百年之后的"乡村振兴"遥相呼应，当时的知识分子与新时代的专家学者产生共鸣，为新时代乡村振兴战略提供了经验指引。

第一，考究民国时期高校农村调查活动的成效，反思其对于复兴农村的成败得失，以期对现代农村社会调查有所启发。这一时期高等学校的数量、规模迅速增长，随着社会学系学科的广泛建立，社会调查作为社会学研究的基础方法自然受到各大高校的追捧，而当时农村矛盾的爆发，也使社会调查的关注点转移到农村中来。可以说正是由于他们对农村的宣传、关注、调查，农村才受到更多的重视，是对农村发展道路的有益尝试，对农村的复兴起到了一定的推动作用。但从调查的效果来看，只是使农村面貌有所改观而不是根本转变。高校的农村调查并没有真正找到农村经济凋敝的症结所在，也没有抓住当时农村最迫切需要解决的关键问题，这是无法真正实现农村复兴，无法真正拯救农村的。反思这一得失成败，我们至少能得到两点思考：一是坚持从实际出发，以问题为导向，找准"牛鼻子"，发现并提出合适的问题作导向，调查研究就成功了一半。调查研究是一个了解现实的过程，是理论联系实际的重要环节，是实现以科学方法改造农村社会的基础。通过实地调查，

---

① 本研究的创新点与侧重点在于丰富了对民国时期高校农村调查的研究，对这一时期的调查内容进行全面的汇总和论述。以前对于民国高校农村调查的研究多以具体的个案为研究对象，所呈现的研究结果属于微观层面，因此本研究相比之下内容更加全面，对之前的研究进行了补充，同时也为后续研究提供了基础。

能够避免不顾客观条件一味强调"做大做强",盲目发展。我国农村地域性差异大,各地经济、社会发展水平不一,做好"三农"工作一定要因地制宜,对地方农业和农村发展有清晰的定位,抓住地方特色,根据当地的状况选择合乎规律的改造方式,才能使更多的农民走上致富的道路,摆脱现实困境。二是农村调查要以人民为中心。实现农村复兴是为了实现农村经济发展,最终目的是服务广大的农民群众,提升农民幸福感获得感,而不是为了什么别的政治目的。只有认识到这一点,我们才不会在乡村振兴战略的实施中与党的宗旨背道而驰。2021年政府工作报告中指出,5575万农村贫困人口实现脱贫,区域性整体贫困得到解决,完成了消除绝对贫困的艰巨任务。在满足物质需求、解决温饱的基础上,还要满足农民自身全方位、多层次发展的需求,如提升农村人居环境、加强精神文明建设。我们调查研究始终坚持以人为核心全面推进乡村振兴。

第二,充分认识调查研究的重要性。民国时期高校的农村调查极具科学性、成果颇丰,在调查实践中不仅了解了农村的真实情况,探索出农村衰败的原因,还根据调查的结果来改善社会实际生活,这些为我们今天农村的建设提供了一些思路。这一点可以从定县实验中循迹,晏阳初的做法对当前的农村建设也具有很大的适用性。如今农村仍然存在愚、穷、弱、私的现象,从传统农业社会中走出来,建立民主、富裕的现代化农村,是我们工作的关键所在。而想要做好农村工作,必须了解农村工作的对象,即农业、农村、农民。只有深入农民开展调查,从大量琐碎的材料中去伪存真、综合分析,才能在此基础上提出切实可行的政策建议或做出正确的工作决策。所以我们应当重视调查,甚至精通农村调查的本领,走出"文山会海",不限于在书本上、网络上得到的信息,让调查走出校门、深入田间,了解真实的情况和问题,不断提高"三农"工作水平。虽然我国城市人口的比重逐年增长,农业在国内生产总值中的比重也在下降,但是"三农"作为关系国计民生的基础性地位不会变,作为全党工作的重中之重的基础性地位不会变,乡村仍是农民安身立命的居所的国情不会变,这迫切需要我们进行持久的深入调查。今天的农村社会面临诸多新问题,如在土地流转方面,有些农民虽然已不以种田为生,但又不愿进行土地流转,而是期待城市资本下乡以期土地升值,由此阻碍了农村土地流转，也阻碍了政府进行规模经营、机械化经营，降低了土地资源利用效果。这些问题亟待深入细致的调研，并发现问题的症结所在。我们可以在完善农村基本制度和现代乡村社会治理体制的基础上，建立健全政府领导、基层党组织负责、社会协同、公众参与的社会调查工作体系，充分带动全社会调研热情，为实施好乡村振兴战略筑牢根基。同时把巩固拓展脱贫攻坚成果与之相衔接，确保不发生规模性返贫。

第三，充分结合社会学、人类学等理论成果，完善我国的社会调查研究理论和方法，建立一套完整的调研工作体系，提升调查研究工作质量。长期以来，在农村开展社会调查的艰巨性远大于城市，农村社区具有分散性，"三里一村，十里一铺"是我国农村的基本格局，加之交通不便和村民文化程度普遍相对较低，在农村开展社会调查阻力颇多。民国时期高校的农村调查活动在实践中逐渐完善，涉及抽样、个案等多种类型，综合运用问卷、访谈等多种调查方法，并出现了针对农村家庭、经济、教育、卫生、市场的专题调查，为我国的社会调查理论提供了丰富的研究资料和丰硕的实践成果，对于今天我们建立完整的调查研究体系有重要的借鉴意义。当时的农村调查活动聚集了高校的高素质人才，他们深受"唯实求真，不尚空谈"理念的影响，掌握着较为先进的社会调查方法，他们开展的社会调查大多运用了现代经济学、统计学、社会学等多种学科方法和调查手段，调查数据相对准确，并在调查实践中通过建立实验区，开展乡村建设实验，使调查成果得到了充分运用。这一时期高校农村调查已经具有科学化、规范化的特点。我们需要在对这些资料进行学术研究的基础上，结合现代中国社会调查的实践经验和最新理论成果，归纳整理出现代社会调查的方法，并借助农业信息化的迅速发展进行大数据分析，将调查和研究充分结合，巩固调研成果。在坚持党委领导、政府负责、社会协同、公众参与、法治保障的社会治理工作体系的基础上，建立起立足于中国实际、现代化、科技化的调查研究工作体系，不断提升调查研究工作质量，让调查研究真正成为乡村振兴过程中的有力抓手。

第四，继续开展大规模的农村调查实践，培养高素质社会调查人才，培养知农爱农人才。高校知识分子是民国时期高校的农村调查的主力军，他们有理想有信仰，有能力有学识，搜集与保存了大量客观、细密以及准确的调研数据，并在调研过程中深入农村，向农民传授先进的生产经验，在农村复兴之路上做出了巨大贡献。在乡村振兴的大背景下，新时代的高素质人才同样保有对农村的热爱、对助力农村发展的热忱。高校知识分子在开展农村调查实践中，通过接触土地与人民能够获得一些感性的认识，看到真实的场景所带来的认识，远比在图书馆的文献或实验室的数据更为真实、更接地气。不同于直接拿来的数据，在对自己调查所得的数据进行分析时，结合了对真实世界的感觉，对农村现实情况的观察和体悟也会更深，有利于准确地判断农村社会现象的本质，提出解决农村问题的对策。这一过程中实现了经验与理论的交融碰撞，把课堂所读的有字之书与实践中所读的无字之书结合起来，在锤炼社会调查能力和本领的同时也培养"懂农业、爱农村、爱农民"的情怀。如某高校组织千余名师生深入西北乡村调查，在广袤的田间地头，他们切身感受农村的深刻变化，更加认清开展西北乡村调查的紧迫性和必要性。他们的调查带有强烈的使命感和自豪感，自愿肩负起实施乡村振兴战略的时代使命，在调查过程中不仅熟悉了行政区划、人文历史等基本情况，更是在表格归档、数据整合等一系列流程中提高了调研本领。该调查注重总结，扩大工作成果，整理了《调查团队总结报告汇编》《调查队员心得体会汇编》，共收编了308份总结报告、140份心得体会，为相关省区乡村振兴规划提供科学依据，搭建乡村类型基础数据库平台。也有高校教师牵头组建农村调研团队，进行课题研究，为农村产业发展提供技术支持。要继续发扬调查研究的优良传统，继续大力开展农村调查实践，大兴调查研究之风，尤其是鼓励热爱农村的知识分子积极投入到农村调查的实践中，为乡村的复兴注入新动能。

  总而言之，对民国时期高校的农村调查状况进行全面的考察，是一个极难的工程。尽管笔者在写作过程中广泛爬梳史料，力求资料的完备，且也得到了一些机构老师的热情帮助，但肯定仍有不少遗漏，有待于笔者今后再进一步补充完善。也希望各位读者朋友不吝赐教，是为至盼。

# 附　录

## 附录一　　农村调查报告书[①]

1. 郭葆琳、王兰馨编辑：《东三省农林垦务调查书》，东京：神田印刷所，1915年。

2. 《督办广东治河事宜处报告书：中华民国七年第二期》，万盛印务局，1918年。

3. 金城：《新昌农事调查》，1919年。

4. 林修竹编：《山东各县乡土调查录》，山东省长公署教育科，1920年。

5. 直隶农业讲习所编：《直隶农业讲习所农事调查报告书》，天津：华新印刷局，1920年。

6. 山东公立农业专门学校、山东农业调查会编：《山东之农业概况》，济南：启明印刷社，1922年。

7. 东南大学农科编：《江苏省农业调查录　金陵道属》，江苏省教育实业行政联合会，1923年。

8. 东南大学农科编：《江苏省农业调查录　苏常道属》，江苏省教育实业行政联合会，1923年。

9. 陈达：《社会调查的尝试》，北京：清华学校，1923年。

10. ［美］白克令著，张镜予译：《社会调查——沈家行实况》，上海：商务印书馆，1924年。

11. Dickinson Jean, *Observations on the Social Life of a North China Village*, Peiping: Department of Sociology Yenching University, 1924.

12. 东南大学农科编：《江苏省农业调查录　沪海道属》，江苏省教育实业行政联合会，1924年。

---

[①] 20世纪二三十年代的农村调查报告书汗牛充栋，本文选取其中具有代表性的390篇农村调查报告及研究论著以供读者参考使用。

13. 顺直水利委员会编：《顺直河道治本计划报告书》，顺直水利委员会，1925年。

14. 国立广东大学农科学院编：《广东农业概况调查报告书》，广州：国立广东大学农科学院，1925年。

15. D. H. Kulp, *Country Life in South China: The Sociology of Familism*, N. Y: Teachers College, Columbia University, 1925.

16. 中华职业教育社：《昆山县徐公桥乡区社会状况调查报告书》，北京：中华职业教育社，1926年7月。

17. 张横秋：《今日乡村教会的观察》，上海：中华全国基督教协进会乡村教会农民生活事业委员会，1926年。

18. 陈焕锦：《进让村调查》，北京：燕京大学社会学士毕业论文，1927年。

19. 《历城县乡土调查录》，1927年。

20. 江苏省农民协会筹备委员会：《江苏省田租调查报告》，1927年11月。

21. 江苏省农民协会筹备委员会调查：《江苏农佃状况》，1927年。

22. Buck, J. Lossing, *Farm ownership and tenancy in China*, Shanghai: National Christian Council, 1927.

23. 国立第三中山大学浙江大学劳农学院推广部：《农家调查统计第一、二报》，1927年12月及1928年7月。

24. 林保元等编：《调查浙西水道报告书》，太湖流域水利工程局，1928年。

25. 湖北建设厅：《湖北省二十县农村经济调查表册》，1928年。

26. 《国立浙江大学农学院浙江省立蚕业改良场调查报告第一号》，1928年11月。

27. 东省铁路经济调查局编辑：《北满农业》，哈尔滨：东省铁路经济调查局，1928年。

28. [美]卜凯著，徐澄译：《芜湖一百零二农家之社会的及经济的调查》，南京：金陵大学农林科，1928年。

29. 《民俗妙峰山进香调查专号第69、70期合期》，广州：国立中山大学语言历史学研究所，1929年。

30. 黎光明：《川西民俗调查记录》，1929年。

31. 颜复礼、商承祖编：《广西凌云瑶人调查报告》，中央研究院社会科学研究所，1929 年国立中央研究院社会科学研究所专刊第 2 号。

32. 许植方：《萧山红萝卜之研究》，浙江省农矿调查所，1929 年。

33. 陈翰笙等编：《亩的差异——无锡 22 村稻田的 173 种大小不同的亩》，上海：中央研究院社会科学研究所，1929 年。

34. 中华职业教育社编：《农民生计调查报告》，上海：中华职业教育社，1929 年。

35. ［美］卜凯著，孙文郁译：《河北盐山县一百五十农家之经济及社会调查》，南京：金陵大学农林科，1929 年。

36. 李景汉：《北平郊外之乡村家庭》，上海：中华教育文化基金董事会社会调查部，1929 年。

37. 李景汉：《一百六十四家经济与社会调查》，上海：商务印书馆，1929 年。

38. 万树庸：《沪宁道上农民新村查考记略》，北京：燕京大学社会学系，1930 年 6 月。

39. 张汉林：《丹阳农村经济调查》，丹阳：江苏农民银行总行，1930 年 9 月。

40. 《东江水源林调查报告书》，广州：广东建设厅农林局，1930 年。

41. 逄兰翠：《调查二十家村民衣食住　临榆县》，北京：燕京大学教育学系，1930 年。

42. 赵承信：《广东新会慈溪土地分配调查》，北京：燕京大学社会学系学士毕业论文，1930 年。

43. 李景汉：《五百一十五农村家庭研究》，北京：燕京大学社会学系，1930 年。

44. 徐澄：《两个乡村的观察和比较》，南京：金陵大学农学院，1930 年。

45. 董时进：《罗道庄之经济及社会情形》，北京：北平大学农学院，1930 年。

46. 浙江大学农学院三年级社会系学生：《浙江八县农村调查报告》，杭州：浙江大学，1930 年。

47. 许仕廉：《一个市镇调查的尝试（宛平清河镇）》，北京：燕京大学社会学系，1930年。

48. Cato Young & etc.., Ching Ho: a Sociological Analysis Peiping: Dept. of sociology & social work. Yenching University, 1930.

49. 张折桂：《定县大王耨村人口调查》，北京：燕京大学社会学系，1931年。

50. 《浙江临安农村调查》，杭州：建设委员会调查浙江经济所，1931年。

51. 王寅生：《中国北部的兵差与农民》，薛品轩、石凯福编，上海：国立中央研究院社会科学研究所，1931年。

52. 董时进：《考察四川农业及经济情形报告》，北京：北平大学农学院，1931年2月。

53. 赵承信：《广东新公慈溪土地分配调查》，北京：燕京大学社会学系，1931年6月。

54. 太湖流域水利委员会编：《太湖流域民国二十年洪水测验调查专刊》，苏州：太湖流域水利委员会，1931年。

55. 《东省林业》，苏林中东铁路经济调查局，1931年。

56. 李觉等调查：《南路水源林调查报告书》，广州：广东建设厅农林局，1931年。

57. 李觉等调查：《韩江水源林调查报告书》，广州：广东建设厅农林局，1931年。

58. 顾倬、朱云泉编：《江苏无锡农村经济调查》第一集第四区，无锡：江苏省农民银行，1931年12月。

59. 金维坚编：《铜山农村经济调查》，镇江：江苏省农民银行，1931年。

60. 王正：《中国北部土壤内Hp值之研究》，实业部地质调查所、国立北平研究院地质学研究所土壤专报第3号，北京：西城兵马司，1931年10月。

61. 肖查理、邵德馨译：《中国土壤一概观之实地考察》，实业部地质调查所、国立北平研究院地质学研究所，1931年。

62. 郑植仪撰：《番禺县土壤调查报告书》，广州：广东土壤调查所，1931年。

63. 汪仲毅编：《临平稻虫防治实施区白穗调查及螟害损失量之统计》，

杭州：浙江省立植物病虫害防治所，1931年12月1日。

64. 朱学曾：《关于稻初枯病之几种调查研究报告》，杭州：浙江省立植物病虫害防治所，1931年12月5日。

65. 欧阳蒴编：《四川省农业金融：四川省农村经济调查报告第4号》，重庆：中国农民银行四川农村经济调查委员会，1931年。

66. 广东建设厅农林局林业系编著：《琼崖水源林调查报告书》，广州：广东建设厅农林局，1932年。

67. 韩德章：《浙西农村之借贷制度》，北京：社会调查所，1932年。

68. 金陵大学农学院农业经济系编：《中华民国二十年水灾区域之经济调查》，南京：金陵大学农学院农业经济系，1932年。

69. 浙江省立农业改良场编：《浙江省永嘉瑞安平阳及黄岩柑桔调查报告》，杭州：浙江省立农业改良场，1932年。

70. 浙江省立植物病虫害防治所编：《浙江省植物病虫之几种调查报告》，杭州：浙江省立植物病虫害防治所，1932年。

71. 万树庸：《黄土北店村的研究》，北京：燕京大学社会学系硕士毕业论文，1932年5月。

72. 潘玉髁：《一个村镇的农妇》，北京：燕京大学法学院社会学系学士毕业论文，1932年5月。

73. 牛鼐鄂：《北平一千二百贫户之研究》，北京：燕京大学法学院社会学系硕士毕业论文，1932年5月。

74. 张中堂：《一个村庄几种组织的研究》，北京：燕京大学法学院社会学系学士毕业论文，1932年5月。

75. 潘德顺等：《绥远萨拉齐区土壤报告》，实业部地质调查所、国立北平研究院地质学研究所土壤专报第4号，北京：西城兵马司，1932年5月。

76. 河北省立实验城市民众教育馆：《通县南关实验区社会调查专号》，《城市教育月刊》第10、11期合刊本，1932年9月。

77. 董时进：《河北省二万五千家乡村住户之调查》，北京：国立北平大学农学院农业经济系调查研究报告第四号，1932年。

78. 贺灵扬：《察绥蒙民经济的解剖》，上海：商务印书馆，1933年。

79. 李景汉编著：《定县社会概况调查》，中华平民教育促进会，1933年。

80. 杨季华：《皖北农村社会经济实况》，蚌埠：安徽省立第二乡村师范学校，1933年4月。

81. 潘德顿：《广东中部土壤约测报告》，实业部地质调查所、国立北平研究院地质学研究所土壤专报第6号，北京：西城兵马司，1933年5月。

82. 中山大学广东土壤调查所编：《中山县土壤调查报告书》，中山：中山大学农学院广东土壤调查所，1933年。

83. 刘茂青编著：《南海县土壤调查报告书》，广州：中山大学农学院广东土壤调查所，1933年。

84. 华源实业调查团：《陕西长安县草滩泾阳县永乐店农垦调查报告》，苏州：华源实业调查团，1933年。

85. 导淮委员会编：《高宝湖区土地经济调查报告》，1933年。

86. 曲直生：《河北省八县合作社农民耕田状况之一部分》，北京：社会调查所，1933年。

87. 杨季华：《皖北农村社会经济实况》，蚌埠：安徽省立第二师范学校，1933年。

88. 瞿明宙等：《宝山县农村经济概况调查》，国立中央研究院，1933年（未发表）。

89. 浙江省昆虫局推广部编：《民国二十一年浙江省桑蟥为害调查》，《浙江省昆虫局特刊》第二十三号，《新农村》第一卷第三期，1933年10月。

90. 山东省立民众教育馆编：《山东庙会调查 第1集》，济南：山东省立民众教育馆，1933年。

91. 李景汉、张世文编辑：《定县秧歌选》，中华平民教育促进会，1933年。

92. 杨溥：《察哈尔口北六县调查记》，北京：京城印书局，1933年。

93. 俞省羞：《东北实地调查记》，上海：太平洋印刷公司，1933年。

94. 吴志铎：《北通县第一区平民借贷状况之研究》，北京：燕京大学研究院经济学系硕士毕业论文，1933年5月。

95. 邓淑贤：《清河试验区妇女工作》，北京：燕京大学文学院社会学系学士毕业论文，1934年5月。

96. 李鸿钧：《清河小本贷款研究》，北京：燕京大学文学院社会学系学士毕业论文，1934年5月。

97. 孟受曾：《中国农村家庭经济功用的改变——一个个例研究》，北京：燕京大学文学院社会学系学士毕业论文，1934年5月。

98. 田德一：《一个农村组织之研究 河北》，北京：燕京大学文学院社会学系学士毕业论文，1934年5月。

99. 蒋旨昂：《卢家村》，北京：燕京大学文学院社会学系学士毕业论文，1934年5月。

100. 梭颇、侯光炯：《江苏省东部盐渍三角洲区土壤约测》，实业部地质调查所、国立北平研究院地质学研究所土壤专报第7号，北京：西城兵马司，1934年5月。

101. 杨庆堃：《邹平市集之研究》，北京：燕京大学法学院社会学系硕士毕业论文，1934年5月。

102. 丁文治：《江苏泰兴县七十七农家之经济调查》，北京：燕京大学法学院经济学系学士毕业论文，1934年。

103. 赵植基、孙祖荫编：《十个中等农业职业学校调查的研究》，南京：金陵大学农学院乡村教育系，1934年。

104. 郑合成编：《陈州太昊陵庙会概况》，河南省立杞县教育实验区，1934年7月。

105. 河北省县政建设研究院编：《定县地方自治概况调查报告书》，河北省县政建设研究院，1934年。

106. 万国鼎、庄强华、吴永铭：《江苏武进南通田赋调查报告》，参谋本部国防设计委员会，1934年。

107. 万国鼎编：《浙江吴兴兰溪田赋调查报告》，1934年。

108. 江西省财委会编：《南昌墨山村土地利用调查》，南昌：江西省财委会，1934年。

109. 周昌芸、李连捷、陈恩风：《江苏省句容县土壤调查报告》，实业部地质调查所、国立北平研究院地质学研究所土壤专报第8号，北京：西城兵马司，1934年8月。

110. 谢申、陈宗虞编著：《高要县土壤调查报告》，广州：中山大学农学院广东土壤调查所，1934年。

111. 刘茂青、覃树辉编著：《新会县土壤调查报告》，广州：中山大学农学院广东土壤调查所，1934年。

112. 刘茂青编著：《顺德县土壤调查报告书》，广州：中山大学农学院广东土壤调查所，1934年。

113. 邓植仪、谢申等编著：《东莞县土壤调查报告书》，广州：中山大学农学院广东土壤调查所，1934年。

114. 吴耕民编：《青岛果树园艺调查报告》，青岛：青岛市农林事务所，1934年。

115. 吴昌济编：《内麦类黑穗病分布之初步调查报告》，南京：实业部中央农业实验所，1934年。

116. 中国银行编：《四川省之山货》，重庆：中国银行，1934年。

117. 黄孝方编著：《山东旧济南道属农村经济调查》，邹平：山东乡村建设研究院出版股，1934年发行。

118. 豫鄂皖赣四省农民银行委托金陵大学农学院农业经济系调查及编制：《黄冈县烟叶贸易调查记》，金陵大学农学院经济系，1934年。

119. 实业部中央农业实验所农业经济科：《民国二十三年江浙皖三省旱灾调查》，实业部中央农业实验所农业经济科，1934年。

120. 张心一、陶桓菜、庄继曾编：《试办句容县人口农业总调查报告》，参谋本部国防设计委员会，1934年。

121. 张履鸾：《老河口经济概况初步报告》，豫鄂皖赣四省农村经济调查第四号油印本，1934年。

122. 王化棠、刘锡彤、吴树德著：《黄河中游调查报告》，天津：华北水利委员会，1934年。

123. 朱庭祜：《江西南昌附近之地下水》，南京：行政院农村复兴委员会，1934年。张培刚：《冀北察东三十三县农村概况调查》，1934年。

124. 北平市政府编：《北平市四郊农村调查》，北平市政府，1934年。

125. 冯紫岗、刘瑞生编：《南阳农村社会调查报告》，上海：黎明书局，

1934 年。

126. 行政院农村复兴委员会编：《江苏省农村调查》，上海：商务印书馆，1934 年。

127. 行政院农村复兴委员会编：《河南省农村调查》，上海：商务印书馆，1934 年 9 月。

128. 行政院农村复兴委员会编：《浙江省农村调查》，上海：商务印书馆，1934 年。

129. 行政院农村复兴委员会编：《陕西省农村调查》，上海：商务印书馆，1934 年。

130. 华北合作事业总会编：《河北省正定县后太保农村实态调查报告书》，1934 年。

131. 乔启明：《江宁县淳化镇乡村社会之研究》，南京：金陵大学农学院，1934 年 11 月。

132. 乔启明、姚禹：《安徽宿县原有乡村组织之概况》，南京：金陵大学农学院农业经济系，1934 年。

133. 山东省政府建设厅合作事业指导委员会编：《莱阳梨青州蜜桃烟台水果调查报告：民国二十三年十一月份》，山东省政府建设厅合作事业指导委员会，1934－1949。

134. 吴顾毓编：《邹平实验县户口调查报告》，上海：中华书局，1935 年。

135. 陈正谟编著：《各省农工雇佣习惯及需供状况》，南京：中山文化教育馆，1935 年。

136. 周昌芸等：《渭河流域土壤调查报告》，实业部地质调查所、北平研究院地质学研究所土壤专报第 9 号，北京：西城兵马司，1935 年 4 月。

137. 林耀华：《义序宗族的研究》，北京：燕京大学法学院社会学系硕士毕业论文，1935 年 5 月。

138. 杨骏昌：《清河合作》，北京：燕京大学法学院社会学系学士毕业论文，1935 年 5 月。

139. 梁树祥：《清河小学》，北京：燕京大学法学院社会学系学士毕业论文，1935 年 5 月。

140. 邱雪我：《一个村落社区产育礼俗的研究》，北京：燕京大学法学院社会学系学士毕业论文，1935年5月。

141. 陈礼颂：《一个潮州村落社区的宗族研究》，北京：燕京大学法学院社会学系学士毕业论文，1935年6月。

142. 湖南省立农民教育馆编：《社会初步调查》，长沙：编者刊，1935年7月。

143. 彭家元等编著：《三水县土壤调查报告》，广州：中山大学农学院广东土壤调查所，1935年。

144. 王珏、吴燕生、马振图：《行政院农村复兴委员会地下水研究报告第二号：河南安阳林县汤阴淇县浚县一带地下水》，1935年。

145. 韩德章编：《河北省深泽县农场经营调查》，北京：社会调查所，1935年。

146. 周昌芸调查：《长沙湘潭湘乡衡山四县土壤图〔舆图〕》，1935年。

147.《广西邕宁县土壤调查报告书》，柳州：广西土壤调查所，1935年。

148. 崔毓俊：《到西南去滇黔农业调查旅途杂记》，南京：金陵印刷公司，1935年。

149. 韩德章编：《河北省深泽县农场经营调查》，北京：社会调查所，1935年。

150. 内政部统计司编：《全国各市县土地人口调查》，内政部统计司，1935年。

151. 财政部整理地方捐税委员会编：《安徽省当涂县土地陈报概略》，财政部整理地方捐税委员会，1935年。

152. 财政部整理地方捐税委员会编：《江苏省萧县土地陈报概略》，财政部整理地方捐税委员会，1935年。

153. 北平大学农学院编：《国立北平大学农学院冀南碱地视察报告书》，北京：北平大学农学院，1935年。

154. 汪诰：《收复匪区之土地问题 中央政治学校地政学院研究报告之四》，南京：正中书局，1935年7月。

155. 万国鼎：《南京旗地问题》，南京：正中书局，1935年。

156. 吴福桢、郑同善：《民国二十三年全国蝗患调查报告》，南京：实业部中央农业实验所，1935年。

157. 王珏、吴燕生、马振图：《行政院农村复兴委员会地下水研究报告第二号：河南安阳林县汤阴淇县浚县一带地下水》，1935年。

158. 卫惠林：《丰都宗教习俗调查》，成都：四川乡村建设学院研究实验部，1935年。

159. 张得善编述：《江宁自治实验县地方自治调查摘要》，南京：中国地方自治学会，1935年。

160. 行政院农村复兴委员会编：《广西省农村调查》，上海：商务印书馆，1935年。

161. 行政院农村复兴委员会编：《云南省农村调查》，上海：商务印书馆，1935年。

162. 冯紫岗编：《兰溪农村调查》，杭州：浙江大学，1935年。

163. 杨汝南：《北平西郊六十四村社会概况调查》，1935年。

164. 杨汝南编：《河北省二十六县五十一村农村概况调查》，1935年。

165. 杨瑞春等调查：《绥远省各县乡村调查纪实第一集》，绥远省教育会，1935年。

166. 林缵春：《琼崖农村》，琼崖农业研究会，1935年。

167. 杨汝南：《河北省二十六县五十一村农村概况调查》，北平大学农学院农业经济系，1935年。

168. 江宁自治实验县县政府编：《江宁自治实验县二十二年户口调查报告》，江宁自治实验县县政府，1935年。

169. 国民政府军事委员会委员长行营湖北地方政务研究会调查团编：《调查乡村建设纪要述》，武昌：湖北地方政务研究会，1935年。

170. 樊库报告：《考察江宁 兰溪 邹平 荷泽 博野 定县报告书》，1935年。

171. 言心哲：《农村家庭调查》，上海：商务印书馆，1935年。

172. 李宗黄编：《考察江宁 邹平 青岛 定县纪实》，南京：正中书局，1935年。

173. 蒋杰编著：《乌江乡村建设研究》，南京：朝报印刷所，1935年。

174. 庞新民：《两广猺山调查》，上海：中华书局，1935 年。

175. 《土地委员会报告第三种调查报告》，1935 年 12 月。

176. 安徽省政府建设厅：《安徽一年来之农村救济及调查》，1936 年。

177. 广西省统计局：《邕宁县人口农业调查》，1936 年。

178. 镇平县地方建设促进委员会编：《镇平乡村实验事业调查》，镇平：镇平县地方建设促进委员会，1936 年 5 月。

179. 福建省政府秘书处统计室编：《福安县人口农业调查》，福州：福建省政府秘书处统计室，1936 年。

180. 陈国梁、卢明编：《樟林社会概况调查》，广州：中山大学社会研究所，1936 年 5 月。

181. 冯紫岗编：《嘉兴县农村调查》，浙江大学、嘉兴县政府，1936 年。

182. 广东建设厅农林局经济系编：《鹤山烟茶产销状况调查报告》，广州：广东建设厅农林局经济系，1936 年 3 月。

183. 金陵大学农学院农业经济系编：《豫鄂皖赣四省之租佃制度》，南京：金陵大学农业经济系，1936 年。

184. 李连捷：《广西雍宁之土壤》，实业部地质调查所、国立北平研究院地质学研究所土壤专报第 16 号，北京：西城兵马司，1936 年 10 月。

185. 广西土壤调查所：《广西柳州县土壤调查报告书》，广西土壤调查所，1936 年。

186. 金陵大学农学院农业经济系编：《豫鄂皖赣四省土地分类之研究》，南京：金陵大学农学院农业经济系，1936 年。

187. 陈宗虞、温大明编著：《澄海潮安土壤调查报告》，广州：中山大学农学院广东土壤调查所，1936 年。

188. 谢申等编著：《梅县大埔蕉岭土壤调查报告》，广州：中山大学农学院广东土壤调查所，1936 年。

189. 谢申、朱达龙编著：《宝安增城县土壤调查报告》，广州：中山大学农学院广东土壤调查所，1936 年。

190. 刘茂青、覃树辉等编著：《花县从化佛冈土壤调查报告》，广州：中山大学农学院广东土壤调查所，1936 年。

191. 刘茂青等编著：《博罗、惠阳土壤调查报告》，广州：中山大学农学院广东土壤调查所，1936年。

192. 彭家元等编著：《曲江县土壤调查报告》，广州：中山大学农学院广东土壤调查所，1936年。

193. 彭家元等编著：《广宁四会土壤调查报告》，广州：中山大学农学院广东土壤调查所，1936年。

194. 成寿徵等编著：《浙江省杭县土壤调查报告》，杭州：浙江省土壤研究所，1936年。

195. 谢申等编著：《梅县大埔蕉岭土壤调查报告》，1936年。

196. 建设委员会经济调查所编：《浙江之特产》，杭州：建设委员会经济调查所，1936年。

197. 金陵大学农学院农业经济系编：《豫鄂皖赣四省之典当业》，中国农民银行委托，南京：金陵大学农业经济系，1936年。

198. 吴福桢、郑同善：《民国二十四年全国蝗患调查报告》，南京：实业部中央农业实验所，1936年。

199. 金陵大学农学院农业经济系编：《豫鄂皖赣四省之棉产运销》，南京：金陵大学农业经济系，1936年。

200. 陈伯庄：《平汉沿线农村经济调查》，上海：上海交通大学研究所，1936年。

201. 吕平登编：《四川农村经济》，上海：商务印书馆，1936年。

202. 张世文：《定县农村工业调查》，定县：中华平民教育促进会，1936年。

203. 定县中华平民教育促进会编：《定县农村工业调查统计图》，1936年。

204. 汤惠荪等：《陕西省农业调查》，资源委员会农垦组，1936年。

205. ［美］卜凯：《中国农家经济——中国七省十七县二八六六田场之研究》，上海：商务印书馆，1936年12月初版。

206. 张培刚：《清苑的农家经济》，国立中央研究院社会科学研究所，1936年3月—1937年3月。

207. 胡邦宪：《农产品运销概况调查表》，1936—1937年。

208. 郭汉鸣、洪瑞坚：《安徽省之土地分配与租佃制度》，南京：正中书

203

局，1936 年。

209．邵从荣：《四川水利初步计划》，天津：鸿记华丰印字馆，1936 年。

210．宁夏省建设厅编：《宁夏省水利专刊》，宁夏省政府建设厅，1936 年。

211．林用中、章松寿：《老东岳庙会调查报告》，杭州：浙江省立民众教育实验学校，1936 年 12 月。

212．陈曾杰：《（伪）满洲国礼俗调查汇编》，文教部礼教司，1936 年。

213．田兴智：《整理汶上实验县田赋刍议》，北京：燕京大学政治学系硕士毕业论文，1936 年 5 月。

214．伍伯禧：《中国华洋义赈救灾总会农村合作事业之研究》，北京：燕京大学法学院社会学系学士毕业论文，1936 年 6 月。

215．李有义：《山西徐沟县农村社会组织》，北京：燕京大学法学院社会学系学士毕业论文，1936 年 6 月。

216．陈言：《陕甘调查记》，北京：北方杂志社，1936－1937 年。

217．中央农业推广委员会：《全国农业推广实施状况调查录》，1936 年 12 月。

218．宾明绶：《江都县政调查与研究》，北京：燕京大学研究院政治学系硕士毕业论文，1937 年 5 月。

219．高玉香：《中国乡村妇女工作之研究》，北京：燕京大学法学院社会学系学士毕业论文，1937 年 6 月。

220．严仁赓编：《江宁兰溪财政调查报告》，1937 年。

221．民国学院编：《北平庙会调查报告 侧重其经济方面》，北京：民国学院，1937 年。

222．全国经济委员会水利处编辑：《陕西省水利概况》，南京：全国经济委员会，1937 年发行。

223．［美］卜凯：《中国土地利用：统计资料中国 22 省、168 地区、16786 田场及 38256 农家之研究 1929－1933》，南京：金陵大学，1937 年。

224．［美］卜凯主编：《中国土地利用地图集》，1937 年。

225．《三门湾调查简报·浙江省土壤研究所丛刊第三类第三种》，浙江省土壤研究所，1937 年。

226. 实业部国产检验委员会上海商品检验局编：《屯溪茶业调查》，屯溪：实业部国产检验委员会，1937年。

227. 李明良：《四川宁属农牧调查报告》，新新印刷社，1937年。

228. 中山大学农院推广部：《琼崖各县农业概况调查报告》，中山：国立中山大学出版部，1937年。

229. 四川省政府调查农业组编：《新都县农业调查报告：二十六年六月》，成都：四川省政府调查农业组，1937年。

230. 沈其益、周咏曾：《中国棉病调查报告民国二十三至二十五年》，南京：全国经济委员会棉业统制委员会中央棉产改进所，1937年。

231. 吴逊三、崔伯泉：《山东甜菜害虫之初步调查与防治》，南京：实业部中央农业实验所，1937年。

232. 实业部广州商品检验局植物病虫害检验组编：《广东番禺县柑橘主要病虫害发生状况之调查》，实业部广州商品检验局植物病虫害检验组，1937年。

233. 陈希诚编：《福州紫阳村经济调查》，福州：协和学院农业经济系，1937年。

234. 张文涛编：《山东省农村经济状况实地调查报告》，山东省政府建设厅合作事业指导处，1937年。

235. 李明良：《四川宁属农牧调查报告》，成都：开明书店，1937年。

236. 土地委员会编：《全国土地调查报告纲要》，出版地不详，1937年。

237. 中央政治学校地政学院、平湖县政府编：《平湖之土地经济》，平湖县政府1937年编印、发行。

238. 郑林庄：《平津一带鸡卵之产销》，北京：燕京大学经济学系，1937年。

239. 经济部江西农村服务区管理处编：《江西农村社会调查经济部》，江西农村服务区管理处，1938年5月。

240. 黄迪编：《清河村镇社区》，北京：燕京大学社会学系，1938年6月。

241. 四川省政府建设厅编：《四川之森林》，成都：四川省政府建设厅，1938年。

242. 唐浥远、朱天祜、贾植三编：《平武北川农垦调查报告》，四川省政府建设周讯编辑部，1938年4月。

243．程绍行编：《四川东南边区酉秀黔彭石五县垦殖调查报告书》，成都：四川省建设厅，1938年。

244．四川省甘蔗试验场编：《沱江流域蔗糖业调查报告》，内江：四川省甘蔗试验场，1938年。

245．孙文郁等调查，金陵大学农学院编：《江西瑞昌湖北阳新大冶宁麻之生产及运销》，成都：金陵大学农学院，1938年。

246．杨子厚：《中国华洋义赈会农利股之内部组织及其对合作事业之管理》，北京：燕京大学法学院经济学系学士毕业论文，1938年5月。

247．林昌善：《定县梨树害虫防治法之研究》，北京：燕京大学研究院理科研究所生物学部硕士毕业论文，1938年5月。

248．四川省政府建设厅编：《四川西北边区垦牧调查报告》，成都：四川省政府建设厅，1938年6月。

249．蒋杰：《关中农村人口问题——关中1273农家灾荒与人口之调查研究》，杨凌：国立西北农林专科学校，1938年。

250．中国农村经济研究所：《山东省惠民县农村调查报告》，北京：中国农村经济研究所，1939年。

251．中央农业实验所编：《云南省五十县稻作调查报告经济部》，中央农业实验所，1939年。

252．吴德麟等编：《无锡嘉兴蚕农经济与吴兴之比较》，中国经济统计研究所，1939年。

253．宁夏省政府地政局编：《宁夏省难民垦荒调查概述》，宁夏：宁夏省政府地政局，1939年1月。

254．王玉文编：《广西农事试验场附属沙塘无忧石碑坪三垦区调查》，柳州：广西农事试验场，1939年。

255．陕西黎平垦区调查团编：《陕西黎平垦区调查报告》，汉中：陕西黎平垦区调查团，1939年3月。

256．中国经济统计研究所编辑：《吴兴农村经济》，上海：中国经济统计研究所，1939年。

257. 调查经济部资源委员会等调查编纂：《贵州省农业概况》，贵州农业改进站，1939年1月。

258. 叶懋、王嘉谟编：《川东农业调查》，四川省政府建设厅，1939年。

259. 四川省土地陈报办事处、金陵大学农学院农业经济系编：《四川省土地分类调查报告》，四川省土地陈报办事处，1939年。

260. 吴泽霖等纂修：《定番县乡土教材调查报告》，1939年。

261. 王文华：《西冉村的农民生活与教育》，北京：燕京大学文学院教育学士毕业论文，1939年5月。

262. 教育部战区中小学教师第九服务团编：《湘西乡土调查汇编》，教育部战区中小学教师第九服务团，1940年1月。

263. 叶镜允等编纂：《土壤调查》，将乐县政府，1940年。

264. 陈宗虞，黎旭祥等编：《广东陆丰、海丰、揭阳、紫金等县土壤调查报告》，广州：中山大学农学院广东土壤调查所，1940年。

265. 西南经济调查合作委员会编：《四川经济考察团考察报告（第二编：农林）》，重庆：独立出版社，1940年。

266. 刘润涛、潘鸿声：《四川三台蚕丝之产销研究》，南京：金陵大学农学院，1940年6月。

267. 蒙古联合自治政府地政总署土地制度调查室编：《白契汇集》，蒙古联合自治政府地政总署土地制度调查室，1940年。

268. 林诗旦、黄大伦、黄振乾编纂：《荒地调查》，将乐县政府，1940年。

269. 图谢申，黎旭祥测制：《云南澂江县土地利用概况》，1940年。

270. 翁礼馨编：《福建之木材》，福州：福建省政府秘书处统计室，1940年。

271. 浙江省农业改进所编：《浙江省旧处属十县林业概况调查报告》，杭州：浙江省农业改进所，1940年。

272. 许振英：《荣隆内江两中心区养猪调查报告：民国二十八年》，中央大学农学院畜牧兽医系、四川农业改进所畜牧兽医组，1940年。

273. 李国轼：《某村之土地制度》，北京：燕京大学法学院经济学系学士毕业论文，1940年5月。

274. 孔祥莹：《某村大农业与小农业经营之比较》，北京：燕京大学法学院经济学系学士毕业论文，1940年5月。

275. 陈函芬：《北平北郊某村妇女地位》，北京：燕京大学法学院社会学系学士毕业论文，1940年5月。

276. 陈封雄：《一个村庄之死亡礼俗》，北京：燕京大学法学院社会学系学士毕业论文，1940年5月。

277. 沈兆麟：《平郊某村政治组织》，北京：燕京大学法学院社会学系学士毕业论文，1940年5月。

278. 周廷堰：《一个农村人口数量的分析》，北京：燕京大学法学院社会学系学士毕业论文，1940年5月。

279. 华北棉产改进会编：《河南省新乡县马小营村概况调查报告》，1940年。

280. 华北棉产改进会编：《河南省彰德县安阳桥村概况调查报告》，1940年。

281. 华北棉产改进会编：《河北省邯郸县五里铺村概况调查报告》，1940年。

282. 裴时英编：《冉村实验区鸟瞰》，北京：燕京大学教育学会，1941年5月。

283. 卢权：《平郊村的住宅设备与家庭生活》，北京：燕京大学法学院社会学系学士毕业论文，1941年5月。

284. 韩光远：《平郊村一个农家的个案研究》，北京：燕京大学法学院社会学系学士毕业论文，1941年5月。

285. 陈永龄：《平郊村的庙宇宗教》，北京：燕京大学法学院社会学系学士毕业论文，1941年5月。

286. 邢炳南：《平郊村之农具》，北京：燕京大学法学院社会学系学士毕业论文，1941年5月。

287. 方大慈：《平郊村之乡鸭业》，北京：燕京大学法学院社会学系学士毕业论文，1941年5月。

288. 郭兴业：《北平妇女生活的禁忌礼俗》，北京：燕京大学法学院社会学系学士毕业论文，1941年5月。

289. 李镇：《事变后平郊某村之合作事业》，北京：燕京大学法学院经济学系学士毕业论文，1941年5月。

290. 冯钟粒等调查：《贺兰山森林调查报告》，1941年。

291. 翁绍耳：《福建省松木产销调查报告》，福建邵武：私立协和大学农学院，1941年。

292. 冯钟粒等：《宁夏森林调查报告》，宁夏省政府，1941年。

293. 潘鸿声编：《四川畜产》，成都：金陵大学农学院，1941年。

294. 农林部中央农业实验所编：《近七年乡村物价调查：四川西康两省十处》，荣昌：农林部中央农业实验所，1941年印行。

295. 杨铭崇编：《近七年我国十三省五十九处乡村物价调查》，农林部中央农业实验所，1941年。

296. 乔启明、杨寿标：《四川省农业金融》，欧阳苹编辑，1941年。

297. 乔启明、杨寿标：《四川省农村物价》，胡国华编辑，1941年。

298. 乔启明、杨寿标：《四川省租佃制度》，重庆：中国农民银行、四川农村经济调查委员会编，1941年。

299. 林诗旦、屠剑臣编纂：《土地经济调查》，三明：将乐风行印刷社，1941年。

300. 谢申等编著：《云南省澄江之土壤》，粤北：中山大学农学院，1941年。

301. 熊伯蘅、王殿俊合编：《陕西省土地制度调查研究》，武功：西北农学院农业经济系印行，1941年。

302. 中国农民银行、四川省农村经济调查委员会编：《四川省农村经济调查报告》，郑州：中国文化服务社，1941年。

303. 潘鸿声编：《四川主要粮食之运销》，重庆：中国农民银行、四川省农村经济调查委员会，1941年。

304. 乔启明、杨寿标调查，《四川省农场经营》，戈福鼎编辑，1941年。

305. 杨显东：《四川蓝靛之生产与运销：农业经济组调查报告之七》，成都：四川省农业改进厅，1941年10月。

306. 李柳溪编：《赣县七鲤乡社会调查》，南昌：江西省地方行政干部训练团，1941年。

307. 福建省政府统计处编述：《福建省各县区农业概况》，福州：福建省政府统计处，1942年。

308. 张迦陵、陈念贻等：《贵州威宁、毕节、铜仁荒地区域调查报告》，

1942年5月。

309. 王光仁、林锡麟编辑：《抗战以来各省地权变动概况》，农产促进委员会，1942年2月。

310. 葛荫萱：《河北农事调查水利局》，农地科，1942年。

311. 熊伯蘅、万建中编：《陕西农业经济调查研究》，武功：西北农学院，1942年。

312. 陕西省银行经济研究室编辑：《陇海铁路潼宝段沿线经济调查》，陕西省银行经济研究室，1942年。

313. 《荣隆内资资简六县养猪调查报告》，四川省农业改进所，1942年4月。

314. 吴技正编：《华北河渠建设事业关系各县农事调查报告书》，北京：建设总署水利局，1942年。

315. 华西协合大学西北考察团编：《华西协合大学西北考察团报告》，军事委员会运输统治局，西北公路公务局，1942年。

316. 四川省农业改进所统计室编：《四川农村物价指数》，四川省农业改进所统计室，1942—1948年。

317. 叶懋、潘鸿声：《华阳县农村概况》，四川省农业改进所统计室，1942年。

318. 华北棉产改进会编：《华北植棉农村临时综合调查中问题报告》，1943年。

319. 河北省合作联合会编：《农村实态调查报告书（河北省真定道晋县丁家庄）》，1943年。

320. 吴之训：《北平市郊冉村社区环境与儿童教养之研究》，北京：燕京大学研究院教育学系硕士毕业论文，1943年6月。

321. 郑林宽：《福建省农民生活费用与食物消费之分析》，《农业经济研究丛刊第一号》，福建省农林处农业经济研究室，1943年8月。

322. 费孝通：《禄村农田》，重庆：商务印书馆，1943年。

323. 宁强县经济调查团编：《宁强县经济调查团全县经济调查报告书》，汉中：宁强县经济调查团，1943年。

324. 陈洪进、周扬声编辑：《各省农村劳力征调概况》，农林部农产促进委员会，1943 年 12 月。

325. 《华北综合调查研究所养成所学员练习调查报告——北京西郊挂甲屯家计调查》，华北综合调查研究所，1944 年。

326. 华北合作事业总会调查科编辑：《山东省滋阳县县联概况乡村实态调查书》，北京：华北合作事业总会，1944 年。

327. 江国权：《芜湖县第四区第三乡农村调查》，南京：中国农业经济研究会，1944 年 4 月。

328. 华北综合调查研究所编：《石门市近郊农村实态调查报告书（石门市东焦村）》，北京：华北综合调查研究所，1944 年。

329. 河北省合作社联合会编：《武清县农村实态调查报告书》，1944 年。

330. 《乡村调查的一例》，江淮日报社，1944 年。

331. 方纯：《燕乡之初步观察》，北京：燕京大学法学院经济学系学士毕业论文，1944 年 1 月。

332. 郭汉鸣、孟光守：《四川租佃问题》，重庆：商务印书馆，1944 年。

333. 吴文辉等编：《广西柳江流域荒地调查报告》，农林部垦务总局，1944 年。

334. 中国农民银行土地金融处编：《中国各重要市县地价调查报告》，重庆：中国农民银行土地金融处，1944 年。

335. 福建省地质土壤调查所编著：《福建之地质土壤调查》，福州：福建省政府秘书处，1944 年。

336. 俞震豫、刘海蓬：《福建福安、福鼎两县土壤报告第 9 号》，福建省建设厅地质土壤调查所，1944 年。

337. 华北棉产改进会编：《民国三十三年主要农作物生产费调查报告书（河北省高邑县、河南省彰德县）》，北京：华北棉产改进会，1944 年。

338. 杨树因：《一个农村手工业的家庭——石羊场杜家实地研究报告》，北京：燕京大学法学院社会学系学士毕业论文，1944 年 6 月。

339. 蒋旨昂：《战时的乡村社区政治》，上海：商务印书馆，1944 年 11 月。

340. 中央设计局台湾调查委员会编：《日本统制下的台湾农业中央训练

团》，1944 年 12 月。

341. 中共西北中央局调查研究室编：《边区的水利事业》，1944 年。

342. 许景英：《战后庙产分配之途径——成都县崇义乡庙产选样研究》，北京：燕京大学文学院教育学士毕业论文，1945 年 1 月。

343. 甘肃省银行经济研究室编辑：《甘肃之水利建设》，兰州：甘肃省银行总行，1945 年。

344. 中央调查统计局特种经济调查处编：《敌伪农田水利建设概况第七十九号》，中央调查统计局，1945 年。

345. 华北棉产改进会编：《农家经济记账调查冬季定期报告书》，北京：华北棉产改进会，1945 年。

346. 白锦娟：《九里桥的农家教育》，北京：燕京大学法学院社会学系学士毕业论文，1946 年 4 月。

347. 沈宝媛：《一个农村社团家庭》，北京：燕京大学法学院社会学系学士毕业论文，1946 年 4 月。

348. 郑林宽、黄春蔚：《福建省之农村金融》，福州：福建省农业改进处调查室，1946 年。

349. 郑林宽：《福建省耕地面积数字之商榷》，福州：福建省农业改进处调查室，1946 年。

350. 蒋南翔：《陇东中学地干班调查》，张家口：新华书店，1946 年。

351. 陈兴乐、郑林宽：《邵武农村经济调查报告书》，福州：私立福建协和大学农学院农业经济学系，1946 年。

352. 东北宣传部编：《东北农村调查》，东北书店，1946 年 12 月。

353. 蔡公期：《平郊村农工之分析》，北京：燕京大学法学院社会学系学士毕业论文，1947 年 5 月。

354. 张宗颖：《平西村农事劳动研究》，北京：燕京大学社会研究所毕业论文，1947 年 5 月。

355. 福建省农业改进处编：《福州市郊农村经济之调查与分析》，福州：福建省农业改进处，1947 年。

356. 俞湘文：《西北游牧藏区之社会调查》，上海：商务印书馆，1947 年。

357. 吴福桢、陆培文：《农林部中央农业实验所民国三十五年全国蝗患调查报告》，农林部中央农业实验所，1947年。

358. 晋察冀边区财经办事处编：《冀中冀晋七县九村国民经济人民负担能力调查材料》，阜平：晋察冀边区财经办事处，1947年8月。

359. 刘秀房：《前八家村之徐姓家族》，北京：燕京大学法学院社会学系学士毕业论文，1947年12月。

360. 赵元任等：《湖北方言调查报告》，上海：商务印书馆，1948年。

361. 工商部上海工商辅导处调查资料编辑委员会编：《输出特产品》，上海：工商部上海工商辅导处调查资料编辑委员会，1948年。

362. 倪超编著：《新疆之水利》，上海：商务印书馆，1948年。

363. 杨景行：《平郊村一个手工业家庭的研究》，北京：燕京大学法学院社会学系学士毕业论文，1948年5月。

364. 张绪生：《平郊村学龄儿童所受的教育》，北京：燕京大学法学院社会学系学士毕业论文，1948年5月。

365. 孙本文、陈倚兴编：《湖南长沙崇礼堡乡村调查》，1948年6月。

366. 薛德：《黄河流域农田水利调查报告》，中央水利实验处，1949年。

367. 华北人民政府财政部编：《一九四七年华北区农村经济调查》，1949年。

368. 江载华：《树村村长与新政权》，北京：燕京大学法学院社会学系学士毕业论文，1949年6月。

369. 马树茂：《一个乡村的医生》，北京：燕京大学法学院社会学系学士毕业论文，1949年6月。

370. 李秀洁等著：《后套水利调查》，台北：东方文化书局，1973年。

371. 中国文化学院戏剧系国剧组编：《台湾地方戏调查》，台北：东方文化书局，1976年。

372. 柴树藩等著：《绥德、米脂土地问题初步研究》，北京：人民出版社，1979年。

373. 陈翰笙：《帝国主义工业资本与中国农民》，上海：复旦大学出版社，1984年。

374. 陈翰笙：《解放前西双版纳土地制度》，北京：中国社会科学出版社，1984年8月。

375. 费孝通、张之毅：《云南三村》，天津：天津人民出版社，1990年11月版。

376. 费孝通：《江村经济——中国农民的生活》，北京：商务印书馆，2001年。

377. 杨懋春，张雄等译：《一个中国村庄：山东台头》，南京：江苏人民出版社，2001年。

378.《广东番禺河南蜑五十七乡村调查报告》，东南大学教育科乡村教育及生活研究所刊，出版时间不详。

379. 山东乡村建设研究院编：《社会调查及邹平社会》，济南：山东乡村建设研究院发行，出版年份不详。

380. 冯锐：《广东番禺县茭塘司河南岛五十七村普通社会的与经济的调查报告》，东南大学教育科乡村教育及生活研究所刊，出版时间不详。

381. 财政部整理地方捐税委员会编：《江苏省江都县土地陈报概略》，财政部整理地方捐税委员会土地陈报调查报告之五，版本不详。

382. 聂守仁纂修：《甘肃大通县风土调查录》，抄本，出版时间不详。

383.《各省田赋征收实物调查》，农林部农产促进委员会印行，出版时间不详。

384.《广州石牌附近农村经济调查》，中山大学，出版时间不详。

385. 陈序经、王恒智、梁锡辉：《河北高阳县社会调查》，南开大学，出版时间不详。

386. 望炳麟：《宣城县农业考察略表》，版本不详。

387. 何廉：《山东农业经济调查》，南开大学，出版时间不详。

388. 刘庆琦：《调查农业报告书》，铅印本，版本不详。

389. 陈敬棠等编辑：《忻代宁保十三县调查物产说明书》，同武将军行署出版，出版时间不详。

390. 赵善欢、林世平：《我国西南各省杀虫植物调查报告》，版本不详。

# 附录二　　调查研究问格、表格、问卷

## 乡村社会调查事项[①]

广泛调查所采用的事项很少,可以随调查人的目的意见去自由支配。专注调查的事项,则以详尽为主。现在我们把乡村社会各方面的事项分别列在下面,供乡村社会调查者参考。

### (一) 总纲
地名　　小地名及村名　　村名之解释及来源
所属乡名或区名　　县名　　省名
调查者姓名　　调查年月日

### (二) 历史的沿革
最初土著　　数目　　种族　　特性　　文化程度
最初移民　　数目　　种族　　特性　　文化程度
最初移民领袖　　数目　　姓名　　职业
移民来源　　何省何县　　距离本村
移民时候　　何时移来　　经过若干年,若干代
移民土著之关系　　土著他徙　　同代　　征服
历史上之大事变
历史上之大人物
历史上之纪念物
历史上职业之变迁

---

① 摘录自杨开道:《乡村社会调查》,《燕大月刊》,第三卷,1928年第3、4期。

历史上人口增减之趋势

其他

(三) **物理的状况**

地图　　载地形、境界、村心、交通、学校的重要事项

面积　　东西距　　南北距　　总面积

经度　　纬度　　高度　　倾斜度

温度　　最高　　最低　　平均　　分配

湿度　　最高　　最低　　平均　　分配

风　　方向　　风力

雨量　　总量　　分布

霜　　最早　　最迟

雪量

雹

雾

山　　山脉　　多少　　大小　　高低

河　　多少　　每条名称　　大小　　河床宽窄　　水量　　水势

水力　　水流速度　　通舟　　河堤

湖

野生动植物　　种类　　多少

矿物　　种类　　多少　　开采情形

其他

(四) **人口状况**

数量　　总数　　户数　　每户大小

密度　　每方里人数

人口增加　　生产率　　死亡率　　增加率

人口分配　　性别分配　　年龄分配　　国籍分配　　种族分配

　　职业分配　　宗教分配　　教育阶级分配

残废　　身体残缺者千人中几人　　心理残缺者
婚姻　　可婚者百分数　　未婚者　　已离者　　离婚者
　　　再婚者　　独身者　　结婚率（每年千人中有若干人结婚）
　　　结婚年龄（初婚者平均年龄）　　婚姻主权　　多妻制
人口迁徙
　　　徙入　　数目　　性质　　原因（大约解释）
　　　徙出　　数目　　性质　　原因
堕胎　　溺儿　　自杀
其他

## （五）家庭生活

家长　　姓名　　地位
家庭大小（每家平均人口若干）
家庭包含代数
家庭收入　　数量　　来源
家庭支出　　衣　　食　　住　　杂用
借贷关系　　借款　　贷款
家庭财产　　价格　　继承方法
家庭教育　　教育程度　　藏书　　杂志报章
家庭娱乐　　乐器　　字画　　古玩　　玩具
家庭佣役　　男佣　　女佣　　丫头

## （六）家族组织

族数　　各族姓氏　　人口比较　　班次序法
家祠　　家谱　　始祖　　经过年数　　经过代数
祭祀情形
家族组织
族长　　班次　　年龄　　权利
其他

**(七) 农地**

面积　　耕地面积　　占全村面积百分数　　森林面积
　　　占全村面积百分数　　可耕荒地面积
土质　　黏土　　壤土　　沙土
土肥　　有机物质
地价　　上等　　中等　　下等
地租　　分租　　纳租　　租谷　　租舍
农场　　数量　　平均大小
其他

**(八) 职业**

农作物　主要　　次要　　产量　　价值
牲畜　　主要　　次要　　数量　　价值
森林　　面积　　种类
渔业
其他职业
农工　　工作　　待遇　　失业
其他

**(九) 经济状况**

金融　　典款　　借款　　抵押　　利息　　期限
起会　　方法
贩卖
购买
合作　　组织　　性质　　会员
物价　　日用品　　农产品　　与城市比较
运轮　　孔道　　工具　　运费
其他

## （十）风俗

婚礼

丧礼

过年过节

缠足　　穿耳

其他

## （十一）教育状况

学校　　数目　　性质　　建筑　　设备　　经费

学生　　数目　　占全村学龄儿童百分数　　年级分配　　性别分配

教师　　每校数目　　职务　　待遇　　训练　　性别分配

图书馆　　藏书　　公开

演讲会　　展览会　　夜校

在外求学学生　　数目　　年级

其他

## （十二）医药卫生

医生　　数目　　训练

看护　　数目

产婆　　数目　　新法　　书法

病院　　病房数　　价目

西药房　　中药店

饮水　　来源　　清洁程度

阴沟制度

垃圾处置

厕所

蚊蝇防除

食品保护

厨房清洁
浴室设备
其他

**(十三) 娱乐状况**
音乐　　田歌
村戏
游戏　　球类　　棋类
迎神赛会
文学
字画
名胜　　古迹

**(十四) 道德状况**
娼妓
奸通
赌博
鸦片　　纸烟　　水烟
行凶
盗窃
匪患
其他

**(十五) 村政**
村长　　姓名　　位置　　产生方法　　职权　　报酬
村公所　　组织　　设备
村财政　　收入　　支出
村警　　警察　　消防
党部　　农民协会

地方税　　官税

选举

村事公断

其他

### （十六）宗教状况

佛教　　庙宇　　僧人　　尼姑

道教　　寺观　　道士

耶稣教　　教堂　　牧师　　教徒

迷信

其他

### （十七）乡村领袖

数目　　性别　　年龄

根据　　财富　　年龄　　学问　　班次

代表机关

报酬

其他

调查应用问题①

## 一、宗教生活

### （一）关于一般的问题

1. 村内有几种宗教？2. 说明每种宗教的名称及其性质。3. 每种有多少信徒？（男女分列）4. 比较每种宗教徒的多少。5. 比较该村宗教徒与非宗教

---

① 摘录自［美］白克令著，张镜予译，《社会调查——沈家行实况》，商务印书馆1924年版，附录。

徒的多少。（男女分列）6. 村内以何种宗教最有势力？7. 村内有几种宗教机关或团体？8. 他们做何种事业？是否纯系宗教性质？9. 对于乡村的利弊如何？

**（二）关于庙宇内偶像的问题**

1. 庙宇内有多少菩萨？2. 主要的菩萨何名？3. 他的职务是什么？4. 他有妻子么？儿子么？5. 他在世的时候，有过什么职使？6. 他在世的时候，是一个好人么？7. 他何以变菩萨？8. 他是一个和善仁爱的菩萨么？不然，他的特性是什么？9. 村民常常去祭祀他的么？10. 他对于村民，能够做些什么？11. 他是否需要衣食？12. 他的衣食，从何来的？13. 庙宇内还有何种附属的菩萨？14. 他们叫什么名字？15. 每个菩萨有何特性？16. 村民相信每个菩萨能够为他们做些什么？17. 他们为什么崇拜每个菩萨？18. 每个菩萨在世的时候，是哪一种人？

**（三）关于村内庙宇的问题**

1. 名称。2. 位置。3. 宗教派别。4. 庙宇的年代，有多少长久？5. 建筑庙宇的金钱如何筹募？6. 管理庙宇的人（男子或女子）有几位？7. 庙宇有否产业？如果有，在什么地方？价值若干？8. 村民是否常至庙内？9. 庙内有否迎神赛会的菩萨？10. 何人供给管守庙宇者？11. 庙宇内每日敬神几次？12. 管守庙宇者，除管守外，是否还有别的职使？

**（四）关于村民宗教信仰的问题**

1. 他们何以崇拜菩萨或上帝？2. 对于疾病和贫穷，菩萨或上帝能否帮助？3. 他们是否相信菩萨或上帝所作的事业与常人一样？4. 如果他们不正当的对待菩萨或上帝，他们是否相信就要伤害村民？5. 他们是否信鬼？如果相信，鬼在什么地方？有何种特性？6. 他们相信自己死后到什么地方去？7. 他们怕死么？如果不怕，何故？8. 阴间的刑赏是什么？9. 他们是否相信灵魂？10. 他们相信死后的灵魂到什么地方去？11. 灵魂在阴间里，是否需要金钱衣食？

### （五）关于宗教事业的问题

1. 说明每种宗教机关或团体的名称及性质。2. 说明每种宗教机关或团体的组织若何？3. 说明每种关于下列所做的事情：（1）宣传事业；（2）社会事业；（3）救济事业；（4）医学事业；（5）教育事业。4. 这些事业，对于居民生活，发生何种影响？5. 他们所做的事业，是否含有诱惑的性质？6. 如果没有，他们的宗旨何在？7. 村民对于这些事业的态度如何？

## 二、地方行政与惩罚制

### （一）地方行政

1. 普通的

（1）村内人口有多少？有选举权者多少？（2）村民中有多少对于乡村事业发生兴趣的？了解的？（3）村中是否和平？

2. 县知事

（1）县知事是否是该村最高的行政官长？（2）他对于该村的治理，是名义上的还是实际上的？（3）知事的姓名是什么？（4）他的本乡在哪里？（5）他已经任职几年？（6）他住在哪里？（7）他对于本地情形是否熟悉？（8）他到过该村几次？（9）村民是否很熟悉他？（10）他对于该村，做些什么事情？（11）村民对于他的态度如何？（12）他由何人委任？对于何人负责？（13）他的职务与权限如何？（14）他对于高级官长有何关系？（15）他有多少僚属？（16）他的行政员，如何组织？（17）他是否可以随意委任或革斥下级官吏？（18）他的薪俸多少？（19）他应支给下级官员若干？（20）他的薪俸，是否能供他的需要？

3. 乡议会

（1）在该村本地，是否有乡议会？如果没有，在何处可以代表？（2）会中有多少出席数？（3）该村得多少？（4）出席权的数目，以何为标准？该村占多少？（5）该村代表数是否公平？（6）何时选举？何处投票？（7）何人管理选举？有否秩序？（8）乡议员如何选举？（9）议员应具何种资格？（10）议

223

员任期几年？（11）议会何时开会？多少时期？（12）何人召集会议？（13）具有何种资格，方可参与选举？（14）何种人的选举权，是被剥夺的？是否公允？（15）该村具有被选的资格多少？上次有多少被选？（16）会中有何种职员？（17）他们如何产出？任期几年？（18）议长有何种职务？乡董？乡佐？现在何人在职？（19）职员与议员是否都受薪俸？何人支给？薪俸若干？（20）议员革职，由何人施行？有何理由？（21）议会经费来自何处？（22）该村对于议会选举有何种兴趣？（23）选举时的监督是否严厉？（24）绅董与选举有何关系？

4. 本地绅董

（1）指出各绅董的姓名。（2）绅董应具何种资格？（3）村民对绅董的态度如何？（4）绅董对于县知事及别的官长，有何种关系？（5）绅董对于本乡生活，有何功效？他们是否真能扶助村民？（6）绅董对于乡议会或县知事有何建议？（7）如欲举办公共事业，是否应当先得绅董之意见？

5. 地保

（1）该村地保何人？（2）他在社会的地位如何？（3）地保应具何种资格？（4）他的职务如何？（5）他的任期多长？（6）薪俸多少？何人支给？（7）他有何种别的职业？（8）他与村人的交接，如何密切？对于他们的问题，有何了解？（9）该村的地保，是必要的么？（10）如该村有一位以上的地保，如何决定他的数目？

(二) 惩罚制

1. 警察

（1）巡视该村的警察几位？（2）他们与何处警察局联络？对于何人负责？（3）他们何时在村内？（4）他们的职务与权限如何？（5）去年他们逮捕了多少人？因犯何罪？有多少定罪？逮捕重犯时，有否逃脱？（6）他们受过何种训练？（7）他们的薪金若干？何人支给？是否按时支付？能否供他们的需要？（8）他们带有何种器械？何种最多用？（9）被捕者未入狱以前，看守在何处？其中布置，于卫生上道德上是否合宜？（10）村人对于警察的态度如何？（11）村内有私警多少？（12）何人供给？（13）有何职务？（14）去年他们做过什么事情？（15）他们受过何种训练？（16）他们对于何人负责？（17）薪金多少？（18）该村是否再应添设警察？

2. 法律与习俗

（1）村人对于普通法律，有多少知道？（2）如何可使村民对于法律更加明了？（3）习俗对于该村生活占何种地位？（4）法律与习俗有否冲突？

3. 犯罪

（1）村民是否有逮捕权与刑罚权？如果有的，他们是否常常执行？（2）家族对于刑罚犯罪者，有何关系？

4. 法庭

（1）何处法院对于该村有司法权？他们的职权如何？（2）在何处？（3）审问时有否陪审员？（4）每庭有几位审判官？（5）他们曾在何处受过教育？（6）他们由何人委任？受何人革除？（7）薪俸若干？（8）本乡何处？（9）已经任职几年？（10）庭内有差役几个？何种职务？（11）费用来自何处？（12）该庭是否受外界势力？（影响）（13）他们是否施行检查制（Probation System）？（14）去年判决罚款的罪案有多少？悬案多少？监禁的多少？（15）于法院最近报告书中之犯罪表内，指出该村之犯罪者。

5. 监狱

（1）该村犯人，于罪案未决时，被警察厅或法院看守在何处？（2）判决后他们在何处监禁？监内男犯多少？女犯多少？16岁以下幼童犯多少？（3）何人管理监狱？（4）述明监狱建筑及其布置大要。（5）每犯有几人看护？（6）看护兵的薪俸多少？（7）他们受过何种训练？（8）他们对于何人负责？（9）男成人犯与16岁以下的幼童犯，是否看守在同一狱室内？或于膳食时能否交接？（10）每狱室内住几个犯人？室之容积若干？室内之卫生布置如何？（11）每天有何种食品？他们买的什么？（12）他们做什么工作？占犯人几分之几？是否强迫？（13）他们在何处膳食？（14）犯人是否全体一起链住？有否手铐？脚镣？（15）他们受何训练？何人施训？（16）他们有何种娱乐与运动？（17）如何可以见客？（18）他们可否写信至亲朋？有否限制？（19）出狱后受何种协助？（20）有否救犯会帮助他们？（21）监狱是否施行信约制（Parole system）？（22）犯人如何可于期满前得释放？（23）监内有否医生临诊指导及医院？（24）犯人入狱时，有否体格考查及智力测验？（25）去年监内死亡数若干？死亡的原因何在？（26）监内卫生与道德情形，是否能使犯人在出狱时比进狱时有进益？（27）作一表指明监内该村所有犯人，并去年该村犯罪者及其判决案。（28）对于 16 岁以下童子有否感化院？述明他的设备与工作。

三、教育

**（一）学校儿童**

1. 村内学校人口多少？2. 入学儿童数多少？3. 强迫学校律的内容若何？何人施行？

**（二）学校**

1. 填写下列各项关于村内公立或私立学校的事项（包括一切含有教育宗旨的机关）。（1）名称。（2）宗旨与工作。（3）管理。（4）经费来源及其数目。（5）能力。（6）与政府的关系。

2. 作一地图，指出学校的位置。

关于每校状况，请答以下（三）至（八）各项问题。

**（三）校产及校具**

1. 校舍

（1）如果校舍不是特建的，则凡陈腐与无用之物有否毁除？（2）校之四周，是否清洁并适于卫生？（3）学校位置对于大多数学童的家庭是否便利？（4）校舍是否全年稳固？有否受水火风雨之患？（5）校内房舍，是否昼夜自然流通空气？（6）校内房舍，是否不受烟气伞灰之扰？（7）课室内的光线，是否来自左边及背后？光线是否充足？于窗之距离远处有否适宜之光线可以看报？无论在日中与阴天，室内是否均有充足的光线？（8）当光线最强时，有否窗帘蔽护？（9）室内地面，是否不受潮湿？（10）天花板与墙壁，是否能抵抗鼠类的损害？

2. 校场

（1）校内一切空地，是否都作游戏场与校园之用？（2）游戏场的面积，是否能容全体学生之运动？（3）这种游戏场，在下雨的时候亦能适用否？（4）雨后游戏场是否就能干燥？

3. 校具

（1）课室内的用具。书桌的构造，是否不妨碍学生身体的发展？是否便于教师的管理？黑板位置，对于全体学生是否便当？学生用黑板时，是否因挂得不适当而发生困难？课室内是否备有钟、铃、寒暑表、日历及字纸笼？课室内的装饰是否合于美观？对于学生有否价值？是否备有到班册及分数册？教师是否每天使用？全体学生是否备有必需的文具及教科书？（2）普通用具。校中是否备有国旗、校旗及校歌？是否常用的？是否备有开水及茶？杯子是否于未用前洗净？厕所内是否全年没有苍蝇？是否备有洗手面的面盆？是否备有公用的毛巾？（3）游戏场的用具。校中空地，是否适于球战及团体游戏？对于年幼或年长的学生是否备有秋千架？（4）医药用品。当学生有病时，有否医生或看护为之处理？（5）图书馆用具。校内是否备有书籍、报章、杂志等，为学生参考及自修之用？教师曾否把这些读物介绍给学生？图书室看书是否受监察？

**（四）行政**

1. 行政员。如果学校不受地方教育局视察员或调查员之管理，则该校之指导者，是否是教育专家？指导者是否至少每星期到校一次？他是否按期作有报告书？

2. 普通行政。招收学生的时候，是否有智力测验、体格检查，及关于家庭状况的访问？（如父兄或保证人之职业、教育及对于儿童教育的态度）学生到校是否用强迫制？不到校的原因何在？学生回校后教师是否就寻出他们不到的原因？学校是否把学生不到校的次数报告保证人？学校是否有学期成绩报告寄给保证人？如果学生中途停学，学校是否为他继续设法？学校有否同学会？对于毕业生如何联络？

3. 经济行政。如果学校经费不是完全或一部受地方教育局之供给，则该校有否稳固的基本金？如果学校收入，完全由于学生，则所入者，是否能抵所出？有否预算表？学校入款是否能于每年开学前收齐？学校账目有否报告？是否经过检查？对于贫寒学生，学费是否减少？

**（五）师资问题**

1. 普通情形。教师之未被检定者，是否受过师范教育？如果教员任期不是永久的，则学校与教员是否订有两年以上之合同？教师对于学校有关的乡村，是否能了解其普通状况及其需要？教师是否与村内领袖人物联络？

2. 待遇。薪水是否以 12 个月计算？每月薪水有否在 20 元以下？如果教师的经济是依赖亲属的，则当于不测、疾病或死亡发生时，学校是否加以雇恤金？学校是否鼓励教师保寿险？并于保险费亦否负一部分的支付？学校对于教师是否有优待金？学校是否帮助教员利用假期知识的发展？学校是否有教员图书室？教员是否有娱乐？教员对于家务及校役工作，是否不必负责？教员是否备有必需的文具？教员是否受社会的尊重？

**（六）课程**

如果学校已采取新学制，则学校课程是否包括自然科学、手工、园艺、公民学及国语？

**（七）学校生活**

1. 在教室内。学生对于教室规则是否了解？班上训练是直接的，还是间接的？学生是否能照他们能力的限度管理自己？班中是否有学生领袖？学生是否轮流服务？教师是否能使学生发生兴趣因而引起他们的留意？学生是否自己觉得他们是大家协作的？

2. 在游戏场上。学生对于运动规则能否了解并欣赏？当学生违犯规则时，是否即行改正？各种游戏事业是否因性别而异？各种游戏是否由教师督察？

3. 学生活动。学生有否自治会之组织？是否以教员为顾问？如果校内无童子军（包括女童子军）之组织，则学生有否别种关于实际上与智识之发展或改进学校全体之团体？（如运动会、辩论会、卫生会、美术社、社交团等）

### (八) 学校的社会化

1. 关于乡村的了解。办学者是否知道邻近学校的位置？办学者是否明了各种有势力的社会制度如家庭、政府、经济组织、宗教等？办学者是否明了该村的精神？办学者对于村内的学童数是否知道？

2. 学校与乡村协作。村内各校，有否游戏比赛、演说竞争或运动会？学生是否去参观别的学校或与教育事业有关的机关？学生的家长是否常常去参观学校？教师于不含训练目的时，是否常常去探访家族？村内有势力的分子，于学校特别会议时，是否被请在内？他们能否帮助学校解决问题？校中课室、图书室及游戏场，是否准村民借用？有何特别办法？

3. 学校出版物。校中如果有定期的出版物，则学校事业是否应该刊入？出版物是否赠阅？学校章程是否赠送？装订是否美观？是否能引起读者的兴趣？对于学校负经济之责者，是否每年分给报告书？学校大事，是否登载新闻纸上？

## 四、农工商业

### (一) 普通的

1. 地理上的位置

（1）距城市多远？最近的大城叫做什么？（2）交通的方法如何？（江、河、马路、铁路或别的）（3）该村四周区域的工业、商业与社会状况如何？

2. 村民职业的分类。将男子、妇女及14岁以下的儿童，各立一表。

（1）村内劳动者的总数多少？（2）农夫占总数的多少？（3）厂工占多少？（4）家庭工业劳动者占多少？（5）手艺工人占多少？（6）半农半工者占多少？（7）店中工作时间占总数的多少？（8）在茶店的时间，占工作总时的多少？（9）精敏的工人，占劳动者总数的多少？（10）拙笨者占多少？

3. 工作时间。将男子、妇女及14岁以下的儿童各立一表。

（1）工人每周工作时间，依下表计算，每项占总劳动者的多少？

不到48小时的。　48至60小时的。　60至72小时的。　72小时以上的。

（2）工人每日工作时间，依下表计算，每项占总劳动者的多少？

不到8小时的。　　8至10小时的。　　10至12小时的。　　12小时以上的。

4. 工人每天有休息的时间多少？

5. 说明工人换班的数目与次数。

6. 厂工每日的工作时间多少？

7. 雇工

（1）述明下列各种人的百分数：①该村内14岁以下之工作儿童。②该村工作之妇女。③该村工作之男子。

（2）述明下列被雇工人之百分数：每日计算的，每周计算的，每月计算的，每季计算的，每年计算的。

（3）雇工的方法如何？有多少工人用下列方法的。①由雇用局代谋的。②由亲朋介绍的。③由机关介绍的。④由个人自己去寻找的。⑤由工厂雇工部转的。

8. 失业

（1）去年失业的工人多少？

（2）去年因下列各种原因失业的百分数是多少？①疾病。②不测。③年老。④智力缺陷。⑤身体残弱。⑥劳动过度。⑦短期工作。⑧缺乏训练。

（3）村中对于失业者，有下列何种救济法？①职业学校：（a）成人的。（b）儿童的。②官立雇用局。③私立雇用局。④失业保险。⑤工会。⑥公立赈济机关。⑦私立赈济机关。

9. 工资与人款

（1）将男子、妇女及14岁以下之儿童各立一表，指明每月收入的工资及其人数。

5元以下者。　　5元至10元者。　　10元至15元者。　　15元至20元者。　　20元至25元者。　　25元至30元者。　　30元以上者。

（2）有何种特别工资？

10. 工人的费用

（1）每人每月生活费多少？（2）他们在何种情形之下，就要借钱？何处去借？（3）多少工人有储蓄的？何处储蓄？（4）何时费用最大？（5）何时偿债?

**(二) 农业状况**

1. 农夫的普通情形

(1) 多少农夫养牛?(2) 多少雇用工人?(3) 多少被雇?①每日的。②每月的。③每季的。④每年的。(4) 除农事以外,不作别业的家庭有多少?(5) 间断在工厂或别处做工的农夫有多少?(6) 拥有下列田亩数的农夫有多少?①500亩以上。②200亩至500亩。③100亩至200亩。④50亩至100亩。⑤50亩以下。(7) 每年要几亩田的生产,能有1000元的收入?

2. 农场的普通情形

(1) 每年可种几次谷类?哪几种?(2) 主要出产品是什么?(3) 每亩每种的出产品数量是多少?(4) 培养:①每种产物的主要肥料是什么?②肥料的价目若干?③每亩肥料费若干?(5) 土地是否需要灌溉?用何方法?(6) 土地劳动的消费。①普通每年的种作收获时期表若何?②每年最忙何时?最闲何时?③每种产物所需的耕耘、灌溉、培壅、撒种及收获,费劳力多少?(7) 农夫有否受过农作的新知识?(8) 他们能否用科学方法除灭害虫?(9) 种子何处得来?如何造法?(10) 农夫中有几分之几是种果子的?种树木的?种蔬菜的?培养家畜的?(11) 下列各项,每年消费几何?①肥料。②雇工。③修理器具。④添置器具。(12) 出产物在何处销售?售与何人?①每种出产物的市价多少?②距离市场若干?③运输的方法如何?④每种出产物的销售数有几分之几?

**(三) 工业状况**

1. 家庭工业

(1) 村人用何种器具或机器做工?(2) 自己备有器具的家庭有多少?(3) 家庭工作中,何人做得最多?(4) 制造何种物品?自用的么?销售的么?(5) 何时工作?①每年何季?②每日何时?

2. 手艺工

(1) 作该村手艺工之种类表一。(2) 每种手艺工的人数多少?(3) 自己做主人的手艺工人有多少？雇用别人有多少？（4）他们有多少受女儿与妻子的帮助？（5）手艺工的工作状况：①是否按时工作？②工作是否每季更换？③如何介绍？④他们的工作时间表如何？⑤有否工会的组织？做何种事业？⑥有否集会的地方？

3. 厂工

（1）男工数。女工数。14岁以下的儿童数。14岁以下的女子数。（2）该村与工厂距离若干？（3）从该村到工场的交通方法如何？（4）往还时间约需多少？（5）工厂工作以外，工人是否再负家庭责任？（6）工作时在何处膳食？何时？（7）工厂情形。①防备火灾用何种方法？②去年发生多少不测的事情？③何处发生？何故？④有否因职业含毒性的工作而致疾病或死亡？⑤工人有否受过下列各项训练？（a）预防不测。如何训练？（b）个人平安与卫生。如何训练？⑥厂中卫生状况如何？⑦有何卫生规则？⑧厂内洒扫事宜是否由工人担任？还是特别雇人担任？⑨厂内光线，有否妨碍工人眼睛，室内如何？⑩厕所是否分别男女？（a）每一厕所可容几人？（b）是否合乎卫生？（c）何人管理？⑪对于工人有否医药的帮助？⑫有否制服？能否减少不测的事情？⑬是否备有茶水？（a）放在何处？（b）茶杯是否公用？（c）茶水是否冬热夏凉？⑭是否备有洗具？（a）碗及水槽是否公用？或个人自备？（b）手巾是否公用？（c）肥皂是否公用？⑮有否科学的通气法？⑯工人有否座位？是否能用？⑰有否工人膳堂？各日是否温暖？⑱有否工人休息室？有多少？⑲有否工人雨具室？⑳工厂是否受政府检查？㉑有多少工人组织团体，保护自身？如何组织？

**（四）商业**

1. 区别该村商店的种类。每种有几家？总数多少？2. 该村最大商店的资本多少？最小的多少？普通的多少？3. 每类商店的主要贩卖品是什么？4. 这些货品的来源在什么地方？5. 该村本地出产品占几分之几？6. 何种货物的需求最大？7. 每店平均雇工多少？8. 买货可否赊欠？9. 店外有何种生意？10. 本地店主占几分之几？11. 店友每年薪资多少？12. 店主有否团体组织？工人呢？做些什么事业？13. 店中用人的工资多少？14. 每日营业时间若何？15. 何时最忙？16. 店友工作时间多少？17. 店友与店主有何关系？18. 店友睡在何处？19. 店中卫生状况如何？

### 五、健康与公众卫生

**（一）影响健康的地势和气候**

1. 关于气候的性质如何？（1）温度。（2）气候的变迁。（3）湿度。2. 泥土的性质如何？经过大雨以后，会被冲蚀么？3. 以下所说的地势情形，对于健康发生影响么？（1）江河，（2）运河，（3）山岭，（4）高原。

**（二）影响健康的经济状况**

1. 村中居民的财力，够办公众卫生上的事业么？

2. 村民操何职业？对于他们自己的健康有否妨碍？情形怎样？

3. 村民工资及他种所人，是否足以支持健康？

4. 村民做工地方的卫生情形，对于下列四事若何？（1）通气，（2）光线，（3）防火之设备，（4）清洁。

5. 下列各工人每天做工几小时？每星期做几天？（1）成年男工。（2）女工。（3）16岁以下之男女童工。

6. 参查法律上对于工人卫生的条文，尤其是：（1）关于禁止童工及女人操作于夜间的；（2）关于禁止12岁以下之男女童工的劳动律；（3）关于男工做工时间的限制；（4）关于工人疾病和意外危险的体恤和处置。

7. 以上所说的法律，怎样施行？效力如何？

8. 亡人是否能组织团体，以防免工业上的危险和不卫生的情形？

9. 招收工人的时候，雇主是否给他们检查体格？他们的职业是否与身体相称？

10. 工人因职业劳动而受伤的待遇怎样？

**（三）人口与健康**

1. 本地和长住的人口有多少？游移或暂住的有多少？

2. 来自别地的居民中有妨碍卫生的生活习惯的有多少？
3. 不知道公众卫生方法的村民占人口的多少？

（四）生死统计

1. 参查法律上关于生死时报告政府的条文。
2. 如果没有这种法律，生死时是否报告？如果报告，由何人负责？报告何人？是否有永久记录？
3. 疾病是否报告或登录？何人负责？报告何人？

（五）死亡率

1. 下列各类的总死亡率（1000人中之死亡数）若何？（指出去年的死亡统计）

（1）全体。

（2）婴孩（男女分计）：①1岁以下，②3个月以下，③1个月以下，④胎殇与堕胎。

（3）儿童（男女分计）：①1岁以上5岁以下，②5岁以上10岁以下，③10岁以上15岁以下。

（4）成人（男女分计）：①15岁以上20岁以下，②20岁以上25岁以下，③25岁以上30岁以下，④30岁以上35岁以下，⑤35岁以上40岁以下，⑥40岁以上45岁以下，⑦45岁以上50岁以下，⑧50岁以上55岁以下，⑨55岁以上60岁以下，⑩60岁以上65岁以下，⑪65岁以上70岁以下，⑫70岁以上75岁以下，⑬75岁以上80岁以下，⑭80岁以上85岁以下，⑮85岁以上。

2. 这些死亡率，与中国别处相似的乡村比较如何？比较欧洲如何？比较美国如何？

3. 村中以哪一区或哪一住宅的死亡率为最低？何处为最高？

（六）死亡与疾病的原因

1. 去年的死亡数中（或以最近统计为准），有多少是由下列原因而死的？

(1) 1岁以下的婴孩：①痢疾，②肠热症，③肺炎，④梅毒。

(2) 全体（一切年龄包括在内）（男女分列）：①肺痨，②天花，③寒热，④红热症，⑤花柳病（梅毒及白浊），⑥肺炎，⑦别种传染病，⑧不测，⑨天灾，⑩霍乱，⑪痢疾。

2. 去年的患病者中有多少是由下列的原因（或依最近统计）？(1) 红热症，(2) 寒热症，(3) 喉痧，(4) 别种传染病。

3. 过去之最近 5 年中，村内有何种流行病发生？多少得病？多少死亡？

4. 在过去的 2 年中，因流行病之发生，学校停闭了多少时候？何种流行病？

**（七）影响疾病的环境**

1. 废物之排除。(1) 废物积蓄在何处？经多少时候？(2) 这种地方，是否为妨碍卫生之源？(3) 废物如何排除？何处？(4) 公共厕所在何处？(5) 何人所有？(6) 多少时候洁除一次？(7) 建筑如何？合于卫生么？(8) 能否防免蚊蝇？(9) 培养土地，用何种肥料？发生何种卫生问题？

2. 用水。

(1) 村民何处用水：①饮水，②烹饪。

(2) 作一地图，表明下列各项：①井之位置，②别种水源的位置，③厕所的位置，④肥料缸的位置，⑤别种传染物的位置，⑥土地的性质及斜向，⑦说明污水的来源。

(3) 水之分送，是否合于卫生？

3. 食品。

(1) 参查关于乡村清洁食品与药料的法律条文。是否严厉执行？

(2) 茶肆与贩卖糖食的商店，是否受法律的限制？详细说明。

(3) 如果不受限制，对于公众健康，有否危险？有何危险？

(4) 对于患花柳病或别种传染病者，携取食物有否加以防护？

(5) 畜类在何处宰杀？何人宰杀？

(6) 追索过去的 2 年中，村内何种疾病或死亡，是因用公共处所烹煮的食物的缘故？

235

4. 苍蝇与蚊子。作一地图，指明苍蝇与蚊子发育的地方？

5. 公共浴室。（1）村内有多少公共浴室？（2）何人去用？（3）怎样取费？（4）用哪一种水？（5）是否卫生？（6）有否妨碍公众健康之处？

**（八）肺痨病**

1. 村内有否特别疗治的人？

2. 他们在教育上职业上的地位如何？

3. 村内何处贩卖医治肺痨的药品？何人贩卖？

4. 村内有否做教育事业的团体教导村民以肺痨的危险及其疗治和预防法？

5. 学校内有否像"康健十字军"（Modern Health Crusaders）这样的团体，使儿童抵御此种疾病？

**（九）待遇病者的设备**

1. 医生、药铺及禁止疫地人民之交通。

（1）作该村医生表一，注明下列各项：①姓名。②年龄。③医科学位何处得来？④有何别种医学训练？⑤领有何人颁发的执照？⑥法律上对于何人负责？

（2）村内何人用迷信的方法治病？

（3）医病时如何处置病人？

（4）村内有否特许专卖的药品？何人专卖？

（5）村内有多少药店？对于病人能否开方？

（6）参查法律上关于一切禁止疫地人民交通的条文。

（7）如有此种法律，则其禁止是否已成习惯？已执行多少时候？

2. 机关与团体

（1）参查法律上关于乡村卫生事宜的权限。

（2）如果没有此种法律，村内卫生事宜的权限属于何人或何种机关？关于何种卫生事宜？

（3）除医院以外，关于村内卫生机关，说明下列各项：①名称，②位置，③宗旨，④所有权及管理，⑤能力，⑥去年所医治的数目。

（4）关于村内各医院，说明下列各项：①名称，②位置，③开办者及其供给的来源，④管理，⑤能力，⑥去年所医治的数目及其种类，⑦免费床位的数目，⑧西医的数目，⑨容纳的种类及去年施医局所医治的数目与院外部的数目，⑩容纳的数目及去年关于眼目、肺痨、花柳病及婴孩的临症教导的数目，⑪医院的卫生教育事业。

3. 村民是否由下列各种方法，接受过疾病的性质、原因、治理和预防法的教育？

（1）文字，（2）演讲，（3）卫生运动，（4）清洁运动。

**（十）学校卫生**

1. 该村学校里的儿童，有否给以生理检查？何人检查？
2. 是否每个学生受过检查？
3. 经多少时候，检查一次？
4. 去年学生中受过检查的比例多少？
5. 教员有否留意学生的检查证？
6. 学生的眼睛，是否每年经过医生或看护士的查验？
7. 如果学生应配眼镜，负学校之责者，有否督成之？
8. 学生的牙齿，是否每年经过医生、看护士或牙医的查验？
9. 如果学生患有牙病，负学校之责者，是否促其医治？
10. 学生座位，是否适宜？
11. 教师是否鼓励学生的好姿势？
12. 每校有几种洗浴法？（灌水浴、盆浴）
13. 是否常用？何人使用？
14. 学生体重，有否每月记录？
15. 学校是否备有免费或廉价点心？
16. 对于食量不足及体重不及格的儿童，有何办法？
17. 对于不能说话的、瞎眼的、耳聋的及四肢残废的儿童，有何特别待遇法？
18. 对于身体反常与有肺痨嫌疑的儿童（即家庭中有患肺痨病者），有何特别办法？

  19. 学校厕所，是否隐藏？建筑是否适宜？是否合于卫生？

  20. 学生是否用公共的茶杯及公共的手巾？

  21. 校内有否受监督的体育和娱乐？

  22. 卫生教育，是否包括在学校课程以内，和别种功课一样？如果包括在内，用何种教本？如何教授？

### 六、娱乐

**（一）关于公共娱乐的普通状况**

1. 村民有何种方法做他们的娱乐？
2. 村内的娱乐，是否受地方政府的监察？
3. 村内有何种私人创办的娱乐设备？设备的情形怎样？
4. 述明村内娱乐团体或机关的名称与性质？

**（二）家庭娱乐**

1. 村内以何种家庭娱乐为最普通？
2. 对于儿童有何种家庭娱乐？
3. 住宅内是否有天井？可作何种娱乐之用？有几家？
4. 各家是否常有宴会？何种宴会？
5. 家内是否常有赌博？何种赌博？有几家？
6. 村内有否吸鸦片者？有几人？

**（三）学校娱乐**

1. 村内哪个学校设有游戏场？
2. 每个儿童，可占游戏场的空位几方尺？
3. 场内有哪几种游戏？是否适宜？
4. 这种游戏，是否有人监视？
5. 校内游戏场及房屋，除供给学生运动及学校办事外，是否借与村民作别种用处？何用？

6. 在夏季的时候，校舍及游戏场是否仍许儿童应用？

7. 校内是否有音乐会及交谊会之举行？有何目的？有何种类？

8. 校内有几种娱乐品？对于女生，是否有特别的设备？

9. 校内是否有图书室？范围若何？哪几种人要用图书室？

10. 村内有多少主日学校？到主日学校里去的是哪几种人？他们有何种娱乐的秩序？到主日学校的人数每次有多少？其中学生多少？不是学生多少？男子多少？女子多少？成人多少？儿童多少？

**（四）公园**

1. 公园位置占全村面积的几分之几？

2. 作一地图，指出公园的位置，及村中最拥挤的地方。（包括公办与私办的公园，及村中的空地？）

3. 何种私人创办的公园可以任村民去游戏的？是否有特别规条？

4. 夜间公园内是否有适当的灯光？是否有警察守护？

5. 公园内是否有军乐队的设置？公家或私人创办的呢？有否交谊会或宴会的举行？

6. 公园内或村内空场上，有何种娱乐的设备？受何人监察？他们的性质如何？

7. 到公园里去的游客，每天有多少？（男女及儿童分计）

**（五）公共游戏场**

1. 由第（四）问题2的地图上，指出公共游戏场的位置。

2. 游戏场夜间是否开放？放假日是否开放？是否全年开放？

3. 游戏场的位置是否在人口的中心点？

4. 何人可用游戏场？

5. 游戏场由何人支持？

6. 场内球场及别种布置，是否为成人而设置？

7. 对于儿童是否有特别的设置？

8. 游戏场由何人监察？如何监察？

9. 支持游戏场的费用若干？

10. 每一游戏场，备有何种用具？

11. 每天游戏的人数多少？占该村人口几分之几？男子多少？女子多少？成人多少？儿童多少？

**（六）街道**

1. 街上可作何种游戏之用？

2. 是否有警察监视？

3. 是否拥挤？

**（七）酒肆与茶坊**

1. 由第（四）问题 2 的地图上，指出酒肆与茶坊的位置。

2. 妇女与儿童是否可进茶坊、酒肆？有否特别的禁止？

3. 茶坊、酒肆是否抽捐？何人监察？是否严紧？

4. 茶坊、酒肆内的道德情形若何？

5. 茶坊、酒肆内是否盛行赌博？何时最盛？何种赌博？

6. 茶坊、酒肆内是否常有宴会亲朋的事情？

7. 每天的人数多少？

**（八）宴会迎神与戏剧**

1. 村内有何种宴会？有何目的？何时举行？

2. 村内是否有剧场？何种性质？受何人监视？由第（四）问题 2 地图上，指出剧场的位置。每次看剧的人数多少？

3. 村内有何种迎神赛会的举行？何时举行？有何目的？何种人参与？费用多少？

**（九）将来的娱乐**

1. 村内是否有未经改辟的地方可作将来娱乐事业之用？

2. 该村当费若干金钱，可使全村居民得适当的娱乐的需要？

3. 村内对于娱乐事业的改进，有否特别举动？村内何人对于娱乐事业特别发生兴趣？何人专为监督娱乐事业？

### 七、居住

（一）作图将村中街道之位置及广阔、实业地点及性质，二三层楼房屋或其他特异房屋之位置，皆填写清楚。

（二）居住律
1. 关于乡村居住律的条文抄下。
2. 居住律是否皆一一执行？何人执行该律？
3. 不洁及有害健康的事物如何减少？该方法于近二年内常用否？
4. 村中居民自备之房屋有几家？出租之房屋为何人所有？

（三）房屋之种类
1. 造屋之材料如何？
2. 房屋间之距离如何？
3. 每屋之空地是否占该屋三分之一的面积？
4. 用木地板的房屋共有几家？

（四）光线与空气
此项可将大概情形报告（惟每户必须调查清楚）。
1. 每室之窗户面积，是否至少等于地板面积十分之一？
2. 每室之四周，可否随时随气候持报纸细看？
3. 屋内共有玻窗几面？
4. 无窗户之室有几？作何用？
5. 室内空气用何法使之流通？

### (五) 火险

1. 村中房屋用木料及其他易燃之料造成者，约占几何？
2. 楼房有否避火梯？
3. 火起时，居民易从屋中逃出否？
4. 厨中用何种燃料？
5. 烟囱内时起火否？

### (六) 卫生情形

1. 村中房屋是否清洁卫生？
2. 居民可晓避去蚊蝇之扰害么？用何方法？
3. 鼠多否？对之作如何处置？
4. 厨房之情形如何？此项亦可作概括报告。（1）食物如何保护，使避去苍蝇？（2）洗碗盆之器具是否洁净？（3）地面是否干洁？（4）豕、犬、猫、鸡等，是否喂于厨内？（5）厨内有否烟灰？
5. 饮料来自何处？
6. 户内厕所有多少？是否洁净？用者多否？
7. 垃圾如何处置？
8. 家畜养在何处？
9. 卧室情形如何？
10. 房屋内之布置及家伙，是否具洁美之性质？

### (七) 关于品性者

1. 村中房屋内室之种种布置，是否可造成完美高燥之空气？

以下列各条，述其大概（每户须调查清楚）。（1）每户之卧室，是否有人数之一半？（2）几人居一卧室？（3）6岁以上之儿童，是否与父母同一卧室？

### (八) 街道

每条街道调查毕事，即报告其概括。

1. 阔几何？
2. 阔度是否等于街道上最高房屋之高度？
3. 街道是否砌平？
4. 如何使街道清洁？何人担任此种责任？

## 风俗调查表[①]

### 旨趣

（1）风俗调查，为研究历史学、社会学、心理学及行为论，以及法律、政治、经济等科学上不可少的材料。调查人如肯尽心做去，不独于自己的见识及学问的贡献上两有利益，并且为暑假中最好的消遣品。

（2）本调查表分为三表如下，请调查人依各表每项下，记载所得的事情。如表中所载有未尽处，请各人酌量加入（此表于暑假后回校时或随时缴回研究所国学门）。

（3）希望调查人于"习惯"一表上，在特载栏中推论与环境及思想相关系的缘故（如说：此地寒，所以人喜欢饮酒；封神传流行甚广，所以义和团的势力甚大之类）。

（4）对于满蒙藏回朝鲜日本及南洋诸民族的风俗，如有确知真相愿意供给材料者，尤为特别欢迎。

（5）政治的措施，法律的制裁，军人的行为，及华洋的杂处，影响于一地方的风俗至巨且大，望调查人于特载栏上附记，以备参考，不另列表。

（6）下表所调查的，以一地方上的多数人为标准。如有一阶级的特别情状者（绅界官场等现形记），希望从中声明。

（7）搜罗材料，当用科学的方法：即是实地调查，实事求是，不可捕风捉影。如有怀疑及不可能的情形，均望将理由详细注明。

（8）调查人对于本地的风俗，应该就事直书，不可心存忌惮与掩饰。

（9）调查时如能附带收集各地特别器物更佳。并且将惠赠人的芳名记下，

---

[①] 摘录自《晨报副刊》，1923年7月7日。本表由北京大学张竞生教授设计，被誉为"中国第一份规范化"研究问格。

以备将来"风俗博物馆"成立时，永久留为纪念。

（10）不能用文字表示者，可用图书或照片。

（11）将来如装成风俗书时，除将调查人的姓名登载外，并给予相当的酬劳品。

**（一）环境**

（1）地名。即所要调查的地名，如北京天津或一乡村之类（以调查人的生长地为佳，或所游历的地方也好，但望注明为哪一种）。

（2）人口。男女分别更好（儿童产育数的多少，近十年死生率之比较）。

（3）职业。男女分举。

（4）气候。四季长短及特别天气。

（5）地理。山，海，平原，河流，湖泊，名刹，胜境。

（6）出产。何种？

（7）经济状况。基本产业，工资，利息等。

（8）生活程度。贫富及中户分别。

（9）交通。水，陆，或航船，汽船，铁路，轿车等。

（10）民族。

（11）地方特殊的组织。如宗族，合作等。

（12）家畜。马、牛、羊、猪、鸡、狗等培养法，及繁殖率。

**（二）思想**

（1）语言。普通话或土语。

（2）歌谣。以最通行为主。

（3）本地半历史的故事。童话和急口令或相传的趣事（如说鼠母教鼠子如何食油，鼠子不听话，致被人捉去之类）。

（4）戏剧。何种戏剧，艺员程度如何？演戏时人民有何种兴趣？

（5）格言和俗语。如一字值千金，好子不当兵，树倒猢狲散之类。

（6）小说。何种最通行，用何方法去传播？（或唱书，或自看，或互相授受。）

（7）宗教和信仰。耶教、佛教、回教及本地神明巫祝等。

（8）教育。何种学校，教程如何，家庭教育状况，旧时科举的势力是否存在？

（9）美感。雕刻、图画、音乐、唱歌、织绣等。

（10）普通观念与判断。如说："学校所养成的均是一般坏学生"；"共和国是洋鬼子的制度"；以及对于下表各项习惯上的批评之类。

**（三）习惯**

（1）衣。小孩、老人及成年的男女的"内衣""外衣"在四季上的装束。衣服的材料和做法。手巾，袜鞋，帽等（如在时装多变的地方，也请列明如何变法）。

（2）食。米、麦、黍、粉等。烟（鸦片，纸烟等）、酒、油、酱、盐与调味的物料及烹饪的方法。贫富每日所食的肉，菜，及饭，粥，麦，黍的多少。

（3）住。木、竹、砖、土等所建的屋。屋内的排设（器具盘皿等），屋外的布置，睡床与大小便的地方的状况。家畜的安置。

（4）婚姻。养媳，嫁娶人的年龄若干。聘金与婚费的多少。六礼与完婚时的规矩。闹房及验处女膜等恶俗。

（5）丧礼。分别贫富。

（6）坟墓。风水观念，及坟墓的筑造法。

（7）祭礼。如家庙、祠堂、坟墓及祀神等。

（8）家礼。子女对于父母，媳妇对于翁姑及家人等，生子及冠、笄等礼。

（9）客礼。

（10）公共集会的习惯。

（11）游神和赛会。

（12）娶妾和纳婢。

（13）守节。贞女及寡妇。

（14）养子。或寡妇，或夫妻无出，是否有养子的风俗？

（15）再醮。寡妇再醮或再嫁否？社会上对再醮或再嫁的寡妇的批评。

（16）修饰。缠足、束乳、头发装扮。头、耳、手、指、颈上、脚上的修饰品。

(17) 争斗与诉讼。械斗、打架、咒骂（如村妇相骂，及许多地方以骂人为语助辞，如北京人的"禽"之类）。诉讼（好讼否?）。

(18) 嫖。除妓女外，相公及男色的嗜好。

(19) 赌。何种赌？男女同赌，或分赌？

(20) 盗。小盗，合伙的打劫贼。

(21) 娼。公娼，私娼。公娼的娼寮制度及娼女的生活。私娼卖淫的方法。

(22) 男女社交。

(23) 清洁或肮脏。实据的证明。如衣、食、住及洗澡拭身等。

(24) 年节的习俗和商人的讨账。

(25) 勤惰。每日工作若干时，何种工作，夜间有无工作。妇人在家庭中工作的状况等。

(26) 玩耍。儿童的游戏，或如猴子戏、狗戏与傀儡戏及音乐会等，

(27) 杂技。如打拳、算命、看相、算卦。

(28) 乞丐。

(29) 货声。即"叫卖"声调、词句、器具等。

(30) 奴仆的情状。

(31) 慈善事业。

(32) 遗弃子女。

## 民族文化调查问格[①]

注意 1：调查务求切实，宁缺勿滥。

2：随时随地收集各种文化的实迹。

宗教与迷信

1. 图腾崇拜：现在术士所用以驱役鬼神的符箓，是一种图腾崇拜的遗物，其符箓上所画的，是如何的形状？或写何字而表明其图腾崇拜的对象？有何禁忌？有何传说？其他。

---

① 摘录自《新社会科学季刊》第一卷第二期，1934 年。本表由中国民族学会等筹备会编制。

又如普通人家堂中或房门上悬贴的压邪图，他们把这图中的图像看作一种神灵，乃奉之为一家族的保护神。这可说是家族的图腾崇拜。其图中所绘的这种崇拜的对象，是何种生物的图像（虎？龙？其他？）有何种禁忌？有何传说？其他。

又如个人的生肖，是一种个人图腾崇拜的遗迹。譬如，生于子年的，其生肖属鼠，则以鼠为其呵护神灵。生于巳年的，其生肖属蛇，则以蛇为其呵护神灵。故对此而生祀鼠祀蛇的崇拜行为。其宗教的仪式如何？除祀蛇祀鼠外，尚有其他动物的奉祀否？有何禁忌？有何传说？其他……

2．神人的崇拜：

（一）祖先——宗族及家族的祖宗。

（二）圣贤或英雄。

（三）社神或农神。

（四）灶神，夫人神及紫姑神。

（五）其他的鬼神。

详述以上所举各种神人的信仰崇拜的仪式，及其传说。祖先崇拜中的做"阴寿"宜留意及之。其他。

3．占卜：使用何种方法？使用何种器物？由谁人执行占卜的仪式？现在广东有和鹄卦一种，将干支写成若干卦，卷成小纸条，使和鹄啄取一条，即以之占卜休咎。此外，各地亦有此卜或类于此的卦卜否？其他。

4．巫术：举出男女巫神的俗称。巫术师有什么技术？巫术的仪式如何？巫术师姿势的使用（例如跳舞）和声音的使用（如唱歌、呢喃、复话等等话的声音。）如何？他们使用何等巫具？巫师的地位如何？其势力如何？收集巫师所用的经典。其他。

5．祈禳：（一）求神签。（二）祈鬼（如打花会，在乱坟中求示兆）。（三）降童请神。（四）祈雨祈年。（五）祈子。（六）扶乩。（七）许愿和还愿。（八）问。（九）其他。就上所举，细作调查，并详述之。

6．巫医：（祝由科），为符咒治病的法术。相传谓其术不肯轻意传授于人。举出巫医师的俗称。有女巫医师否？巫医师有什么法术？用药物的疗治？用非药物的疗治？病者所受巫医的影响如何？其他。

## 中国婚俗调查问格[①]

注意 1：调查务求真实，宁缺勿滥。
　　 2：搜集其民俗的物品。

### （一）普通婚嫁
1. 男女双方的年龄若干？
2. 定婚以前男女双方有无相互"看亲"（或相亲）之举？
3. 定婚的礼节如何？
4. 结婚前的礼节如何？
5. 结婚时的礼节如何？
6. 结婚在哪一季举行？
7. 男女嫁娶时有何惯俗？（例如出嫁时歌哭等类）
8. 聘金多少？
9. 嫁妆多少？
10. 嫁娶时有何种迷信上的表示和禁忌？
11. 男女两方穿何种特殊的衣服？
12. 新娘有面盖否？
13. 新娘随身带有伴娘否？
14. 新娘身边携带何物？
15. 有无一次以上的宴会？
16. 有何种贺婚歌唱的诗词？
17. 表演何种特别的歌乐或跳舞？
18. 婚费多少？
19. 闹房和打喜的情形如何？
20. 验贞的习惯如何？

---

[①] 摘录自《新社会科学季刊》第一卷第二期，1934 年。本表由中国民族学会筹备会编制。

21. 验贞后有无报喜或公开表示之举？

22. 婚后的礼节如何？

23. 有的地方，新郎远在外地，一时赶不及结婚，男家为权宜计，使用雄鸡或其他的代表物替新郎和新娘举行婚礼，探其意义何在？

24. 其他。

### （二）特殊婚俗

1. 典妻：

出典的妇人是寡妇或非寡妇？

典价若干？

承典人随时供给额外的财物多少？

出典期间的长短？

举行典婚仪式否？

典妇于出典期中是否寄居承典人家内，或承典人可随时往就典妇之家？原夫与典夫相处的情形如何？

有何避忌？

举出他的俗称。

注意其典约和歌谣的搜集。

其他。

2. 招夫养夫（此与一妻多夫制有些不同）：此俗发生的原因何在？——或因原夫的经济能力有限，或因其为病所困，或为了其他何种原因而另招一夫以维持其家庭？

三者相处的情形如何？

举出他的俗称。

其招约和歌谣的搜集。

其他。

3. 转婚（兄死，弟娶其嫂，弟死，兄娶其妇？）

其发生的原因何在？

这种婚娶下的家庭状况如何？

举出婚的俗称。

其婚约和歌谣的搜集。

其他。

4. 抢婚

起于何种原因？

当男家纠众向女家或原夫家实行掠取的时候，女方的邻家亲族对之取何种态度？而男家对之亦施以何种应付？

举出他的俗称。

其歌谣的搜集。

其他。

5. 童养婚

男女的年龄比例如何？

童养媳结婚之初，虽未举行完婚仪式，但有何种礼节？

其发生的原因何在？

童养媳在家庭中的待遇如何？

举出他的俗称。

其婚约和歌谣的搜集。

其他。

6. 等郎婚

男方抱养他姓女子时，自己还没有特定男的存在，以待将来生有男孩或立有继嗣时，始给他婚配。在此惯俗之下，女的年龄和男的年龄差得多远？

假使彼此年龄差得很远，对于两性生活，发生何种影响？

举出他的俗称。

其婚约和歌谣的搜集。

其他。

7. 赘婚

赘婚有数种，其流行于一地的，有那几种？详述其类别。

其发生于何种原因？

其赘婚书和歌谣的搜集。

举出他的俗称。

其他。

8. 冥婚

这是"亡男亡女相婚"的婚俗，此俗的发生。

大多出于何方的意思？

其结亲的仪式如何？

起于何种心理？

对于财产继承问题有何关系？

出于借此争继从中取财的，是死者的舅家，抑是他的宗族？

用什么东西做死者的代表：茅草呢？或是纸呢？

注意其实物的搜集。

举出他的俗称。

其他。

9. 娶殇婚

这是"女死男娶"的婚俗。

其发生于何种动机？

其结亲的仪式如何？

用什么东西做死者的代表？

注意其实物的搜集。

举出他的俗称。

其他。

10. 嫁殇婚

其婚约和歌谣的搜集。

其他。

## 乡村家庭调查表[①]

　　A 填表年　　月　　日

---

① 摘录自《社会研究丛刊》第三种，商务印书馆1929年版。

B 省　　　县　　　镇　　　村

C 填表者

甲（1）家主姓名　　住址　　种族

　　（2）诞生地

　　（3）在本地住多久　　移来原因

　　（4）娶妻时年龄　　妻出嫁时年龄

　　（5）娘家离本村多少里

　　（6）共生过多少子女：男　　女

　　（7）现有多少：男　　女

　　（8）故去子女之年龄　　原因或何病

　　（9）其他家中人之嫁娶年龄：男　　女

　　（10）嫁家多远

　　（11）45岁以上之妇女所生子女数目：男　　女　　在16岁以下去世者数目：男　　女

　　（12）共同生活之人口的年龄及何人全年或一部分（在何月及多久）离家做事：

　　　家主　妻　子　女　父　母　兄　弟　姊　妹　其他

乙（1）共种地几块，每块多少亩及每块每亩价值　　其中自己田地多少亩　　租耕之田地几块及每块多少亩　　每块租价

　　（2）近12月种何种作物（米粮、棉花等）及每种亩数（若同时同地有两种或为一年中第一次作物亦请注明）　　家用各种作物多少　　出售各种作物多少及价值

　　（3）种菜园几亩

　　（4）去年产每一种青菜若干斤　　出售多少及价值

　　（5）自有房屋几间　　价值　　出租几间，租价及期限

　　（6）现有牲畜家禽多少　　普通年多少

　　（7）各种车辆数目

　　（8）有直径2寸以上之树多少棵　　其中半尺以上者多少

　　（9）每年水果收入及种类

（10）有井几口

（11）除种地外家中人有何他项工作，在一年中何时、多久及进款多少

（12）其他收入：去年　　今年

（13）全年收入总计

丙（1）每月平均用各种米面多少（斗或斤）　　价值（说明单位）　每年用费　　其中何种为自己收获者及数量　　购买者何种及数量

（2）最常用之菜蔬种类：春　　夏　　秋　　冬　　价值总计：每月　每年　　其中自种者占百分之几　　购买者百分之几

（3）每月豆腐费　　每年

（4）每月调和费：油　　盐　　其他　　每月调和费总计　　每年自制者占百分之几及何类

（5）除年节外每年肉类费　　每年果类费

（6）其他每年食品费（如鸡蛋、白薯等）

（7）平均每月食品费总计　　每年　　估计其中自有物品之百分数　购买者之百分数

（8）每月茶叶费　　每年

（9）每年喂养各种牲畜家禽费用　　食物种类及数量

（10）每年所添家中所有男人衣帽鞋袜费　　每年家中女人衣帽鞋袜费　　全年全家衣服费总计

（11）每年全家所添被褥费

（12）每月平均燃料费　　种类及数量：冷季　　暖季　　其中自有者占百分之几　　购买者百分之几

（13）何种灯火及每月用费：冷季　　暖季

（14）若住自己房屋每年修理费　　或房租（说明期限）　　共几间（指现住者无论自有或租赁）

（15）每年各种农具费　　家用器具费

（16）每年缴地亩赋税共多少（说明每块每亩）

（17）每年各种籽粒价值多少

（18）每年雇长工短工及牲口用费（注明饭费工资费若干）

（19）每年购买肥料种类及用费

（20）每年青苗会费

（21）家中何人吸烟每月用费及种类　　每月酒费

（22）新年各种用费　　端午节用费　　中秋节用费　　其他节日

（23）每年酬应费

（24）信何宗教及每年用费（如香火费）　　神名　　真诚信仰否　每年烧纸费　　每年占卦算命及跳神等用费（亦可以近12月为标准）

（25）每年教育费

（26）近12月内医药费

（27）每年装饰费及种类（脂粉等）

（28）每年卫生费（肥皂、牙粉等）

（29）其他每年娱乐费及种类（如听戏及茶馆听书等）

（30）每年赌钱费，何人及在一年中何时

（31）近12月内婚事费及何人　　生育费　　生日费　　丧事费及何人

（32）每年坐车骑牲口费

（33）每年捐助公益及慈善事业用费

（34）每年警察捐

（35）近12月打官司费

（36）兵灾损失：　　去年　　今年

（37）吃白面次数：每月　　每年　　吃白米次数：每月　　每年

（38）支出总计：每日　　每月　　全年

丁（1）每次借债多少，月利几分，偿还方法，期限及借去原因：去年　今年　　目下欠债总数

（2）典物种类，量，值，每月利息及典物原因：去年　　今年

（3）目下典物赎价总计

（4）借粮几次，每次多少斗：去年　　今年　　目下欠粮多少

（5）得过何种救济及自何处：去年　　今年

（6）加入何种互助会　　会中人数　　每月会费　　会之章程

(7) 每年用记账法购物价值总计

戊（1）共有卧室几间及每间卧室睡几人　　房顶种类：瓦　　灰　　土　　其他　　屋内地种类：砖地　　土地　　其他　　漏雨否　　夏天屋内：干　潮　湿　　每间：长　　宽　　高　　院子：长　　宽

(2) 墙垣种类

(3) 同院住若干家　　全院房屋间数总计　　全院人口总数

(4) 家中种牛痘者几人（指被调查之家）　　未种者

(5) 残废　　傻子　　精神病

(6) 缠足妇女几人　　天足　　缠足女孩几人　　天足

(7) 妇女梳何种头

(8) 带发辫之男子几人　　不剪原因　　不带发辫者几人

(9) 何人念过书及程度

(10) 现在入学子女及程度

(11) 家中每人至远到过何处

(12) 家中有童养媳否　　曾将自己女儿给别人作童养媳否

(13) 每间屋窗上之玻璃大小：长　　宽

己（1）民国好　　还是皇上好

(2) 民国的意思

(3) 现在大总统是谁

(4) 现在管理中国的是谁

(5) 本县知事是谁

(6) 你的家境与5年前比较如何　　与10年前比较如何

(7) 你打算叫你的子女将来作何事业　　为什么

注意：（1）每项问题须有答案，不可遗漏；（2）请用正字誊清，万勿潦草；（3）问题后答"是"或"有"是用∠为符号，答"否"或"无"时，用0为符号；（4）用西文数目字填写各项数目，写法亦要始终一律并极清楚；（5）收入支出等数目在誊写前若能合成大洋填写更好（数目不及铜元20枚者可将铜洋并列）；（6）在誊写前须详细核算收入支出各项是否相合，若前后显有矛盾设法更正，或有相当之解释；（7）残缺不全之表请暂不交还，凡交还之表至少调查者本人觉得满意；(8) 发生疑问时请随时与教授讨论。

**分村整治土地概况调查表**①

调查地点： 　　省　　县　　区　　村

调查日期： 　　年　　月　　日

告知者姓名：

告知者职位：

调查员：
团长：

**（一）土地方面**

Ⅰ．土地分配

(1) 全村共有几家？

　　［Ⅰ］自己无田而亦不种田者几家？

　　［Ⅱ］自己无田而替人耕种者几家？

　　［Ⅲ］自己有田而全部出租与人者几家？

　　［Ⅳ］自己有田只雇工耕种，而自己不下田者几家？

　　［Ⅴ］自种自田兼雇工耕种，而年有剩余者几家？

　　［Ⅵ］自种自田，兼雇工耕耘，而仅足生活者几家？

　　［Ⅶ］耕种少数自田或租田，生活不敷，往往出雇于人者几家？

(2) 全村村户共有田亩若干？

| 所有田亩 | ［Ⅲ］类村户家数 | ［Ⅳ］类村户家数 | ［Ⅴ］类户射家数 |
| --- | --- | --- | --- |
| 0—5 亩者 | | | |
| 5.1—10 亩者 | | | |

---

① 本表至下文《农民对于政治的观念或意见》均摘录自《本会举行苏浙豫陕四省农村调查之筹备经过》，《农村复兴委员会会报》，1933 年第 2 期，第 19—36 页。

续表

| 所有田亩 | [Ⅲ]类村户家数 | [Ⅳ]类村户家数 | [Ⅴ]类户射家数 |
|---|---|---|---|
| 10.1—20 亩者 | | | |
| 20.1—30 亩者 | | | |
| 30.1—50 亩者 | | | |
| 50.1—100 亩者 | | | |
| 100.1—200 亩者 | | | |
| 200.1—500 亩者 | | | |
| 500.1—1000 亩者 | | | |
| 1000.1 亩以上者 | | | |
| 总数 | | | |

备注：

Ⅱ．租佃关系

本村村户所租种之农田共有若干亩？

|  |  |  | 钱租 | 谷租 | 分租 | 力租 |
|---|---|---|---|---|---|---|
| 各类田租所占之成数 |  | 今年 |  |  |  |  |
|  |  | 去年 |  |  |  |  |
|  |  | 5年内增减之原因 |  |  |  |  |
| 租田手续 |  |  |  |  |  |  |
| 租田年限 | 永佃田所占成分 |  | ％ | ％ | ％ | ％ |
|  | 普通租田 | 最长 | 年 | 年 | 年 | 年 |
|  |  | 最短 | 年 | 年 | 年 | 年 |
|  |  | 普通 | 年 | 年 | 年 | 年 |
| 租额 | 永佃田 |  | 元 | 斤石斗 | 成 | 日 |
|  | 普通租田 | 最高 | 元 | 斤石斗 | 成 | 日 |
|  |  | 最低 | 元 | 斤石斗 | 成 | 日 |
|  |  | 普通 | 元 | 斤石斗 | 成 | 日 |
| 田租在耕种前预缴否 |  |  |  |  |  |  |
| 每亩押租若干 |  |  | 元 | 元 | 元 | 元 |
| 除田租押租外更须缴纳其他物品若干 |  |  |  |  |  |  |
| 每年须为地主服役几天 |  |  |  |  |  |  |

［注意］（1）力租地主供膳食否？

每日膳食约合多少钱？

力租大部分在每年何时缴纳？

Ⅲ．田产转移

（1）总括

|  | 民二十一年 | 民十七年 |
|---|---|---|
| 本村村户全年抵押出多少田 | （亩） | （亩） |
| 本村村户全年抵押进多少田 |  |  |
| 本村村户全年典当出多少田 |  |  |
| 本村村户全年典当进多少田 |  |  |
| 本村村户全年卖出多少田 |  |  |
| 本村村户全年买进多少田 |  |  |

（2）抵押

|  |  | 现在 | 民十七年 |
|---|---|---|---|
| 抵押手续 |  |  |  |
| 抵押后归何方完粮 |  |  |  |
| 每亩所能抵押款数 | 最多 |  |  |
|  | 最少 |  |  |
|  | 普通 |  |  |
|  | 与地价之比例 |  |  |
| 抵押时费用 | 额数 |  |  |
|  | 支付者 |  |  |
| 限期 | 最多 |  |  |
|  | 最少 |  |  |
|  | 普通 |  |  |
|  | 到期不适普通如何办法 |  |  |

（3）典当

|  |  | 典出后卖主种者 ||  典出后得主种者 ||
|---|---|---|---|---|---|
|  |  | 现在 | 民十七年 | 现在 | 民十七年 |
| 典地水平 |||||||
| 每亩典价 | 最多 |  |  |  |  |
|  | 最少 |  |  |  |  |
|  | 普通 |  |  |  |  |
|  | 典地价之比例 |  |  |  |  |
| 典地时费用 | 额数 |  |  |  |  |
|  | 支付者 |  |  |  |  |
| 限期 | 最长 |  |  |  |  |
|  | 最短 |  |  |  |  |
|  | 普通 |  |  |  |  |
|  | 不到期可否回赎 |  |  |  |  |
| 每亩须纳租多少<br>多少年不还租得主便可没收该田 ||  |  |  |  |
| 赎取 | 典出后赎回的田亩约估几成 |  |  |  |  |
|  | 手续 |  |  |  |  |
|  | 费用 | 额数 |  |  |  |  |
|  |  | 支付者 |  |  |  |  |
| 找价 | 如何便可找价 |  |  |  |  |
|  | 手续 |  |  |  |  |

(4) 卖买

|  |  | 现在 | 民十七年 |
|---|---|---|---|
| 卖买手续 |  |  |  |
| 田价 | 最高 |  |  |
|  | 最低 |  |  |
|  | 普通 |  |  |
| 卖买时费用 | 额数 |  |  |
|  | 支付者 |  |  |
| 买进田者多数为何如人 |  |  |  |
| 中小农之田地在卖出前先经典当者几成 |  |  |  |

| 近20年大批收卖田地事件 | 1 | 2 | 3 | 4 | 5 |
|---|---|---|---|---|---|
| 收买者为何如人 |  |  |  |  |  |
| 收买年月 |  |  |  |  |  |
| 收买亩数 |  |  |  |  |  |
| 每亩价格 |  |  |  |  |  |
| 收买后用途 |  |  |  |  |  |

Ⅳ. 作物产量

| 本村主要作物 |  |  |  |  |  |  |
|---|---|---|---|---|---|---|
| 每亩产量 | 今年 |  |  |  |  |  |
|  | 去年 |  |  |  |  |  |
| 粮食价格 | 今年 |  |  |  |  |  |
|  | 去年 |  |  |  |  |  |

Ⅴ．币制量制衡制及田亩面积

（1）币制

1．银元一枚可以换当时铜元多少枚？现在， ；民十七年时， 。

2．银元一枚可以换铜元票多少枚？现在， ；民十七年时， 。

（2）量制

| 通行本村之斗 | 第1种 | 第2种 | 第3种 | 第4种 | 第5种 |
|---|---|---|---|---|---|
| 普通名称 | | | | | |
| 每斗合公升数 | | | | | |
| 普通所量物品 | | | | | |

（3）衡制

| 通行本村之斗 | 第1种 | 第2种 | 第3种 | 第4种 | 第5种 |
|---|---|---|---|---|---|
| 普通名称 | | | | | |
| 每斤合公升数 | | | | | |
| 普通所称物品 | | | | | |

（4）田亩面积

| 村户种类 | [Ⅲ] | [Ⅳ] | [Ⅴ] | [Ⅵ] | | | [Ⅶ] | | |
|---|---|---|---|---|---|---|---|---|---|
| 所量地块 | 第1块 | 第2块 | 第3块 | 第1块 | 第2块 | 第3块 | 第1块 | 第2块 | 第3块 |
| 口号亩数 | | | | | | | | | |
| 公亩数 | | | | | | | | | |

（二）政治方面

Ⅵ．乡村镇公所

| 组织 | |
|---|---|
| 长履历 | |

续表

| 经费 | 全年总数 | | 来源 | |
|---|---|---|---|---|
| | 主要工作 | | | |
| | 办事困难 | | | |

Ⅶ. 保卫团

| 组织 | |
|---|---|
| 团长履历 | |

| 团丁 | 待遇 | | 来源 | |
|---|---|---|---|---|
| 经费 | 全年总数 | | 来源 | |
| 枪械 | 总数 | | 来源 | |
| | 主要工作 | | | |

Ⅷ. 税捐

（1）田赋

| 年份 | 全村缴纳钱粮银两数 | 每两合银元数 | 每亩所纳银元数 | 杂例 | 缴纳方法 | 预征情形 |
|---|---|---|---|---|---|---|
| 民十七年 | | | | | | |
| 民十八年 | | | | | | |
| 民十九年 | | | | | | |
| 民二十年 | | | | | | |
| 民二十一年 | | | | | | |

（2）摊派

| 年份 | 军需摊派总额 | 摊派方法 | 公债摊派总额 | 摊派方法 |
|---|---|---|---|---|
| 民十七年 | | | | |
| 民十八年 | | | | |

续表

| 年份 | 军需摊派总额 | 摊派方法 | 公债摊派总额 | 摊派方法 |
|---|---|---|---|---|
| 民十九年 | | | | |
| 民二十年 | | | | |
| 民二十一年 | | | | |

（3）其他杂捐

| 税捐名称 | 开始年份 | 本村全年总额 | 征派方法 |
|---|---|---|---|
| | | | |
| | | | |
| | | | |
| | | | |
| | | | |

## 县政治土地概况调查表

_____省_____县　　调查者_____，____年____月____日

Ⅰ．作物

  （1）四乡之土壤如何？

  （2）四乡之水利如何？

  （3）四乡主要作物之分布如何？

Ⅱ．人口

  （1）全县共有若干户若干口？

    农户约估几成？

  （2）全县农户普通种田几亩？

    种田在几亩以下，便算贫农？

    此种贫农约占全体农户之几成？

Ⅲ．土地分配

  （1）全县粮地共有若干亩？

　　　　　有田一千亩以上者几家？
　　　　　五百亩至一千亩者几家？
　　　　　二百亩至五百亩者几家？
　　　　　一百亩至二百亩者几家？
　　　　　田产最多者约有若干亩？
　　（2）全县公产共有若干亩？
　　　　　庙产共有若干亩？
　　　　　族产共有若干亩？
Ⅳ．政治组织
　　（1）县政府之组织如何？各部分至职权如何？
　　（2）全县共分几区？
　　　　　区公所之组织如何？职权如何？
　　　　　区公所经费之来源如何？
　　（3）全县共有若干乡村镇？
　　　　　乡村镇公所之组织如何？职权如何？
　　　　　乡村镇公所之经费来源如何？
　　（4）全县之警卫组织如何？
　　　　　人数多少？枪械多少？
Ⅴ．划分经济区域
　　（1）全县可分几个经济区域？请以另页画一地图表明之。
　　（2）各个经济区域之特性如何？
　　（3）本县所能代表之区域如何？

## 土地分配挨户调查表

户主姓名_____　　　　告知者_____

（1）总括

|  | 现在 | 民十七年 |
|---|---|---|
| 本户共有几人 |  |  |
| 16岁以上有工作能力者几人 |  |  |
| 现家从事田间工作者几人 |  |  |
| 出外工作者几人 |  |  |
| 除种田外兼做何种副业 |  |  |
| 全年副业收入可有若干 |  |  |
| 雇长工几人 |  |  |
| 有耕畜几头 |  |  |

（2）本户分家情形

| 分家年月 |  |  |  |  |
|---|---|---|---|---|
| 分家前户主姓名 |  |  |  |  |
| 分家后户主姓名 |  |  |  |  |
| 现住本村否 |  |  |  |  |

（3）至分家时本户所有及使用田亩之增减

| | 民十七年 | 分家时 | 增减原因 | | | |
|---|---|---|---|---|---|---|
| | | | 卖出 | 买进 | 典出 | 典进 |
| 所有亩数 | | | | | | |
| 使用亩数 | | | | | | |

续表

|  | 民十七年 | 分家时 | 增减原因 |
|---|---|---|---|
| 租出亩数 |  |  |  |
| 租进亩数 |  |  |  |
| 押出亩数 |  |  |  |
| 押进亩数 |  |  |  |

（4）（分家时）至现在本户所有及使用田亩之增减

|  | 民十七年（或分家时） | 现在 | 增减原因 ||||
|---|---|---|---|---|---|---|
|  |  |  | 卖出 | 买进 | 典出 | 典进 |
| 所有亩数 |  |  |  |  |  |  |
| 使用亩数 |  |  |  |  |  |  |
| 租出亩数 |  |  |  |  |  |  |
| 租进亩数 |  |  |  |  |  |  |
| 押出亩数 |  |  |  |  |  |  |
| 押进亩数 |  |  |  |  |  |  |

## 区公所调查表

_____省_____县　　调查者_____，___年___月

| 名称 |  |  |  |
|---|---|---|---|
| 区长姓名 |  | 履历 |  |
| 组织 |  |  |  |
| 全年经费总数 |  | 来源 |  |
| 主要事业 |  |  |  |
| 办事困难 |  |  |  |

## 农民对于政治的观念或意见

（此表就耳闻所及或与农民谈话所得分别记载）

＿＿＿＿省＿＿＿＿县　　填写者＿＿＿＿，＿＿年＿＿月

| | |
|---|---|
| 对于全国或一省一县 | |
| 对于区长或乡镇（或村）长 | |
| 对于税捐及其征收方面 | |
| 对于警察保卫团等 | |
| 对于司法方面 | |
| 对于教育方面 | |
| 对于其他 | |

## 居户调查表[①]

乡镇名　　　　村名　　　　门牌号数

| 姓氏 | 与家主的关系 | 性别 | 年龄 | 已否婚嫁 | 读书年数 | 职业 | 每月进账（非农业者） | 身心有何缺陷 |
|---|---|---|---|---|---|---|---|---|
| 户主 | | | | | | | | |
| 家属 | | | | | | | | |
| | | | | | | | | |
| | | | | | | | | |
| | | | | | | | | |
| | | | | | | | | |
| | | | | | | | | |

---

① 本表至《乡迷信调查表》均摘录自甘豫源编：《乡村民众教育》，商务印书馆1934年版，第360—380页。

续表

| 房屋田地 | 自屋 | 间，约值　　　元。 | 自有宅基地　　亩　　分　　厘 |
|---|---|---|---|
| | 租屋 | 间，租金每月　　元。 | 租用宅基地　　亩　　分　　厘 |
| | 自田 | 亩，田底田　　亩。 | 种桑　　亩，稻麦　　亩，菜园　　亩 |
| | 租田 | 亩，租种田　　亩。 | 山地　　亩，鱼池　　亩 |
| 畜养 | 养蚕：春蚕种　　张，秋蚕种　　张，养鱼种　　斤 | | |
| | 养鸡　　只，养鸭　　只，养猪　　只，养羊　　只，牛　　只 | | |
| 经济 | 盈余？　　　　收支相抵？　　　　亏空？ | | |

民国　年　月　日　调查者

## 乡镇家族调查表

| | 族长姓名 | | 合族人数 | | 分布区域 | |
|---|---|---|---|---|---|---|
| 族谱 | 始祖 | | 何处迁来 | | 何时迁来 | |
| | 现分几支 | | | | | |
| | 最近一次修谱年代 | | | 最小一辈是第几世 | | |
| 宗祠 | 建筑年代 | | | 地址 | | |
| | 房屋间数 | | | | | |
| | 式样大小 | | | | | |
| | 现作其他利用否 | | | | | |

续表

| | 种类 | 田产 | 房屋 | 现金 |
|---|---|---|---|---|
| 族产 | 数量 | 亩 | 间 | 元 |
| | 每年收入 | 租米 | 房租 | |
| | | 利息 | 其他 | |
| | 用途 | | | |
| | 经管人 | | | |
| 祭祀 | 每年次数 | 第一次 | 第二次 | 第三次 |
| | 仪式 | | | |
| 族规 | | | | |
| 本族所办社会事业 | 学校 | | | |
| | 救济 | | | |
| | 其他 | | | |
| 在当地之地位 | | | | |

调查者_____ 告知者_____ 调查时期___年___月___日

## 工厂调查表

| 厂名 | | | | 厂址 | | | |
|---|---|---|---|---|---|---|---|
| 独资或集股 | | | | 雇主或经理人姓名 | | | |
| 开办年月 | | | | 改组次数 | | | |
| 资本额：固定资本 | | | 元 | 流动资本 | | | 元 |
| 建筑名称 | 办事室 | 厂房 | 动力间 | 堆栈 | 工房 | | |
| 数量 | | | | | | | |
| 总值 | | | | | | | |
| 设备名称 | | | | | | | |

续表

| 数量 | | | | | | | |
|---|---|---|---|---|---|---|---|
| 总值 | | | | | | | |

职员：人数　　　　　　　　　月俸总数

工人：男工　　人　　　　女工　　人　　　　童工　　人

工人每日工作时间　　　　　　每月付出工资总数

工人每日最大工资　　　　最小工资　　　　平均工资

| 原料名称 | | | | | | | |
|---|---|---|---|---|---|---|---|
| 来源 | | | | | | | |
| 全年总值 | | | | | | | |
| 制造品名 | | | | | | | |
| 销路 | | | | | | | |
| 全年总值 | | | | | | | |

| 历年盈亏平均 | |
|---|---|
| 备注 | |

调查者　　　　　　告知者　　　　　　调查　年　月

## 乡家庭手工业调查表

| 工业名称 | 业此者人数 | 原料来源 | 制造品销路 | 全年生产总额 | 工人每日工作收入 | 三年来之盛衰 |
|---|---|---|---|---|---|---|
| | | | | | | |
| | | | | | | |
| | | | | | | |

续表

| 工业名称 | 业此者人数 | 原料来源 | 制造品销路 | 全年生产总额 | 工人每日工作收入 | 三年来之盛衰 |
|---|---|---|---|---|---|---|
|  |  |  |  |  |  |  |
|  |  |  |  |  |  |  |
|  |  |  |  |  |  |  |

调查者　　　　　　告知者　　　　　　调查　年　月

## 镇商业调查表

| 行铺类别 | 行铺数 | 全年营业数 现交 | 全年营业数 欠账 | 去年收账折扣 | 去年盈亏 | 进货地点 | 推销地域 |
|---|---|---|---|---|---|---|---|
| 粮食 |  |  |  |  |  |  |  |
| 肉庄 |  |  |  |  |  |  |  |
| 鱼行 |  |  |  |  |  |  |  |
| 豆腐店 |  |  |  |  |  |  |  |
| 油酒杂货 |  |  |  |  |  |  |  |
| 饭馆点心 |  |  |  |  |  |  |  |
| 山货水果 |  |  |  |  |  |  |  |
| 烟纸杂货 |  |  |  |  |  |  |  |
| 糖食 |  |  |  |  |  |  |  |
| 药店 |  |  |  |  |  |  |  |
| 洋货绸布 |  |  |  |  |  |  |  |
| 京广杂货 |  |  |  |  |  |  |  |
| 茶馆 |  |  |  |  |  |  |  |

续表

| 行铺类别 | 行铺数 | 全年营业数 ||去年收账折扣 | 去年盈亏 | 进货地点 | 推销地域 |
|---|---|---|---|---|---|---|---|
| | | 现交 | 欠账 | | | | |
| 理发 | | | | | | | |
| 浴室 | | | | | | | |
| 竹器 | | | | | | | |
| 铅皮洋铁 | | | | | | | |
| 银楼饰物 | | | | | | | |
| 地货行 | | | | | | | |
| 藕行 | | | | | | | |
| 染坊 | | | | | | | |
| 材铺 | | | | | | | |
| 纸马冥器 | | | | | | | |
| 花网 | | | | | | | |
| 圆作 | | | | | | | |
| 漆匠 | | | | | | | |
| 铁店 | | | | | | | |
| 嫁妆 | | | | | | | |
| 猪行 | | | | | | | |
| 木行 | | | | | | | |
| 鞋子店 | | | | | | | |
| 缝衣店 | | | | | | | |
| 典押当 | | | | | | | |
| 桐油店 | | | | | | | |

年　　月　　日调查表

## 乡金融调查表

| 钱会 | 组织方式 | | | |
|---|---|---|---|---|
| | 交款时期 | | | |
| | 轮收方法 | | | |
| | 规定利率 | | | |
| | 中途解散手续 | | | |
| 借贷 | 借贷种类 | | | |
| | 抵押品 | | | |
| | 通常利率 | | | |
| | 通常期限 | | | |
| 质当 | 可以典质之物品 | | | |
| | 典质地点 | | | |
| | 典质价与物价之比率 | | | |
| | 利率 | | | |
| | 期限 | | | |
| | 全乡典质度日之户 | | | |

调查者　　　　　告知者　　　　　调查　年　月

## 乡镇政治调查表

| 乡镇公所沿革 | | | |
|---|---|---|---|
| 乡镇公所成立日期 | | 地址 | |
| 常年经费 | | 来源 | |

续表

| 设备 | | | | | | | |
|---|---|---|---|---|---|---|---|
| 乡镇长副 | | 姓名 | 年龄 | 职业 | 教育程度 | 资留 | |
| | | | | | | | |
| | | | | | | | |
| | | | | | | | |
| 全乡镇现有户口数 | | 户 | 现分间数 | | 现分邻数 | | |
| | | 口 | | | | | |
| 公安组织 | 团体名称 | 成立日期 | 人数 | 器械 | 经常费 | 经费来源 | 组织 |
| | 救火会 | | | | | | |
| | 商团 | | | | | | |
| | 冬防队 | | | | | | |
| | 保卫团 | | | | | | |
| 政治团体 | 名称 | 等级 | 成立日期 | 职员 | 全体人数 | 工作概况 | |
| | | | | | | | |
| | | | | | | | |
| | | | | | | | |
| 公产公款保管法 | 类别 | 庙宇 | 庵堂 | 义塚坟 | 耕田 | 荒地 | 公款 |
| | 数量 | | | | | | |
| | 保管法 | | | | | | |
| | 保管人 | | | | | | |
| 乡镇长日常事务 | | | | | | | |
| 备注 | | | | | | | |

调查地点　　　　调查者　　　　告知者　　　　年　月　日

## 小学调查表

| 校名 | | | | | |
|---|---|---|---|---|---|
| 开办年月 | | | 校址 | | |
| 校舍 | | | 是否特建 | | |
| 设备 | 用具 | | | | |
| | 教具 | | | | |
| | 图书 | | | | |
| 经费来源<br>(以年计) | 教育局支援 | 元 | 经常<br>支出 | 薪水 | 元 |
| | 地方辅助 | 元 | | 工会 | 元 |
| | 学费收入 | 元 | | 办公 | 元 |
| | 总计 | 元 | | 总计 | 元 |
| 教职员 | 职别 | 姓名 | 性别 | 籍贯 | 年龄 | 在校供职年数 | 履历 |
| | 校长 | | | | | | |
| | 教员 | | | | | | |
| | | | | | | | |
| | | | | | | | |
| | | | | | | | |
| 学级数 | | 始业期 | | 编制 | |
| 现有学生 | 男　　人，女　　人，共　　人 |
| 已毕业学生 | 男　　人，女　　人，共　　人 |
| 毕业生出路 | 升学　　人，习农　　人，经商　　人，其他　　人 |
| 有无校董会组织 | |

调查者　　　　　告知者　　　　　调查　年　月

## 私塾调查表

| 名称 | | 地址 | | 开办年数 | |
|---|---|---|---|---|---|
| 塾师 | 姓名 | | 年龄 | | 籍贯 | | 履历 | |
| 校舍 | | 间数 | | 所有者 | | 学生 | 男 | | 女 | |
| 塾师收入 | | | 塾师膳宿 | |
| 座董 | 姓名 | 年龄 | 职业 | 所尽义务 | 姓名 | 年龄 | 职业 | 所尽义务 |
| | | | | | | | | |
| | | | | | | | | |
| | | | | | | | | |
| 备注 | |

调查者　　　　　告知者　　　　　调查　年　月

## 中等以上学校之毕业肄业生调查表

| 姓名 | 性别 | 年龄 | 住址 | 毕业学校 | 肄业学校 | 服务机关 | 专长 | 家长 |
|---|---|---|---|---|---|---|---|---|
| | | | | | | | | |
| | | | | | | | | |
| | | | | | | | | |

续表

| 姓名 | 性别 | 年龄 | 住址 | 毕业学校 | 肄业学校 | 服务机关 | 专长 | 家长 |
|------|------|------|------|----------|----------|----------|------|------|
|      |      |      |      |          |          |          |      |      |
|      |      |      |      |          |          |          |      |      |
|      |      |      |      |          |          |          |      |      |

## 宗教寺观调查表

| 名称 | | 宗派 | |
|---|---|---|---|
| 地址 | | 建立者 | |
| 建立缘由 | | 建立年月 | |
| 毁坏年月 | | 毁坏原因 | |
| 乡村对于毁庙之反应 | 态度 | | |
| | 举动 | | |
| 以前房屋间数 | | 现在 | |
| 毁坏以前之偶像数 | | 现在之偶像数 | |
| 僧尼或道士之总数 | 人 | 曾受戒者 人 | 本地土著 人 |
| 僧道所作佛事之种类 | | | |
| 每年奉祖神佛之特别举动 | | | |
| 佛会 | 举行时期 | | |
| | 期长 | | |
| | 人数 | | |
| | 费用 | | |

续表

| 财产 | | 田地 | 亩 | 房屋 | 间 | 现金 | 元 | 其他 | | |
|---|---|---|---|---|---|---|---|---|---|---|
| 每年支出 | 来源 | 资产收入 | | 香火收入 | | 募化 | | 捐助 | | |
| | 用途 | 生活费 | | 房屋修理 | | 佛像修理 | | 香火消耗 | 其他 | |
| | 盈亏 | | | | | | | | | |
| 储藏之经典 | | | | | | | | | | |
| 关于各种灵异之传说 | | | | | | | | | | |
| 平时香火之盛衰 | | | | | | | | | | |
| 现在寺观之用途 | | | | | | | | | | |
| 借考 | | | | | | | | | | |

调查者　　　　　告知者　　　　　调查　年　月

## 乡道德调查表

| | 乡名 | |
|---|---|---|
| 强房成亲 | 时期 | |
| | 原因 | |
| | 经过 | |
| | 结果 | |
| 男子结婚最早之年龄 | | 女子结婚最早之年龄 | |

279

续表

| | | | | | | | | |
|---|---|---|---|---|---|---|---|---|
| 男女被卖 | 性别 | 男 | | | 女 | | | |
| | 被卖原因 | | | | | | | |
| | 年龄 | | | | | | | |
| | 被卖时期 | | | | | | | |
| | 出卖者 | | | | | | | |
| | 人数 | | | | | | | |
| 女子缠足人数 | | 二十岁以上者 | | 人 | 占女子全数之百分比 | | | |
| | | 二十岁以下者 | | 人 | | | | |
| 卖青婴儿 | 人数 | | | | | | | |
| | 原因 | 经济困难者 | 人 | 私生子 | 人 | 子女太多者 | 人 | 其他 | 人 |
| | 结果 | 死亡者 | 人 | 送慈善机关者 | 人 | 得人抚养者 | 人 | | |
| 凌虐妇女 | 被虐人数 | | | | | | | |
| | 事实 | | | | | | | |
| | 原因 | | | | | | | |
| 恃强鱼肉乡民之事实 | | | | | | | | |
| 吃鸦片之人数 | | | | 烟馆家数 | | | | |
| 赌场数目 | | | | 嗜赌人数 | | | | |
| 赌之种数 | | | | 最兴盛者 | | | | |
| 赌博最盛之时期 | | | | 原因 | | | | |
| 女子再醮人数 | | | | 再醮原因 | | | | |
| 童养媳人数 | | | | 入赘人数 | | | | |
| 子女忤逆父母之人数 | | | | 兄弟争吵之人数 | | | | |
| 离婚案件 | | | | 原因 | | | | |
| 其他 | | | | | | | | |

调查者　　　　　告知者　　　　　调查　年　月

## 卫生调查表

乡名_____村名_____调查时间_____调查者_____

（1）饮水：取饮水之河名_____，河宽约_____公尺，深_____公尺，与大多数住屋之距离约_____公尺，用此河水者约_____户。淘米洗菜的码头与洗秽物的码头是否分开？_____离_____公尺，向河中抛弃秽物是否有禁止，_____河水现在是否清洁？_____

（2）厕所：全村户数_____，共有露天厕所_____处，隐蔽厕所_____处。厕所与住屋之普通距离约_____公尺，与饮水源普通距离_____公尺。妨碍公众之厕所有_____处，有何取缔所之规则？_____

（3）垃圾处置：堆置垃圾之处数_____，与住屋距离约_____公尺，有何人负责清除_____，能否藏堆起来用作肥料_____。

（4）积水排泄：排除积水之设备_____，积水流经何处_____，积水流注何处_____，是否污及饮水_____。

（5）医生及产婆

| 姓名 | | | |
|---|---|---|---|
| 住址 | | | |
| 性别 | | | |
| 年龄 | | | |
| 学历 | | | |
| 行医年数 | | | |
| 科目 | | | |
| 出诊费 | | | |
| 门诊费 | | | |
| 资望 | | | |
| 是否检定 | | | |

调查者　　　　　告知者

## 卫生调查表

告知者姓名　　　年龄　　　教育程度　　　职业
性别　　　住址　　　乡镇　　　村

(1) 你家吃井水还是河水？　　　干净吗？
(2) 你家旁边有垃圾堆吗？　　　发臭气吗？
(3) 你家旁边有粪坑吗？　　　苍蝇多吗？
(4) 你家夜里有老鼠骚扰吗？
(5) 你屋里的地基高燥吗？　　　发霉天屋里进水吗？
(6) 你睡的房间亮不亮？　　　夏天风凉吗？
(7) 你几人合住一个房间（卧室）？觉得挤吗？
(8) 你家的垃圾倒在哪里？
(9) 你几天剪发一次？　　　在哪儿剪？
(10) 你热天几日洗浴一次？　　　冷天呢？
(11) 你早晨是不是天天洗面的？　　　刷牙齿么？
(12) 你家共有几人？　　　用几块洗面手巾？
(13) 你夜里点什么灯？　　　有灯罩吗？
(14) 你家是不是天天烧开水吃的？
(15) 你家常吃什么小菜？
(16) 你常吃水果吗？
(17) 你喜欢吃酒吗？　吃什么酒？　一天吃多少？
(18) 你喜欢吃烟吗？　吃什么烟？　一天吃多少？
(19) 你家今年有人生病吗？几人？什么病？
　　　起初用什么法子医？
(20) 你热天几日换一次衬衫？　　　冷天呢？
(21) 你床上被头几日洗一次？
(22) 你夏天床帐里有蚊虫钻进来吗？

## 住宅调查表

| 乡名 | | | |
|---|---|---|---|
| 家主姓名 | | | |
| 住宅人数 | | | |
| 住宅面积 | | | |
| 住宅长度 | | | |
| 住宅宽度 | | | |
| 住宅高度 | | | |
| 房屋间数 | | | |
| 墙壁材料 | | | |
| 屋顶材料 | | | |
| 屋地材料 | | | |
| 窗户材料 | | | |
| 每间建筑费 | | | |
| 光线充足否 | | | |
| 空气流通否 | | | |
| 能保持温度否 | | | |
| 基地高燥否 | | | |
| 厨房畜舍相距 | | | |
| 厨房卧室相距 | | | |
| 卧室畜舍相距 | | | |
| 卧室厕所相距 | | | |
| 建造年数 | | | |
| 每年修理费 | | | |

| 续表 | | | |
|---|---|---|---|
| | 乡名 | | |
| | 家主姓名 | | |
| | 住宅人数 | | |
| | 住宅面积 | | |
| | 住宅长度 | | |
| | 住宅宽度 | | |
| | 住宅高度 | | |
| | 房屋间数 | | |
| | 墙壁材料 | | |
| | 屋顶材料 | | |
| | 屋地材料 | | |
| | 窗户材料 | | |
| | 每间建筑费 | | |
| | 光线充足否 | | |
| | 空气流通否 | | |
| | 能保持温度否 | | |
| | 基地高燥否 | | |
| | 厨房畜舍相距 | | |
| | 厨房卧室相距 | | |
| | 卧室畜舍相距 | | |
| | 卧室厕所相距 | | |
| | 建造年数 | | |
| | 每年修理费 | | |

调查 年 月

告知者

调查者

## 乡节日调查表

| 项目类别 | 日期 | 地点 | 祝贺仪式 | 祝贺目的 | 平均每家费用 | 良好之结果 | 不良之结果 | 民众愿意不愿意 |
|---|---|---|---|---|---|---|---|---|
| 元旦 | | | | | | | | |
| 路头节（正月初五） | | | | | | | | |
| 元宵节（正月十五） | | | | | | | | |
| 三宜素 | | | | | | | | |
| 花朝节（二月十二） | | | | | | | | |
| 上巳节（三月三） | | | | | | | | |
| 清明节 | | | | | | | | |
| 观音诞（二月十九） | | | | | | | | |
| 三月半 | | | | | | | | |
| 三月二十八老八谢 | | | | | | | | |
| 佛诞（四月初八） | | | | | | | | |
| 端阳节 | | | | | | | | |
| 立夏节 | | | | | | | | |
| 夏至节 | | | | | | | | |
| 雷斋节（六月十四） 初 廿 | | | | | | | | |
| 七夕节 | | | | | | | | |
| 中元节（七月半） | | | | | | | | |
| 盂兰会 | | | | | | | | |
| 地藏节（七月三十） | | | | | | | | |
| 七月供神节（七月廿五） | | | | | | | | |
| 中秋节 | | | | | | | | |
| 龟神节（八月二十四） | | | | | | | | |
| 重阳节（九月初九） | | | | | | | | |

续表

| 项目类别 | 日期 | 地点 | 祝贺仪式 | 祝贺目的 | 平均每家费用 | 良好之结果 | 不良之结果 | 民众愿意不愿意 |
|---|---|---|---|---|---|---|---|---|
| 冬至节 | | | | | | | | |
| 腊八节 | | | | | | | | |
| 灶神节（十二月二十四） | | | | | | | | |
| 大小除夕 | | | | | | | | |

调查者　　　　　告知者　　　　　调查　年　月

## 婚嫁调查表

甲，男子结婚费用

| | 事项 | 聘金 | 送嫁金 | 送嫁费 | 酒席费 | 行礼费 | 修理费 | 其他 | 总计 |
|---|---|---|---|---|---|---|---|---|---|
| 出项 | 费用 富 | | | | | | | | |
| | 中 | | | | | | | | |
| | 贫 | | | | | | | | |

| | 事项 | 送礼金 | 嫁妆 | 其他 | | | | | |
|---|---|---|---|---|---|---|---|---|---|
| 入项 | 收入 富 | | | | | | | | |
| | 中 | | | | | | | | |
| | 贫 | | | | | | | | |

乙，女子结婚费用

| | 事项 | 回聘 | 嫁妆 | 衣服 | 首饰 | 酒席费 | 行礼费 | 其他 | 总计 |
|---|---|---|---|---|---|---|---|---|---|
| 出项 | 费用 富 | | | | | | | | |
| | 中 | | | | | | | | |
| | 贫 | | | | | | | | |

续表

| | 事项 | | 聘金 | 送嫁金 | 送嫁礼 | 礼金 | 其他 | | | |
|---|---|---|---|---|---|---|---|---|---|---|
| 入项 | 收入 | 富 | | | | | | | | |
| | | 中 | | | | | | | | |
| | | 贫 | | | | | | | | |

调查者　　　　　　告知者　　　　　　调查　年　月

## 为家长办丧事费用调查表

| 费用＼事项 | 棺木 | 衣服 | 治丧费 | 拜祭费 | 总计 | 备注 |
|---|---|---|---|---|---|---|
| 普通人家 | | | | | | |
| 富家 | | | | | | |
| 贫寒人家 | | | | | | |
| 平均 | | | | | | |

调查者　　　　　　告知者　　　　　　调查　年　月

## 乡迷信调查表

| | | | | | | | | |
|---|---|---|---|---|---|---|---|---|
| 风水 | 必须请教风水的事项 | | | | | | | |
| | 乡内不相信风水的农户占几分之几 | | | | | | | |
| | 风水好之田地其每亩价格 | 最高 | | 元 | 普通每亩田地之价格 | 最高 | | 元 |
| | | 普通 | | 元 | | 普通 | | 元 |
| | | 最低 | | 元 | | 最低 | | 元 |
| | 乡内风水 | 人数 | | | | | | |
| | | 每年得酬报 | | | | | | |

续表

| 禁忌 | 必须禁忌的事项 | |
| --- | --- | --- |
| | 乡民对于禁忌的态度 | |
| 择日 | 必须择日之事项 | | |
| | 择日之人 | 人数 | |
| | | 每年得酬报 | |
| 巫觋 | 须请巫觋之事项 | | |
| | 现业巫觋人 | 人数 | |
| | | 住址 | |
| | | 每年所得酬报 | |
| 符咒 | 须用符咒之事项 | |
| | 符咒来源 | |
| | 每种符咒费 | |
| 星象、算命、测字、卜课、求篆 | 乡民对于此等事项之态度 | |
| | 乡内操此事业之人数 | |
| | 每年收入 | |

# 参考文献

## 一、报刊

《中国农村》《社会学界》《农情报告》《西北农林》《农村复兴委员会报》《农林新报》《农学报》《中农月刊》《中国农民》《新农村》《益世报》《禹贡》《政治经济学报》《中国经济》《中国农村》《中国农工季刊》《中国近代经济史研究集刊》《燕京社会科学》《东方杂志》《统计月报》《燕大月刊》《清华学报》《陕西民者政月刊》《乡村建设》《国民政府公报》《立法院公报》《陕西省政府公报》《内政调查》《申报》《大公报》《西北导报》《西京日报》《清河旬刊》《社会学刊》《社会学杂志》《社会研究》《史地学报》《新亚细亚》《中央日报·社会调查》《中国近代经济史研究集刊》《中山文化教育馆季刊》《国立中山大学文史学研究所月刊》《国立中山大学语言历史学研究所周刊》《天津南开大学经济研究所事务月报》《岭南学报》《满铁调查月报》（日）《东洋史研究》（日）《东洋学报》（日）

## 二、文献资料及论著

1. ［日］岸本能武太著，章太炎译：《社会学》，上海：上海广智书局，1902 年。

2. ［日］有贺长雄著，广智书局译：《族制进化论》，上海：上海广智书局，1902 年。

3. ［英］斯宾塞著，严复译：《群学肄言》（今译作《社会学研究》），上海：上海文明编译局，1903 年。

4. 陶孟和：《孟和文存》，上海：亚东图书馆，1925 年。

5. 蔡毓骢：《社会调查之原理及方法》，上海：北新书局，1927年。
6. 樊弘：《社会调查方法》，上海：商务印书馆，1927年。
7. 李景汉：《中国社会调查运动》，《社会学界》，第一卷，1927年6月。
8. "农民状况调查号"，《东方杂志》，第二十四卷，第十六号，1927年8月。
9. 顾颉刚编：《妙峰山》，广州：中山大学语言历史研究所，1928年。
10. 李景汉：《北平郊外之乡村家庭》，北京：中华教育文化基金董事会社会调查部，1929年。
11. 杨开道：《社会研究法》，上海：世界书局，1929年。
12. 冯锐：《乡村社会调查大纲》，北京：中华平民教育促进总会，1929年。
13. 杨开道：《农村调查》，上海：世界书局，1930年。
14. 《村治之理论与实施》，北平：北平村治月刊社，1930年。
15. 李景汉：《住在农村从事社会调查所得的印象》，《社会学界》，第四卷，1930年6月。
16. 许仕廉：《一个市镇调查的尝试》，《社会学界》，第五卷，1931年6月。
17. 李景汉：《五百一十五农村家庭之研究》，《社会学界》，第五卷，1931年6月。
18. 李景汉：《定县大王耨村人口调查》，《社会学界》，第五卷，1931年6月。
19. 金陵大学农业经济系编纂：《中华民国二十年水灾区域之经济调查》，南京：金陵大学农学院，1932年。
20. 姜书阁编述：《定县平民教育视察记》，张家口：察哈尔教育厅编译处，1932年。
21. 汤茂如主编：《定县农民教育》，北京：中华平民教育促进会学校式教育部，1932年。
22. 董时进：《董时进论文及演说词》，文化学社，1932年。
23. 万树庸：《黄土北店村社会调查》，《社会学界》，第六卷，1932年6月。
24. 潘玉楙：《一个村镇的农妇》，《社会学界》，第六卷，1932年6月。
25. 张玉堂：《一个村庄几种组织的研究》，《社会学界》，第六卷，1932年6月。

26.《社会调查所概况》，北平：社会调查所，1933年。

27. 金陵大学秘书处编：《私立金陵大学一览》，1933年。

28. 李景汉：《实地社会调查方法》，北平：星云堂书店，1933年。

29.《派克社会学论文集》，燕京大学社会学会，1933年。

30.《平民教育定县的实验》，中华平民教育促进会，1933年。

31.《定县的社会调查工作》，中华平民教育促进会，1933年。

32. 李景汉、张世文合编：《定县秧歌选》，中华平民教育促进会，1933年。

33. 古楳：《中国农村经济问题》，上海：中华书局，1933年。

34. 金轮海：《农村复兴与乡教运动》，上海：商务印书馆，1934年。

35. 李景汉、余其心、陈菊人等：《定县经济调查一部分报告书》，河北省县政建设研究院，1934年。

36. 陈翰笙编：《广东农村生产关系与生产力》，上海：中山文化教育馆，1934年。

37.《定县赋税调查报告书》，河北省县政建设研究院，1934年。

38.［美］塞列根曼（Edwin R. A. Seligman）主编：《社会科学百科全书》第8卷、第14卷，纽约：麦克米伦公司，1932年、1934年。

39. 中华平民教育促进会编印：《中华平民教育促进会定县实验工作提要》，1934年。

40. 行政院农村复兴委员会编：《陕西省农村调查》《河南省农村调查》《江苏省农村调查》《浙江省农村调查》，上海：商务印书馆，1934年。

41. 杨庆堃：《邹平市集之研究》，燕京大学法学院社会学系硕士毕业论文，1934年。

42. 陈翰笙：《广东农村生产关系与生产力》，中山文化教育馆，1934年。

43. 李景汉：《华北农村人口之结构与问题》，《社会学界》，第八卷，1934年6月。

44. 蒋旨昂：《卢家村》，《社会学界》，第八卷，1934年6月。

45. 田德一：《一个农村组织之研究》，《社会学界》，第八卷，1934年6月。

46. 张世文：《定县大西涨村之家庭手工业调查》，《社会学界》，第八卷，1934年6月。

47. 许仕廉：《社会计划与乡村建设》，《社会学界》，第八卷，1934年6月。

48. 行政院农村复兴委员会编：《广西省农村调查》《云南省农村调查》，上海：商务印书馆，1935年。

49. 冯和法编：《中国农村经济资料》，黎明书店，1935年。

50. ［英］布朗：《对于中国农村生活社会学调查的建议》，《社会学界》，第九卷，1935年6月。

51. 刘育仁：《中国社会调查运动》，燕京大学法学院社会学系学士毕业论文，1936年。

52. 张世文：《定县农村工业调查》，中华平民教育促进会，1936年。

53. ［美］卜凯，张履鸾译：《中国农家经济》，上海：商务印书馆，1936年。

54. 安汉、李自发编著：《西北农业考察》，西北农林专科学校，1936年。

55. 李景汉：《从定县人口总调查所发见之人口调查技术问题》，《社会科学》，1936年第2卷第3期。

56. 黄迪：《清河村镇社区——一个初步研究报告》，《社会学界》，第十卷，1936年6月。

57. 土地委员会编：《全国土地调查报告纲要》，出版地不详，1937年。

58. 蒋杰：《关中人口调查》，西北农林专科学校，1938年。

59. ［美］卜凯：《中国土地利用》，金陵大学农学院农业经济系出版，1941年。

60. 熊伯蘅、万建中：《陕西农业经济调查》，西北农学院，1942年。

61. 陕西省银行调查室：《十年来的陕西经济（1931—1941）》，出版地不详，1942年。

62. 满铁调查部编：《北支那的农业与经济》，东京：日本评论社，1942年。

63. 李景汉：《社会调查》，中国国民党中央执行委员会编印，1944年。

64. 陈达：《社会调查（社会调查之主要方法）》，中央训练团党政高级训练班编印，1944年。

65. 张世文：《农村社会调查方法》，重庆：商务印书馆，1944年。

66. 梁方仲：《评〈中国土地利用〉》，剑桥"Mass"，1945年。

67. 卜凯、卡雌：《中国农场管理学》，上海：商务印书馆，1947年。

68. 黄福燕：《实用社会调查》，上海：大东书局，1948年。

69. 孙本文：《当代中国社会学》，南京：胜利出版公司，1948年。

70. 中国农村惯行调查刊行会：《中国农村惯行调查》全六卷，岩波书店，1952－1958年。

71. 中南军政委员会编：《中南区一百个乡调查资料选集·解放前部分》，无出版处，1953年。

72. 章有义编：《中国近代农业史资料》（第2辑、第3辑），北京：生活·读书·新知三联书店，1957年。

73. 李文治：《中国近代农业史资料》第1辑，北京：生活·读书·新知三联书店，1957年。

74. 萧铮编：《民国二十年代中国大陆土地问题资料》，台北：成文出版社，1977年。

75. 杨懋春：《近代中国农村社会之演变》，台北：巨流图书公司，1980年。

76. 陈达：《现代中国人口》，天津：天津人民出版社，1981年。

77. 《彭湃文集》，北京：人民出版社，1981年。

78. 中共中央文献研究室编辑：《毛泽东农村调查文集》，北京：人民出版社，1982年。

79. 薛暮桥、冯和法编：《（中国农村）论文选·上》，北京：人民出版社，1983年。

80. 陈翰笙：《解放前的地主与农民——华南农村危机的研究》，北京：中国社会科学出版社，1984年。

81. 孙克信等编：《毛泽东调查研究活动简史》，北京：中国社会科学出版社，1984年。

82. 陈翰笙、薛暮桥、冯和法编：《解放前的中国农村》（1－3辑），北京：中国展望出版社，1985、1986、1987年。

83. 李景汉编：《定县社会概况调查》，北京：中国人民大学出版社，1986年。

84. 陈翰笙：《四个时代的我：陈翰笙回忆录》，北京：中国文史出版社，

1988 年。

85. 水廷凯等编著：《社会调查教程（修订本）》，北京：中国人民大学出版社，1988 年。

86. ［美］何炳棣著，葛剑雄译：《1368－1953 中国人口研究》，上海：上海古籍出版社，1989 年。

87. 宋恩荣编：《晏阳初文集》，北京：教育科学出版社，1989 年。

88. 吴文藻：《吴文藻人类学社会学研究文集》，北京：民族出版社，1990 年。

89. 四川省政协、巴中县政协：《平民教育家晏阳初》，成都：四川大学出版社，1990 年。

90. 李大钧等：《调查研究概述》，长春：吉林大学出版社，1990 年。

91. 陶诚：《30 年代前后的中国农村调查》，《中国社会经济史研究》，1990 年第 3 期。

92. 中央档案馆编：《中共中央文件选集》，北京：中共中央党校出版社，1991 年。

93. 吕秉善、田鸿钧、李维生、陈炳炎主编：《新编中国革命史》，长春：吉林人民出版社，1992 年。

94. 陕西省地方志编纂委员会：《陕西省志·农牧志》，西安：陕西人民出版社，1993 年。

95. 宋恩荣、熊贤君：《晏阳初教育思想研究》，沈阳：辽宁教育出版社，1994 年。

96. 何光瑶主编：《统计调查理论方法与实务》，北京：中国经济出版社，1994 年版。

97. 费孝通：《略谈中国的社会学》，《社会学研究》，1994 年第 1 期。

98. 刘云：《我国社会调查研究历史的回顾》，《新疆大学学报（哲社版）》，1994 年第 4 期。

99. 程继隆、向宏：《中国调查研究学》，长春：吉林大学出版社，1995 年。

100. 米红、蒋正华：《民国人口统计调查和资料的研究与评价》，《人口研究》，1996 年第 20 期。

101. 米红、李树苗等人：《清末民初的两次户口人口调查》，《历史研究》，1997 年第 1 期。

102. 韩明漠：《中国社会学调查研究方法和方法论发展的三个里程碑》，《北京大学学报（哲学社会科学版）》，1997 年第 4 期。

103. 张椿年、陆国俊：《陈翰笙百年华诞集》，北京：中国社会科学出版社，1998 年。

104. 中国第二历史档案馆编：《中华民国档案资料汇编》（第 3 辑、第 5 辑），南京：江苏古籍出版社，1998 年。

105. 侯杨方：《宣统年间的人口调查——兼评米红等人论文及其他有关研究》，《历史研究》，1998 年第 6 期。

106. 《费孝通文集》，北京：群言出版社，1999 年。

107. 《陈翰笙文集》，北京：商务印书馆，1999 年。

108. 胡旭晟：《20 世纪前期中国之民商事习惯调查及其意义》，《湘潭大学学报（哲社版）》，1999 年第 2 期。

109. 曹兴穗：《民国时期农业调查资料的评价与利用》，《古今农业》，1999 年第 3 期。

110. 曹兴穗：《满铁的中国农村实态调查概述》，《中国经济史研究》，1999 年第 4 期。

111. 郑杭生、王万俊：《二十世纪中国的社会学本土化》，北京：党建读物出版社，2000 年。

112. 王万俊：《社会调查方法的研究与社会调查方法的应用——二十世纪上半叶中国社会方法的构成解析》，中国人民大学博士论文，2000 年。

113. 吴建庸：《民国初期北京的社会调查》，《北京社会科学》，2000 年第 1 期。

114. 郑杭生、王万俊：《论社会学本土化的内涵及其目的》，《吉林大学社会科学学报》2000 年，第 1 期。

115. 曹兴穗：《满铁资料的史料学价值》，《近代史研究》，2000 年第 3 期。

116. 侯建新：《二十世纪二三十年代中国农村经济调查与研究评述》，《史学月刊》，2000 年第 4 期。

117．杨雅彬：《近代中国社会学（上）》，北京：中国社会科学出版社，2001 年。

118．江海：《中国近代经济统计研究的新进展》，《中国经济史研究》，2001 年第 1 期。

119．萧承勇：《民国惟一一次国土调查》，《民国春秋》，2001 年第 3 期。

120．［日］久保亨：《关于民国时期工业生产总值的几个问题》，《历史研究》，2001 年第 5 期。

121．黄耀春、彭道宾：《中央苏区调查统计工作的特点作用及对统计改革的启迪》，《统计研究》，2001 年第 6 期。

122．王先明：《走近乡村——20 世纪以来中国乡村发展论争的历史追索》，太原：山西人民出版社，2002 年。

123．盛邦跃：《对卜凯的中国农村社会调查的再认识》，《学海》，2002 年第 2 期。

124．［日］川合隆男：《近代日本社会调查的轨迹》，东京：恒星社厚生阁，2004 年。

125．阎明：《一门学科与一个时代：社会学在中国》，北京：清华大学出版社，2004 年。

126．李巨澜：《二十世纪上半期日本在中国农村惯行调查述评》，《河南师范大学学报（哲社版）》，2004 年第 4 期。

127．小田：《社群心态的解读——围绕 1933 年的浙江乡村调查而展开》，《社会科学》，2004 年第 7 期。

128．李文海主编：《民国时期社会调查丛编》《民国时期社会调查丛编（二编）》《民国时期社会调查丛编（三编）》，福州：福建教育出版社，2005、2009、2014 年。

129．马玉华：《20 世纪上半叶民国政府对西南边疆少数民族的调查》，《中国边疆史地研究》，2005 年第 1 期。

130．马玉华、万永林：《试论国民政府对云南少数民族的调查》，《思想战线》，2005 年第 2 期。

131. 辽宁省档案馆编:《满铁调查报告》第1—6辑,桂林:广西师范大学出版社,2005—2012年。

132. 中共中央文献研究室编:《毛泽东 周恩来 刘少奇 朱德 邓小平 陈云论调查研究》,北京:中央文献出版社,2006年。

133. 李章鹏:《现代社会调查在中国的兴起:1897—1937》,中国人民大学博士学位论文,2006年。

135. 李章鹏:《清末中国现代社会调查肇兴当论》,《清史研究》,2006年第2期。

136. 朱浒、赵丽:《燕大社会调查与中国早期社会学本土化实践》,《北京社会科学》,2006年第4期。

137. 方行、经君健、魏金玉:《中国经济通史·清(下)》,北京:经济日报出版社,2007年。

138. 汪效驷、郑杭生:《史学和社会学视野中的陈翰笙无锡调查》,《苏州大学学报(哲学社会科学版)》,2007年第2期。

139. 史志宏:《无锡、保定农村调查的历史及现存无、保资料概况》,《中国社会经济史研究》,2007年第3期。

140. 夏明方:《清末民国社会调查与近代社会科学的兴起》,《中华读书报》,2007年8月1日。

141. 黄兴涛、夏明方主编:《清末民国社会调查与现代社会科学的兴起》,福州:福建教育出版社,2008年。

142. 牟永如:《清末社会调查研究》,华中师范大学硕士学位论文,2008年。

143. 盛邦跃:《卜凯视野中的中国近代农业》,北京:社会科学文献出版社,2008年。

144. 范伟达、王竞、范冰编著:《中国社会调查史》,上海:复旦大学出版社,2008年。

145. 李金铮:《定县调查:中国农村社会调查的里程碑》,《社会学研究》,2008年第2期。

146. 牟永如,许小青:《社会调查真开始于清末吗——以清末社会调查为中心探讨》,《甘肃社会科学》,2008年第2期。

147. 郑清坡：《试论民国时期农村调查的兴起与发展》，《河北大学成人教育学院学报》，2008 年第 1 期。

148. 罗平汉：《中国共产党农村调查史》，福州：福建人民出版社，2009 年。

149. 赵金朋：《20 世纪 30 年代中国农村社会调查研究》，山东师范大学硕士学位论文，2010 年。

150. 杨学新、庞琳：《二十世纪二三十年代河北农村社会状况调查述评》，《河北学刊》，2010 年第 4 期。

151. 钱颖一、李强主编：《老清华的社会科学》，北京：北京大学出版社，2011 年。

152. 任伟伟：《南京国民政府社会调查研究》，山东大学博士学位论文，2012 年。

153. 周晓虹主编：《孙本文文集 第三卷 近代社会学发展史 当代中国社会学》，北京：社会科学文献出版社，2012 年。

154. 张玉林主编：《乔启明文选》，北京：社会科学文献出版社，2012 年。

155. 国家图书馆选编：《民国时期社会调查资料汇编》，北京：国家图书馆出版社，2013 年。

156. 孟玲洲：《知中国 服务中国——南开经济研究所社会经济调查述论》，《民国研究》，2013 年春季号。

157. 李志英、罗艳、傅奕群：《认知中国——近代中国社会调查的人群聚类分析与研究》，北京：商务印书馆，2013 年。

158. 吴增基、吴鹏森、苏振芳主编：《现代社会调查方法（第四版）》，上海：上海人民出版社，2014 年。

159. 李文海主编；夏明方、黄兴涛副主编：《民国时期社会调查丛编》，福州：福建教育出版社，2014。

160. 杨鹏、胡钢：《蒋杰与 20 世纪二三十年代的中国农村调查》，《西北农林科技大学学报（社会科学版）》，2015 年第 3 期。

161. 赵晓阳：《寻找中国社会生活史之途：以燕大社会调查为例》，《南京社会科学》，2016 年第 2 期。

162. 马菲菲：《历史学视角下的近代社会变革与发展研究》，北京：中国商务出版社，2018 年。

163. 《从理论方位到历史定位——20 世纪 30 年代中国农村调查三大理论派别之争》，《探索与争鸣》，2021 年第 9 期。

164. Dickinson Jean, *Observations on the Social Life of a North China Village*, Peiping: Department of Sociology Yenching University, 1924.

165. D. H. Kulp, *Country Life in South China: The Sociology of Familism*, N. Y: Teachers College, Columbia University, 1925.

166. Buck, J. Lossing, *Farm ownership and tenancy in China*, Shanghai: National Christian Council, 1927.

# 后　记

2017年，我获得了国家社科基金"民国时期高校的农村调查活动"的立项，这是继陕西省出版基金项目"20世纪二三十年代中国农村调查运动研究"之后，又一个与中国近代农村调查有关的研究课题，本书即是该项目的结项成果，延续了我已有研究农村调查的思路。

就本书而言，其内容包含两个主题。一是围绕"农村"展开。党的十八大以来，中央把解决好"三农"问题作为全党工作的重中之重。我们打赢了脱贫攻坚战、全面建成小康社会，启动实施乡村振兴战略，农业农村发展取得了历史性成就、发生了历史性变革。通过梳理、分析民国时期高校农村调查的成果，可以为当前我国解决好"三农"问题、推动农业农村现代化提供历史的资鉴。另一个主题是"调查"。毛泽东在《反对本本主义》中指出："没有调查，没有发言权。"想问题、办事情不能纸上谈兵，而要走到"田野"中去，通过实地调查，才能形成正确的认识。民国时期高校师生走进农村，运用专业调查方法进行调查，以了解农村真实的情况，为农村发展明晰了方向。在新时代，农村的发展更有赖于对农村的了解，这就要求我们从事乡村振兴的干部要深入调查农村真实状况，针对不同的农村情况，采取不同的乡村振兴战略。这样才能因地制宜，对症下药，做到精准施策。

本书编写提纲和体例框架由杨鹏完成，杨鹏与韩敏负责著作编写体例和章节体系设计，杨鹏编写绪论，杨鹏、韩敏、李剑波编写第一章，马钧宁、周钰婷编写第二章，王舒、陈前编写第三章，权玉蓉、王梓璇编写第四章，杨鹏、韩敏编写第五章，杨鹏编写结论，全书由杨鹏完成统稿工作。

本书在编写过程中，还得到了西北农林科技大学马克思主义学院赵延安教授、方建斌教授，杨凌职业技术学院马克思主义学院张晓林教授、张伟副教授的悉心指导和宝贵意见，特别是福建教育出版社编辑丁毅的具体指导和帮助，在此一并表示感谢！

　　书中的思路及许多论断的提出，一方面是基于我对相关史料的分析、归纳与思考，另一方面是基于我对前人成果的吸收与借鉴，旨在一定程度上还原民国时期高校师生所从事的农村调查活动，展露我国近代农村研究的旨趣。相关主张和论断力求避免套用学界成说，并尝试提出自己的见解。当然，囿于材料的不足和学时有限，一些论断可能不尽合理，书中肯定也存在着不少问题，对此，我愿意真诚地倾听读者的意见和建议。前进中出现的错误，我会积极地时刻准备改正。